V&R

Ingrid Schoberth

Religiöses Lernen mit dem Frühmittelalter

Zum Umgang mit Geschichte am Beispiel von Kloster Lorsch

Mit einem Nachwort von Adolf Martin Ritter

Mit 32 Abbildungen

Vandenhoeck & Ruprecht

In Zusammenarbeit mit Dr. Hermann Schefers und Claudia Götz, UNESCO-Weltkulturerbe Kloster Lorsch und Studierenden der Theologischen Fakultät der Universität Heidelberg

Bibliografische Information der Deutschen Nationalbibliothek

Die Deutsche Nationalbibliothek verzeichnet diese Publikation in der Deutschen Nationalbibliografie; detaillierte bibliografische Daten sind im Internet über http://dnb.d-nb.de abrufbar.

ISBN 978-3-525-70150-8

Umschlagabbildung: Iris Böttner, Darmstadt

Satz: SchwabScantechnik, Göttingen
Druck und Bindung: ⊕ Hubert & Co., Göttingen

Gedruckt auf alterungsbeständigem Papier.

Inhalt

Vorwort

Ins Frühmittelalter wagen sich nur selten religiöse Bildungsprozesse: Die Fremd-heit und Sperrigkeit der theologischen Themen und die scheinbar unüberbrück-bare Distanz zu Lebens- und Handlungsformen im Frühmittelalter fordern zu einer besonderen Bearbeitung heraus; dabei liegt es eben nicht auf der Hand, wel-che Relevanz dieser Zeit für religiöse Bildungsprozesse in Schule und Gemeinde mit einer solchen Beschäftigung heute zukommt. Diesen und vielen Fragen mehr stellt sich die vorliegende Veröffentlichung, die an und mit den Themen des Frühmittelalters motivieren will, sich auf diese Zeit mit ihren Perspektiven ein-zulassen. Zwei Perspektiven sollen dabei aufmerksam wahrgenommen werden: Einmal der Blick in die Vergangenheit, der zu einem Umgang mit Geschichte veranlasst; zum anderen der Blick auf das, wozu die Vergangenheit die Gegen-wart herausfordert. Beide Wege des Umgangs mit Geschichte sind für religiöse Bildungsprozesse verheißungsvoll.

Das Buch ist gedacht für Lehrende und Lernende, die immer neu religiöse Bildungsprozesse planen und dabei nicht müde werden, sich auch von fremden und sperrigen Themen motivieren zu lassen. Damit dieser Weg hinein in das Frühmittelalter nicht abstrakt bleibt, werden didaktische Überlegungen und Lern-wege exemplarisch an einem konkreten Geschichtsdenkmal entwickelt: Kloster Lorsch (8./9. Jahrhundert) dient in exemplarischer Weise als Bezugspunkt für die Bearbeitung des Frühmittelalters. Theologische Themen und Fragen werden aufgenommen und mit Bezug auf den Lernort bearbeitet.

Die Veröffentlichung will aber zugleich darauf aufmerksam machen, je neu auch andere Geschichtsorte als Gegenstand der Vorbereitung religiöser Bildungs-prozesse aufzunehmen – gerade auch solche in der unmittelbaren Lebenswelt der Lernenden, der Schülerinnen und Schüler, deren Relevanz zunächst nicht unmit-telbar einsichtig ist. Anregungen und Materialien für die Bearbeitung frühmittel-alterlicher Perspektiven werden zur Verfügung gestellt; sie sind als Übergänge bezeichnet, um diskursive Unterrichtswege zu entwerfen, die sich dadurch aus-zeichnen, dass christliche Religion nicht bloß vermittelt, sondern im Geflecht von

Vergangenheit, Geschichte und Gegenwart aufgesucht wird. Die Befähigung von Lernenden zu hermeneutischer Kompetenz formuliert die didaktische Aufgabe, der sich diese Veröffentlichung stellt. Religiöse Bildungs- und Lernprozesse mit Jugendlichen in der Schule (Sek. II); aber auch in der Gemeinde werden eingehend reflektiert und auf ihre diskursive Gestalt hin befragt, bearbeitet und geformt.

Die Veröffentlichung ist die Zusammenfassung eines dreisemestrigen hochschuldidaktischen Lehrprojekts des Lehrstuhls Praktische Theologie/Religionspädagogik an der Theologischen Fakultät der Universität Heidelberg. Aus der gemeinsamen Arbeit mit Studierenden und den Mitarbeitern der Welterbestätte Kloster Lorsch sind die Ergebnisse formuliert, die der Bemühung um das Frühmittelalter entstammen. Ihnen sei herzlich für die spannende Unternehmung hinein ins Frühmittelalter gedankt. Dank gilt auch Prof. Dr. Daniel Krochmalnik von der Hochschule für Jüdische Studien in Heidelberg und Prof. Dr. Gerhard Dannecker von der Juristischen Fakultät der Universität Heidelberg, die durch ihre Mitarbeit das Lehrprojekt bereichert haben. Ebenso möchte ich auch allen Mitarbeitern danken, die das Projekt unterstützt haben, insbesondere Anina Reinhard, Karolin Zimmermann und Silke Wagner. Die mit den Weltkulturerbestätten gegebene Verpflichtung zur Bildung und Erziehung erstreckt sich auch auf die Themen des Frühmittelalters: Sie setzt einen wertvollen Impuls zu einem Umgang mit sperrigen und fremden Themen in religiösen Bildungsprozessen in Schule und Gemeinde heute, dem diese Veröffentlichung nachgeht.

Heidelberg/Kloster Lorsch/Mistelgau
Juli 2012

Ingrid Schoberth

Teil I

Religiöses Lernen
und das Frühmittelalter

1.1 Konturen religiösen Lernens

Religiöse Bildungsprozesse sind immer auch auf Geschichte bezogen und fordern immer neu dazu heraus, die Konturen solchen Lernens und Bildens genau zu bestimmen. Den Konturen religiösen Lernens im Spannungsfeld von Geschichte, Gedächtnis und Gegenwart nachzugehen, ist eine ganz eigene Aufgabe, denn es ist eben nicht allein damit getan, historische Bezüge zur Vergangenheit herzustellen und gleichsam ein Lernen zu initiieren, das in dem der Vergangenheit zugewandten Blick verharrt. Ob es gelingen wird, mit Schülerinnen und Schülern in dieses Spannungsfeld einzutreten, bleibt immer auch von den Prozessen abhängig, die in Gang gesetzt werden; religiöse Bildungsprozesse eröffnen einen Zugang zu Geschichte, unterstützen dieses Eintreten ohne es letztlich in der Hand zu haben, dass es immer gelingen wird. Das hängt von vielfältigen Faktoren ab; ein wesentlicher Faktor dabei ist das Thema, das in den Bildungsprozessen bearbeitet werden soll. Mit dem Frühmittelalter ist methodisch wie didaktisch eine besondere Aufgabe gestellt. Was auf den ersten Blick als Problem erscheinen mag, nämlich das Sperrige und Fremde gerade des Frühmittelalters, kann pädagogisch zur besonderen Chance werden. Dem wollen die folgenden Überlegungen nachgehen.

Religiöse Lernprozesse stellen mit ihrem Selbstverständnis einen besonderen Anspruch im Umgang mit Vergangenheit und Geschichte: Dieser ergibt sich aus der Bewertung der Heiligen Schrift, die bleibender Bezugspunkt religiösen Lernens ist und insofern einen Umgang mit Geschichte provoziert, der eben Vergangenheit nicht in der Vergangenheit belässt, sondern immer neu der Aufgabe nachgeht, die sich im Umgang mit Geschichte stellt. Dabei ist immer im Blick zu behalten, dass die Vergangenheit nicht einfach nur verwaltet werden kann, sondern selbst einen Anspruch auf die Gegenwart erhebt und auf sie Einfluss nimmt; eine Auseinandersetzung mit Geschichte hat darum immer auch Auswirkungen auf die Gegenwart und den Versuch, Lernprozesse zu initiieren: Sie kann beunruhigen, manche bisherige Haltungen bestätigen oder aber auch neu und kritisch Fragen aufgeben. Durch die besondere Bedeutung der Heiligen Schrift für religiöse Bildungsprozesse, die Anspruch auf die Ausgestaltung und Bewertung von Gegenwart erhebt, ist es darum unverzichtbar, religiöse Bildungsprozesse als Prozesse zu verstehen, die in eine lebendige Partizipation und also eine dynamische und immer neue Auseinandersetzung mit Geschichte/ Vergangenheit(en) hineinführen. Was im Prozess des Lesens der Bibel für christliche Religion immer schon gilt, formt darum in gleicher Weise den didaktischen Umgang mit Geschichte: Insofern könnte man sagen, die Heilige Schrift konturiert und formiert das Lernen in religiösen Bildungsprozesse und gibt ihnen eine je eigene bestimmte Gestalt. Mit und an der Heiligen Schrift bleibt deutlich – und das ist für religiöse Bildungsprozesse grundlegend –, dass das Lernen christlicher Religion nicht nur an die Gegenwart mit ihren Perspektiven verwiesen ist. Religiöse Bildung hat es immer auch mit Vergangenheit(en) zu tun, die aber nun wiederum nicht durch einen verklärten Blick auf diese ausreichend zur Geltung gebracht werden kann, weil damit die Gefahr gegeben wäre, Tradition zu zelebrieren und deren kritische Kraft für die je besondere Gegenwart zu übergehen.[1]

Das Lernen christlicher Religion gewinnt durch den immer neuen Bezug auf die Heilige Schrift seine Kontur, die dann auch für all jene Orientierungen und Perspektiven Geltung beansprucht, die von ihr her geformt und bestimmt sind. Der Reichtum der von der Heiligen Schrift ausgehenden Traditionen bildet den Reichtum dessen ab, was in religiösen Bildungsprozessen gelernt werden kann. Mit dem UNESCO-Weltkulturerbe Kloster Lorsch wird dabei eine ganz spezifische Perspektive aufgenommen, die Perspektive auf das Frühmittelalter, seiner Formen von Frömmigkeit und seine Gestalt von Theologie, die, wie die Heilige Schrift, einer sorgsamen und überlegten Bearbeitung bedarf, soll das Frühmittelalter und sein Erbe Eingang in religiöse Bildungsprozesse finden und in unterrichtlichen Prozessen hineinführen in das Lernen christlicher Religion.

Insofern steht mit dem Frühmittelalter *eine hermeneutische Aufgabe* an, die hier bearbeitet wird, indem das Erbe von Kloster Lorsch exemplarisch aufgenommen wird, um Lernprozesse auszugestalten, die mit dem Frühmittelalter und seinen vielfältigen Bezügen für das religiöse Lernen möglich werden. Dabei geht es um die Konturen des Lernens, die sich mit dem Erbe eröffnen und dann zu beschreiben aufgegeben sind. Dabei ist mit dem Begriff der *Vermittlung* nur unzureichend erfasst, was im Umgang mit Kloster Lorsch und also dem Frühmittelalter im Lernen geschieht. Allein der historische Blick in die Vergangenheit kann hier nicht genügen. Vielmehr stellt sich eine hermeneutische Aufgabe, die sich im spannungsvollen Geflecht von Vergangenheit, Geschichte und Gegenwart bewegt und dazu anleitet, Schülerinnen und Schüler zum Umgang mit Geschichte zu befähigen. Damit dies gelingt, bedarf es also über den historischen Blick hinaus weiterer Betrachtungen – Blickwinkel, Perspektiven und also auch Orientierungen –, damit religiöse Bildung auch in ihrer Weite und Tiefe wahrgenommen und realisiert werden kann.

---

1 Vgl. dazu ausführlich die Überlegungen Benjamin, Walter: Über den Begriff der Geschichte; in: ders.: Gesammelte Schriften I/2; Frankfurt/Main 1974, 695.

Zum allein historischen Blick auf vergangene Geschichte treten unabdingbar andere Wahrnehmungsweisen hinzu, die den besonderen Zusammenhang von Geschichte, Gedächtnis und Gegenwart erschließen lassen und für Schülerinnen und Schüler zugänglich machen. In diesem Zusammenhang ist vor allem auch darauf zu achten, dass das, was sich als Geschichte/Vergangenheit zeigt, immer auch »verschwiegene Geschichte«[2] einbezieht und einbeziehen muss. Auch diese Ambivalenz muss im Blick bleiben und in einen bleibend kritischen Umgang mit Geschichte führen, der dann auch methodisch bzw. didaktisch berücksichtigt werden muss. Diesem Moment der verschwiegenen Geschichte ist darum notwendig ein eigener Platz in Bildungsprozessen zuzugestehen. Es hält fest, dass ein Rückgriff auf Vergangenheit immer auch notwendig kritisch angelegt sein muss, ist doch Geschichte auch immer und immer wieder manipuliert bzw. beschönigt worden *(damnatio memoriae)*.[3]

Daneben ist nunmehr die didaktische und methodische Aufgabe des Umgangs mit Geschichte wahrzunehmen, um den Lernenden eine Teilnahme an Geschichte so zu ermöglichen, dass sie nicht bloß uninteressante Vergangenheit bleibt, sondern erfahrbar werden kann, weil sie die Gegenwart und also auch die Schülerinnen und Schüler herausfordert. Wie das in unterrichtlichen Prozessen gelingen kann, ist immer auch eine Frage, die mit jedem neuen Thema in der Vorbereitung von Unterricht berücksichtigt und in religiösen Bildungsprozessen selbst dann wiederum beantwortet wird.

In didaktischer Hinsicht stellt sich damit die Frage nach den *spezifischen Formen des Lernens,* um Lernen zu ermöglichen, das die Weite und Vielfalt eines Umgangs mit Geschichte, Gedächtnis und Vergangenheit angemessen zu würdi-

---

2 Negel, Joachim: Gedächtnis und Geschichte(n). Eine Projektskizze; in: JBTh 22, 2007, 271–296, 277; Joachim Negel nimmt in seinen Überlegungen zur Gestalt einer Erinnerungskultur diese Ambivalenz in den Blick, deren Berücksichtigung unabdingbar für einen Umgang mit Geschichte ist. Diese Ambivalenz findet im soteriologischen Horizont eine neue Ausrichtung: »Versöhnung der unversöhnten Vergangenheit; Heilung dessen, was menschlichem Gestaltungswillen definitiv entzogen ist: Erlösung des Unerlösten, Versöhnung zwischen Opfern und Tätern.« (Negel, Joachim: Gedächtnis und Geschichte(n), 293).

3 Umgang mit Geschichte wird immer auch bedrängen und das insbesondere dann, wenn offensichtlich wird, dass Vergangenheit »dem Gedächtnis der Nachwelt« entzogen werden sollte. (Rüsen, Jörg: Über den Umgang mit den Orten des Schreckens. Überlegungen zu einer Symbolisierung des Holocaust; in: Das Gedächtnis der Dinge. KZ-Relikte und KZ-Denkmäler 1945–1995; hg. von Detlef Hoffmann, Frankfurt/Main, New York 1998, 330–342, 331). Jörg Rüsen macht in diesem Zusammenhang auch deutlich, dass Trauer eine Kategorie ist, die für den Umgang mit Geschichte und Geschichten wiedergewonnen werden müsste, um angemessen »im Angesicht der erinnerten Sinnlosigkeit des Holocaust« mit Geschichte umgehen zu lernen. (Rüsen, Jörg: Über den Umgang, 342).

gen und also zu realisieren in der Lage ist. Hier ist in vielperspektivischer Hinsicht der Zusammenhang von Geschichte, Gedächtnis und Gegenwart aufzunehmen. Um solchem Lernen genauer auf die Spur zu kommen, ist es eine ertragreiche Möglichkeit genau *dort* anzusetzen, wo das Interesse an Vergangenheit und also Geschichte sich nicht auf den historischen Blick verengt, sondern mit der Frage nach dem Umgang mit Geschichte verbunden ist und das in bildungstheoretischer, pädagogischer und didaktischer Hinsicht.

Dieses Bildungsanliegen wird durch die UNESCO mit ihrer Unterschutzstellung von herausragenden Welterbe-Stätten festgehalten, die sich dabei auf Architektur, Orte, aber auch Landschaften etc. bezieht, denen Schutz zugutekommen soll: Mit der besonderen Ausrichtung der Bewahrung der Weltkulturerbestätten ist zugleich der besondere Auftrag zur Bildung verbunden.[4] Die ausgewiesenen Orte und Stätten sind in besonderer Weise geeignet, den Umgang mit Vergangenheit bzw. Geschichte zu thematisieren und Bildungsprozesse zu initiieren,[5] die Lehr- und Lernerfahrungen am Weltkulturerbe eröffnen und also zeigen, wie Lernwege im Geflecht von Geschichte, Gedächtnis und Gegenwart eine Form finden. In gleicher Weise sind es aber auch all jene Orte und jenes Erbe, das in *der unmittelbaren Lebenswelt von Schülerinnen und Schülern* zu finden ist. Auch diese je besonderen Orte, die je besondere Architektur etc., eröffnen wie auch das Weltkulturerbe je für sich Perspektiven und Orientierungen im Geflecht von Vergangenheit, Gedächtnis und Gegenwart, die für Bildungsprozesse herangezogen und bearbeitet werden können.

Dabei ist grundlegend, dass das *Erbe* als ein »sozialgeformtes Symbolsystem« verstanden werden kann, »das durch Theologie, Ritus und Lebenspraxis Weltorientierung in Bezug auf die sozial verfasste Wirklichkeit bietet und den Einzelnen wie der Gesellschaft transzendierende Sinngebung«[6] vermittelt. Diese Bestimmung des Gegenstandsbereiches der Kirchengeschichte, wie sie Volker

---

4 Der Bildungsauftrag an und mit den Weltkulturerbestätten ist durch die UNESCO u. a. in der Welterbekonvention Art. 27 *(Übereinkommen zum Schutz des Kultur- und Naturerbes der Welt)* festgehalten und als eine Selbstverpflichtung der Weltkulturerbestätten zu verstehen, die die Weltkulturerbestätten verantwortlich ausgestalten.

5 Derzeit wird in vielfältigen Kontexten an der Ausformulierung dieser Aufgabe, zu der das Weltkulturerbe herausfordert, gearbeitet. Die vorliegenden Überlegungen stellen insofern auch einen Beitrag im Rahmen der Ausformulierung und Konturierung einer *World-Heritage-Education* dar mit einer besonderen Perspektive auf Gestalt und Form des religiösen Erbes.

6 Vgl. dazu auch: Leppin, Volker: Kirchengeschichte zwischen historiographischen und theologischem Anspruch. Zur Bedeutung der Semiotik für das Selbstverständnis einer theologischen Disziplin; in: Historiographie und Theologie. Kirchen- und Theologiegeschichte im Spannungsfeld von geschichtswissenschaftlicher Methode und theologischem Anspruch, hg. von Wolfram Kinzig, Volker Leppin und Günter Wartenberg, Leipzig 2004, 223–234, 229.

Leppin herausgearbeitet hat,[7] ist auch in unserem Zusammenhang, der Eröffnung von religiösen Lernwegen mit dem Frühmittelalter, hilfreich, die didaktische und methodische Aufgabe genauer zu erfassen: Denn der kommunikative und zugleich notwendig diskursive Prozess, der dann unterrichtlich im Umgang mit dem Frühmittelalter angestoßen wird, richtet sich aus auf die Theologie, den Ritus und die Lebenspraxis, die im religiösen Erbe wie besonders auch mit Kloster Lorsch exemplarisch vorgegeben sind. In der Begegnung mit dem Frühmittelalter sind das gleichsam Grundkonstanten, auf die immer Bezug genommen werden kann, um in Geschichte einzusteigen und um ihre religiöse Gestalt und Form zu erkunden. Dabei wird eine eigene religiöse *Grammatik* ins Spiel kommen müssen, die die Kommunikationsprozesse ausrichtet und strukturiert:

(1) Den Schülerinnen und Schülern muss es möglich sein, in eine Kommunikation mit dem Symbolsystem einzutreten, das sich mit dem Frühmittelalter erschließt; dazu brauchen sie eine Sprache, die sie in religiösen Bildungsprozessen lernen und diese neu zu buchstabieren befähigt; erst mit einer Grammatik der Sprache des Glaubens sind sie dann auch fähig, das religiöse Erbe neu und vertieft wahrnehmen und verstehen zu lernen.

(2) Es braucht Lernwege, die es den Schülerinnen und Schülern auch ermöglichen, in der Begegnung mit dem *geschichtlichen Erbe* in Hinsicht der je eigenen symbolischen Verfasstheit ihrer Lebenswelt in die Kommunikation einzutreten, um zu prüfen, zu probieren und zu eruieren, ob die mit dem Frühmittelalter eröffneten Perspektiven und Orientierungen für sie Geltung beanspruchen können oder nicht.

Die spezifische Grammatik des Glaubens bildet darum den Referenzrahmen für ein religiöses Lernen, innerhalb dessen auch die Begegnung mit dem Frühmittelalter stattfindet. Sie führt zu einer notwendigen, kritisch konstruktiven Wahrnehmung des Glaubens und zur Partizipation der Schülerinnen und Schüler an den Lebens- und Handlungsperspektiven christlicher Religion im Frühmittelalter unter Einbeziehung all jener Orientierungen, die für die Schülerinnen und Schüler jeweils Geltung haben; ein kritisch konstruktiver Umgang mit einem religiösen Erbe ermöglicht es dann, sowohl das Frühmittelalter als geschichtliche und historische Größe zu erfassen, wie auch ein Verstehen im Umgang mit ihm zu gewinnen, das zeigt, dass Geschichte/Vergangenheit(n) die Gegenwart unmittelbar herauszufordern in der Lage ist.

---

7 Vgl. dazu ausführlich: Leppin, Volker: Kirchengeschichte zwischen historiographischen und theologischem Anspruch, 229.

Die »transzendierende Sinngebung«, wie Volker Leppin formuliert, zeigt dabei die besondere Bedeutung von Religion und religiösen Lebensformen auf, die eben nicht nur für die kirchengeschichtliche Reflexion und Forschung, sondern auch für religiöse Bildungsprozesse von grundlegender Bedeutung sind. Deshalb führt die Begegnung mit dem Frühmittelalter die Lernenden dazu, nicht nur etwas über das Frühmittelalter zu wissen, sondern vielfältige und facettenreiche Perspektiven wahrzunehmen und ihnen nachzugehen. Volker Leppin legt darum auch den Anspruch dar, dem sich eine Kirchengeschichtsdidaktik stellen muss:

> »Die Umwelt von Kindern und Jugendlichen ist von einer Fülle von Symbolen umgeben, die geschichtlich geformt sind und in sich Geschichte tragen. Ja, in vielen Fällen reicht diese Formung durch die Christentumsgeschichte auch über explizite ikonologische und ikonografische Programme hinaus. Das alte Gestühl einer Kirche kann ebenso als Zeichensprache für das seinerzeitige soziale Gefüge gelesen werden wie gelegentlich der Grundriss einer Stadt – etwa im Falle Speyers, wo die Hauptachse geradezu auf den Altar zuläuft.«[8]

Um der Schwierigkeit wie Notwendigkeit der Bildungsaufgabe religiösen Lernens im Geflecht von Vergangenheit, Geschichte und Gegenwart genauer nachgehen zu können und Konturen religiösen Lernens zu formulieren und zu beschreiben, zeigt die Begegnung mit Kloster Lorsch *exemplarisch* die Schwierigkeit auf, die sich demjenigen stellt, der an und mit dem Bezug auf Geschichte/Frühmittelalter religiöse Lernprozesse ausgestalten will: Wie ist also ein Zugang zu diesem Netz von Bezügen möglich, der sich etwa mit dem Weltkulturerbe oder aber auch mit anderen Orten der Erinnerung auftut? Wie kann es gelingen, dass der Umgang mit vergangenem Erbe mehr sein kann als nur eine archivalische und also für Kinder und Jugendliche »letztlich fremde Angelegenheit«[9] bzw. eine Angelegenheit, der sie begegnen »als fremdgewordene Überreste vergangener Zeit, deren Hineinreichen in die Gegenwart der eigenen Erschließung bedarf«?[10]

Museumspädagogisch ist diese Aufgabe im Museumszentrum von Kloster Lorsch bearbeitet worden und damit in eigener und sehr spezifischer Weise ein Zugang zu Kloster Lorsch und also dem Frühmittelalter eröffnet: Die Ausstellung

---

8 Leppin, Volker: Wozu brauchen Kinder und Jugendliche heutzutage die Auseinandersetzung mit (Themen) der Kirchengeschichte; in: ZPT 4, 2007, 311–320, 317. (Volker Leppin greift in diesem Zusammenhang auf Arbeiten von Stefan Weinfurter zurück: Weinfurter, Stefan: Herrschaft und Reich der Salier. Grundlinien einer Umbruchszeit, Sigmaringen 1991, 38–43).

9 Leppin, Volker: Wozu brauchen, 317.

10 Leppin, Volker: Wozu brauchen, 315.

gibt eine eigene Antwort, die aus der Schwierigkeit gewonnen ist, nur wenige Quellen, historische Kenntnisse und wenige architektonische Reste aber doch die Torhalle zur Verfügung zu haben. Die Ausstellung beginnt leitmotivisch mit einem Text des Heiligen Benedikt: Weil die Quellenlage in Kloster Lorsch nicht sehr breit ist, stellt sich die Frage nach dem Anfang, danach, wie ist auf Kloster Lorsch zuzugehen – man könnte auch so formulieren: Wie ist Kloster Lorsch heute gegenwärtig?

Ihr soll entsprochen werden, indem ein zeitgeschichtlicher Bezug aufgenommen wird, der dazu verhilft, in die Zeit des Frühmittelalters einzutreten. In der Person und Gestalt des Heiligen Benedikt eröffnen sich Bezüge zu dem Erbe, das mit Kloster Lorsch verbunden, aber freilich nicht mit ihm unmittelbar identisch ist. Der Heilige Benedikt und also die Benediktiner stehen für den Anfang von Kloster Lorsch und seiner Besiedelung durch die Benediktiner:

>»764 schenkten die Stifter, ... das an der Stelle des später Altenmünster genannten Ortes gegr. Eigen-Klr. (Kloster) ihrem Verwandten Bf. (Bischof) Chrodegang v. Metz, der die Niederlassung v. Mönchen aus Gorze besiedeln ließ. ...«.[11]

Dazu ist in der Ausstellung ein Ausschnitt aus der Regel des Benedikt zu lesen, die die Orientierung und Perspektiven formuliert, nach denen im Kloster gelebt wurde. Dieser Auszug macht die Lebensform deutlich, die »das klösterliche Gemeinschaftsleben nach innen und außen, geistlich und leiblich«[12] regelt; das Leben im Kloster ist bestimmt vom Ausharren im Diesseits und ausgerichtet auf die eschatologische Hoffnung, auf ein zukünftiges Leben in Gottes Reich. Es ist eine Lebensform, in der die Mönche »in Geduld an den Leiden Christi Anteil haben« und also eine von Christus her bestimmte Lebensform; als »Weg der Gebote Gottes« würdigt er die, die diesen Weg auf sich nehmen:

>»es begann mit Benedikt ... – Wir wollen also eine Schule für den Dienst des Herrn einrichten. Bei dieser Gründung hoffen wir, nichts Hartes und nichts Schweres festzulegen. Sollte es jedoch aus wohlüberlegtem Grund etwas strenger zugehen, um Fehler zu bessern und die Liebe zu bewahren. Dann lass dich nicht sofort von Angst verwirren und fliehe nicht vom Weg des Heils; er kann am Anfang nicht anders sein als eng. Wer aber im klösterlichen Leben und im Glauben fort-

---

11   Vgl. Schefers, Hermann: Art.: Lorsch; in: LThK 6, 1997, 1056–1058, 1056.
12   Geschichte des Christentums I/2, Frühmittelalter – Hochmittelalter; hg. von Carl Andresen und Adolf Martin Ritter, Stuttgart, Berlin, Köln 1995, 31.

schreitet, dem wird das Herz weit, und er läuft in unsagbarem Glück der Liebe den Weg der Gebote Gottes. Darum wollen wir uns seiner Unterweisung niemals entziehen und in seiner Lehre im Kloster ausharren bis zum Tod. Wenn wir so in Geduld an den Leiden Christi Anteil haben, dann werden wir gewürdigt, auch mit ihm sein Reich zu erben«.[13]

Freilich führt die Begegnung mit dem Mönchtum und dieser Ausschnitt der Regula Benedicti auch zu einer Wahrnehmung christlichen Lebens, das der Kritik ausgesetzt werden muss, insofern bereits mit diesem Anfang – »es begann mit Benedikt …« – immer auch eine Frage verbunden ist: Wie findet sich diese in ihren Anfängen und noch vor aller Klerikalisierung[14] realisierte mönchische Lebensform im Geflecht von Vergangenheit, Geschichte und Gegenwart vor? Als eine erstrebenswerte, auch heute noch Geltung beanspruchende? Oder ist die Unterscheidung in Priester, Mönche und Laien, die sich im Frühmittelalter immer deutlicher herausgebildet und formiert hat, ein Verweis auf eine Gestalt von Kirche, die heute in ekklesiologischer wie ökumenischer Hinsicht kritisch bearbeitet und reflektiert werden muss?

Mit der Konzentration auf Kloster Lorsch und mit dem »es begann mit Benedikt …« sind implizit Themen formuliert, die sich durchtragen bis heute und an Aktualität nichts verloren haben; sei es der Trend des zeitweisen Rückzugs in ein Kloster, dem viele Menschen heute nachgehen oder sei es die reformatorische Bestimmung der Gestalt und Form von Kirche als Gemeinschaft der Heiligen, die gerade nicht der im Frühmittelalter sich verstärkenden Unterscheidung von Laien und Priestern aufsitzt, sondern radikal kritisiert. Zugleich stellt sich aber auch mit einem solchen ersten Zugang zum Erbe von Kloster Lorsch die Aufgabe, die mit der Regel des Heiligen Benedikt gegebenen theologischen Fragen sorgfältig zu reflektieren: Was also heißt »Weg der Gebote Gottes«? Wie wird das je eigene irdische Leben wahrgenommen? Als ein Ausharren in Geduld? Was heißt Anteilhabe an den Leiden Christi? Wie formt die Passion Jesu Christi das Leben aus dem Glauben?

Mit Hilfe der *Regula Benedicti* ist der Rahmen abgesteckt, innerhalb dessen auch das Weltkulturerbe zu entdecken ist und wahrgenommen werden kann. Es ist also eine Art geschichtlicher Zugang über das sich konstituierende Mönchtum, dessen Anfänge in besonderer Weise durch den Heiligen Benedikt bestimmt sind.

---

13 Aus: Die Benediktsregel. Lateinisch/Deutsch, mit der Übersetzung der Salzburger Äbtekonferenz, hg. von P. Ulrich Faust OSB, Stuttgart 2009, Prolog, Zeile 45–50.

14 Angenendt, Arnold: Geschichte der Religiosität im Mittelalter, 334.

Es ist ein Zugang, der dazu verhilft, den konkreten Geschichtsort Kloster Lorsch einzuordnen und perspektivenreich zu erfassen. Diese Weise der Annäherung ist museumspädagogisch angelegt und motiviert dazu, dem Frühmittelalter auf die Spur zu kommen, wobei aber zugleich auch deutlich wird, dass mit diesem Beginn auch *sofort* Fragen aufgegeben sind, denen sich eine Beschäftigung und insbesondere eine religionspädagogische wie religionsdidaktische Beschäftigung mit dem Weltkulturerbe Kloster Lorsch unweigerlich stellen muss.

Wie und auch dass solche kirchengeschichtliche Begegnung und Reflexion an je bestimmten anderen Orten möglich ist und wie dann die Zugänge ausgestaltet werden müssen, sodass daran Lernen möglich ist, muss jeweils mit dem konkreten Geschichtsort neu reflektiert und ausgearbeitet werden. Jeder Ort eröffnet eine eigene Anstrengung der Reflexion darüber, wie an und mit ihm Lernen eröffnet werden kann. Exemplarisch zeigt die museumspädagogische Entscheidung, mit dem Heiligen Benedikt die Ausstellung zu beginnen, den Reichtum und die Vielfalt einer Beschäftigung mit Kloster Lorsch auf, wobei damit zugleich auch die kritische Aufgabe verbunden ist, eben nicht einem verklärten romantischen Blick in die Vergangenheit aufzusitzen. Museumspädagogisch wurde dem in eigener Weise entsprochen. In religiösen Bildungsprozessen geht es entsprechend um solche Anfänge, um *Anfänge* eines Lernens und Unterrichtens mit dem Frühmittelalter, um Anfänge in wenig vertrautem und bisweilen auch sehr fremdem Kontext, die freilich *auch* unterrichtlich mit dem Heiligen Benedikt begonnen werden können.

→ Ü 1: Wie mit dem Frühmittelalter beginnen?

1.2 Religiöses Erbe, Vergangenheit(en) und Kreativität

Nach diesen einführenden Hinweisen, die die hermeneutische Aufgabe deutlich machen, zu der der Umgang mit Geschichte herausfordert, ist nun in didaktischer Hinsicht genauer zu fragen, zu welchen Lernformen ein Umgang mit Geschichte und also Vergangenheit provoziert. Weil sie nicht einfach zur Verfügung stehen, sondern die jeweils bestimmten Perspektiven erarbeitet werden müssen, ist ein Umgang mit Geschichte neben der historischen Verifikation auch notwendig kreativ und wenn man so will auch spekulativ angelegt. Neben der wohl eher vertrauten Arbeit an Geschichte, die Schülerinnen und Schüler aus dem Geschichtsunterricht kennen, bedarf es im Umgang mit Vergangenheit auch solcher Formen des Lernens, die dem rekonstruktiven, kreativen bzw. spekulativen Umgang entsprechen. Es bedarf um der Geschichte willen eines solchen Zugangs, der abhebt auf die kreative und entdeckende Durchdringung von Geschichte und also Vergangenheit/en. Dieses grundlegende Moment ist ein Maßstab, der jegliche unterrichtliche Arbeit bestimmen muss, denn erst so ist gewährleistet, dass auch die didaktischen Lernwege nicht einem positivistischem Geschichtsverständnis aufsitzen. Auf diese Weise ist auch gewährleistet, dass von den Schülerinnen und Schülern ein Umgang mit Geschichte gelernt wird, der aus dem Respekt gewonnen ist, Geschichte eben nicht zur Verfügung zu haben bzw. nicht in die Verfügung nehmen zu können. Etwa der Aspekt der verschwiegenen Geschichte oder aber auch all jene Geschichten derer, denen ihre Lebensgeschichte verweigert wurde, die ungeschriebene Geschichte und die ungeschriebenen Geschichten, sind gerade dann einbezogen und mahnen zur Erinnerung, wenn es keine Namen, Orte etc. mehr gibt bzw. zu geben scheint.[15]

In der folgenden Darstellung soll mit dem Weltkulturerbe Kloster Lorsch ein Umgang mit Geschichte eingeübt werden, der *exemplarisch* für einen Umgang mit Geschichte überhaupt steht. Insofern ist hier auch daran gedacht, ausgehend von einem schwierigen Thema religiöser Bildung, dem Frühmittelalter, diesen historischen wie zugleich kreativen und spekulativen Umgang mit Geschichte vorzuführen. Die vorliegenden Überlegungen erhoffen sich, dass dieser didaktische Umgang mit Geschichte dazu anleitet, weiterhin mit Vergangenheiten zu arbeiten und auch auf solche Aspekte von Geschichte zurückzugreifen, die sich zunächst als sperrig und wenig vertraut oder gar fremd zeigen. Der Exemplarität dieses Vorgehens ist es darum geschuldet, dass immer wieder auf das Frühmittelalter rekurriert wird und sehr sperrige und fremde Themen aufgegriffen werden, die sich zunächst nicht unmittelbar als Themen religiöser Bildungsprozesse verstehen.

Es wird also insistiert, an solchen Themen zu arbeiten, die auf ein wenig vertrautes Terrain führen und gerade so die religiöse Lernaufgabe erweitern und vertiefen helfen. Darin steckt auch eine Attraktivität, an fremden Aspekten von Geschichte zu arbeiten und sich nicht immer auf vertrautem Gebiet zu bewe-

---

15 Dieser Aspekt kann hier nur kurz benannt werden, soll aber auf einen notwendigen Diskurs zum Umgang mit Geschichte verweisen; dass hier dringend Aufmerksamkeit in Hinsicht von Bildungs- und Erziehungsprozessen geboten ist, soll unterstrichen werden; vgl. dazu grundlegend Maset, Michael: Diskurs, Macht, Geschichte. Foucaults Analysetechniken und die historische Forschung, <Campus Historische Studien 32> Frankfurt/New York 2002. Ebenfalls sei in diesem Zusammenhang auf die Gender-Debatte verwiesen, die als grundlegender Bezugspunkt eines Umgangs mit Geschichte festgehalten werden muss; vgl. auch dazu einführend Maset, Michael: *Normiertes* und *gelebtes* Geschlecht. Frühneuzeitliche Frauen- und Geschlechtergeschichte zwischen *Konstruktion* und *Existenzweise*; a. a. O., 203–217.

gen, das sich manchmal sehr abschleift und nur noch wenig Aufmerksamkeit zu erzeugen in der Lage ist: Das hat sowohl Konsequenzen für die Lernenden als auch die Lehrenden. Im Fremden liegt oft mehr Potential für die Aufmerksamkeit als im zu Vertrauten. Weil auch das Frühmittelalter christliche Religion und also ein religiöses Erbe zur Sprache bringt, eignet sich darum auch ein Zugang über das Frühmittelalter für religiöse Bildungsprozesse; gerade mit ihnen wird das im Diskurs zu erarbeiten möglich, was sich wegen seiner Fremdheit dem Diskurs entzieht. Die Exemplarität verweist darauf, dass das Frühmittelalter bis heute herausfordert, auch gerade mit Themen, die scheinbar nicht modern bzw. postmodern anmuten und es in vielerlei Hinsicht doch sind! Ob modern, spätmodern oder postmodern – das sei zunächst dahingestellt.

1.3 Kulturerbe und religiöses Erbe

Eine besondere Fragerichtung gibt die Gestalt und Form des *religiösen Erbes* vor, das mit dem *Kulturerbe* unauflöslich verbunden ist und das im Zusammenhang der vorliegenden Studie auf seine Tragfähigkeit in (religiösen) Lernprozessen untersucht und ausgearbeitet werden soll. Auch hier liegen bisher keine ausführlichen Bearbeitungen vor, die das religiöse Erbe und insbesondere das der Weltkulturerbestätten genauer in den Blick nehmen.[16] Dabei rückt der Zusammenhang von Kultur und Religion/bzw. Christentum ins Blickfeld der Reflexion, der dazu veranlasst, dem religiösen Erbe inmitten des Weltkulturerbes nachzugehen, um Religion/Christentum eben nicht gleichbedeutend mit Kultur zu verstehen und dadurch das Erbe allein auf Kultur zu reduzieren: Inmitten der wissenschaftlichen Reflexion des kulturellen Erbes stellt sich darum immer auch die Frage nach der Gestalt und Form von Religion,[17] die in je eigener Weise das kulturelle Erbe,

---

16 Vgl. dazu erste Ausführungen in: World Heritage Education. Positionen und Diskurse zur Vermittlung des UNESCO-Welterbes; hg. von Jutta Ströter-Bender; <Kontexte Bd. 4> Marburg 2010.

17 Volker Leppin verweist in seinen Überlegungen zu einer Kirchengeschichtsdidaktik darauf, dass »in der kulturellen Zeichenwelt der Gegenwart« auch jene »religiöse Zeichen« wahrzunehmen sind, die für Kinder und Jugendliche jedoch »ihre Eindeutigkeit« verloren haben. (Leppin, Volker: Wozu brauchen, 316f). Insofern steht also die Kirchengeschichtsdidaktik vor der unterrichtlich zu arrangierenden Aufgabe der Dechiffrierung der kulturellen Symbolwelten, die aber wiederum nur dann erfolgen kann, wenn auch die Sprache gelernt wird, die christliche Religion zu erschließen ermöglicht. Vgl. dazu meine Überlegungen: Schoberth, Ingrid: ›Glauben-lernen‹ heißt eine Sprache lernen – Zur Performance der Heiligen Schrift im Religionsunterricht; in: rhs 45, 2002, 20–31.

die Architektur, die besonderen Orte etc. geprägt hat und welche Konturen und Perspektiven sich dabei zeigen und wahrnehmen lassen.[18] Eingebunden bleibt auch dieses Vorgehen in das Bildungsanliegen einer World Heritage Education, das interkulturell ausgerichtet ist, wobei freilich mit der besonderen Frage nach der Kontur religiöser Lernprozesse ein eigener Schwerpunkt auf die Wahrnehmung und didaktische *Vermittlung des religiösen Erbes* des Weltkulturerbes gelegt werden soll.

Seine Berechtigung findet dieses Vorgehen darin, dass es gerade in einer theologischen Perspektive nicht darum gehen kann, sich von *Kultur* abzugrenzen. Ausgehend von einem sehr offen verstandenen Begriff von Kultur, der aus seiner Funktion heraus wahrgenommen wird, steht also Kultur für die Wahrnehmung der gesellschaftlichen Wirklichkeit (Popularkultur, Alltagskultur, Religionskultur usw.), der auch das Moment von Religion zugehört bzw. differenziert wahrgenommen werden kann, aber doch nur in der Bezogenheit aufeinander seine besondere Gestalt hat.[19] Christliche Religion hat ja gerade darin ihr besonderes Profil, dass sie sich nicht ängstlich aus dem Kontext Kultur heraushält, um ihre Gestalt und Form zu schützen, sondern dass es zur Gestalt christlicher Religion und zum gleichsam öffentlichen Ausdruck christlichen Glaubens gehört, dass er sich in die Welt hinein auslegt. Diese immer gegebene, offensive Form des Glaubens drückt sich besonders darin aus, dass zu christlicher Religion auch die Gestalt von je spezifischer Religionskritik gehört; sie ermöglicht eine verantwortliche theologische Reflexion und stellt sich dieser Aufgabe immer wieder neu.

Für die Arbeit am Weltkulturerbe aus religiöser Perspektive wäre darum festzuhalten, dass sie nicht in Form der Abgrenzung von Religion zur Kultur und *vice versa* sich vollzieht, sondern vielmehr durch den engen Verweisungszusammenhang beider aufeinander sich die Chance eröffnet, diesen Verweisungszusammenhang immer genauer verstehen zu lernen, zumal auch die Tatsache gilt, dass Theologie immer kulturell vermittelt ist, »also nie selbst Gottes Wort, sondern allenfalls Zeugnis von Gottes Wort …«. Freilich ist die Differenzierung bzw. die Unterscheidung beider ebenfalls zu beachten, damit nicht falsche und bisweilen

---

18 Vgl. Leppin, Volker: Wozu brauchen, 312: Die Aufgabe der Kirchengeschichtsdidaktik wird hier ausgehend von einem semiotischen Verständnis von Kirchengeschichte formuliert und das Lesbarmachen der »kulturell geformten Zeichen« des Glaubens als wesentliche Aufgabe betont.

19 Vgl. dazu Geertz, Clifford: Religion als kulturelles System; in: ders.: Dichte Beschreibung. Beiträge zum Verstehen kultureller Systeme, Frankfurt/Main 1987, 46.: Geertz definiert Kultur in semiotischer Perspektive und bestimmt sie als »historisch überliefertes System von Bedeutungen, die in symbolischer Gestalt auftreten, ein Symbol überkommener Vorstellungen, die sich in symbolischen Formen ausdrücken, ein System, mit dessen Hilfe die Menschen ihr Wissen vom Leben und ihre Einstellungen zum Leben mitteilen, erhalten und weiterentwickeln.«

verhängnisvolle Übereinstimmungen geschehen. Wolfgang Schoberth betont darum in seinen Überlegungen zu einem Verhältnis von Kultur und Christentum folgenden Aspekt:

>»Freilich folgt aus der Wahrnehmung dieser Differenz auch das Bewusstsein dafür, daß keine bestimmte Kultur als gottgewollt – oder, was in der argumentativen Funktion letztlich dasselbe ist: als vom historischen Stand der Dinge vorgeschrieben – ausgegeben werden kann. Nicht schon der Rekurs auf Kultur ist damit strittig, sondern die Verabsolutierung meiner oder unserer Kultur.«[20]

Die interkulturelle Auseinandersetzung mit dem Weltkulturerbe muss auf diesem Hintergrund als eine *diskursive Auseinandersetzung* beschrieben werden und fördert insofern ein diskursives Lernen,[21] das in die Wahrnehmung des Erbes und auch seiner christlichen Perspektiven führt, ohne diese zu verabsolutieren, sie aber dennoch in ihrer besonderen *kanonischen* Geltung deutlich macht bzw. deutlich werden lässt.[22] Das Weltkulturerbe kann insofern in je besonderer Weise Geltung für das Leben heute beanspruchen, die durch eine Auseinandersetzung mit ihm angestoßen wird – etwa auch in religiösen Bildungsprozessen. Bildungsprozesse, die dem geschichtlichen Erbe und also auch dem Weltkulturerbe Raum geben, sind darum immer auch Bildungsprozesse, die das Verhältnis von Christentum/christlicher Religion und Kultur eben nicht einfach außer Acht lassen, sondern sich diesen Verhältnisbestimmungen immer wieder neu und in kritisch konfrontativer wie auch in kritisch weiterführender Weise neu stellen müssen:

In Hinsicht der *didaktischen Vermittlungsarbeit* gibt es demnach verschiedene Zugänge, um das Weltkulturerbe zu entdecken: Möglich ist ein *kulturoffener Weg* –

---

20 Wolfgang Schoberth: Wieviel Kultur braucht das Christentum? Wieviel Christentum braucht die Kultur?; in: bbRf Heft 6, Bayreuth 2002, 1–53, 15.

21 Vgl. dazu insgesamt meine Überlegungen zu Form und Gestalt religiösen Lernens: Schoberth, Ingrid: Diskursive Religionspädagogik, Göttingen 2009.

22 Angemessen und m. E. überzeugend ist dabei freilich, wenn das Gedächtnis, auf das hier immer wieder rekurriert wird, nicht unterbestimmt als kollektives, kommunikatives bzw. kulturelles Gedächtnis, sondern als kanonisches Gedächtnis verstanden wird: »Der Kanon bündelt eine Mehrzahl von kulturellen Gedächtnissen und ermöglicht gerade aus der verschieden orchestrierbaren Polyphonie heraus ein lebendiges kulturelles, eben ein kanonisches Gedächtnis.« (Welker, Michael: Kommunikatives, kollektives, kulturelles und kanonisches Gedächtnis; in: JBTh 22, 2007, 321–331, 330). Vgl. Bedford-Strohm, Heinrich: Eine Öffentliche Theologie in Europa – und der Beitrag für eine europäische Erinnerungskultur; in: Erinnern, um Neues zu wagen. Europäische Gedächtniskulturen. Evangelische Perspektiven; hg. von Peter Bubmann, Roland Deinzer und Hans Jürgen Luibl, <Sonderband der Arbeitshilfe für den RU an Gymnasien> Nürnberg 2011, 61–76, 68 f.

d. h. das Weltkulturerbe als Erbe unserer Kultur ernst zu nehmen und lernen, es zu würdigen. Zugleich zeigt sich aber auch gerade in Blick auf religiöse Bildungsprozesse die Möglichkeit eines *theologieoffenen Weges,* indem ausgehend von den Frömmigkeitsformen, der Architektur, den Orientierungen des christlichen Glaubens des Frühmittelalters etc. ein Diskurs eröffnet wird, der durch unterschiedliche Wahrnehmungen und Entdeckungen hindurch nach der Geltung des religiösen Erbes heute in kritisch konstruktiver Weise zu fragen aufgibt. Dabei kann freilich auch der Bezugsrahmen deutlich werden, den Christen teilen und von dem her sie leben: Evangelium. Auf dem theologieeröffnenden Weg zeigen sich dann auch die Konturen, die aus dem Evangelium gewonnen sind und stellen die Frage nach dem Verhältnis von Christentum und Kultur immer neu.

Weil der Begriff Kultur in der Bezeichnung Weltkulturerbe dem Erbe seine Gestalt gibt, wird also die Bildungsarbeit in Bezug auf das jeweilige Weltkulturerbe immer wieder in eine Auseinandersetzung mit der Kultur führen, die im je bestimmten Erbe begegnet. Diese Begegnung braucht die Gestalt und Form einer kritisch konstruktiven Reflexion, die dann zur Bildung beiträgt, wenn deutlich bleibt, »daß das selbstverständlich Vorausgesetzte immer wieder der Bestätigung und der Kritik bedarf.«[23] Die Begründung von tragenden kulturell geformten Orientierungen wie deren immer wieder neu zu vollziehende kritische Wahrnehmung ist ein Charakteristikum dessen, was es heißt, in spezifischen Kontexten zu leben und Perspektiven und Orientierungen auszubilden.

Die Arbeit am Weltkulturerbe muss sich zugleich dem religiösen Erbe zuwenden, das mit Kloster Lorsch vorgegeben ist. An ihm und mit dem von ihm gegebenen Perspektiven kann auch einer genauen und notwendigen Reflexion des religiösen Erbes entsprochen werden, die mit dem Weltkulturerbe aufgegeben ist, und dazu die Bildungsaufgabe ausformuliert und bearbeitet werden, die dieser besondere Bezug vorgibt. Diese Bildungsaufgabe markiert eine *Lernaufgabe,* die sich immer auch durch den unmittelbaren Bezug auf Orte der Vergangenheit für (religiöse) Bildungsprozesse stellt: Um in den Umgang mit Geschichte einzuüben und sich von Geschichte auch formen, kritisch beeindrucken und herausfordern zu lassen, ist die Perspektive auf Orte der Vergangenheit immer auch notwendig zu berücksichtigen; insbesondere durch die Unmittelbarkeit von Vergangenheit, von Orten und Architektur etc. in der unmittelbaren Lebenswelt von Schülerinnen und Schülern, wird der Blick auf das eigene Leben und seine Einbindung in einen spezifisch kulturellen und auch religiösen Zusammenhang möglich und trägt dazu bei, die eigene Lebensgeschichte, die mich umgebenden Lebenswelt,

23 Schoberth, Wolfgang: Wieviel Kultur braucht das Christentum?, 30.

vertieft verstehen zu lernen.[24] Die Bildungsaufgabe *Umgang mit Geschichte lernen* wird also nicht nur von Seiten der Weltkulturerbestätten verantwortet, sondern stellt sich mit jedem Moment, der den Rückblick in die Vergangenheit eröffnet und zu einem Umgang damit anleitet.[25]

Es bleibt das *besondere Verdienst* der Weltkulturerbestätten, dass damit die oft verdrängte Frage nach dem Umgang mit Vergangenheit wieder und immer neu ins Bewusstsein gehoben wird und zu beantworten aufgegeben ist: Insofern sind die Weltkulturerbestätten *Impulsgeber* für eine grundlegende, bleibende und unhintergehbare Aufgabe, den Umgang mit Geschichte und also Vergangenheit/en zu lernen.

Dieses Lernen ist mit den *Signaturen* zu beschreiben, die in der Kirchengeschichtsdidaktik ausformuliert wurden und dazu verhelfen, den Umgang mit Geschichte immer neu und am je konkreten Ort einzuüben. Diese Signaturen tragen dazu bei, das religiöse Erbe in seiner Weite und in der Vielfalt seiner Facetten berücksichtigen zu können ohne sich dabei der Geschichte eigenwillig zu bemächtigen. Die Signaturen eröffnen gleichsam methodologische Perspektiven, die für einen Umgang mit Geschichte und Vergangenheit(en) grundlegend sind. Insbesondere geht es dabei um die Signatur der *Rekonstruktivität* und die damit aufgegebene Aufgabe, die Gedächtnisinhalte und Orte nicht dem Vergessen preiszugeben; sie sind Gegenstand der Re-konstruktion, die einen spezifischen Zugang zu Geschichte festhält. Die Signatur der *Reflexivität*[26] führt in die Bemühung um das Auffinden von prägenden Orientierungen und Perspektiven der Vergangenheit, die wiederum bis in die Gegenwart ihre Geltung nicht verloren haben und

---

24 Dieser Aufgabe wurde vor allem im Rahmen der *Gedenkstättenpädagogik* nachgegangen. Bildung ist darum immer wieder neu herausgefordert, diese Aufgabe, *in den Umgang mit Geschichte einzuüben, aufzunehmen und zu bearbeiten.* Vgl. dazu grundlegend: Adorno, Theodor W.: Erziehung nach Auschwitz; in: ders.: Stichworte. (Kritische Modelle 2.) Frankfurt/Main 1969, 84–101.

25 Vgl. das Anliegen von Hubertus Halbfas, der immer wieder betont hat, dass Lernen sich nicht nur in Schul-Räumen vollzieht, sondern immer auch auf die konkreten Lebensräume der Lernenden bezogen sein muss; vgl. Halbfas, Hubertus: Das dritte Auge. Religionsdidaktische Anstöße; 4. Auflage Düsseldorf 1989: Lernen wird als räumliche Erfahrung wahrgenommen und damit die Raumerfahrung des Menschen überhaupt als »grundlegender Teil seiner Existenz. Die familiäre Lebenswelt, die Beschaffenheit des Hauses, der Nachbarschaft, des Dorfes oder der Stadt, die heimatliche Landschaft ... das alles sind Raumbezüge, in denen der Mensch sich orientieren und sich selbst verstehen lernt.« (a. a. O., 167). Dieses Verstehen wird freilich erweitert und vertieft durch die Wahrnehmung der diese Lebenswelt bestimmenden Lerngegenstände christlicher Religion wie aber auch etwa der Weltkulturerbestätten, die so auch durch die Lernenden entdeckt und wahrgenommen werden.

26 Vgl. ausführlich dazu: Noormann, Harry: Einsicht und Erinnerung. Anfragen zur Reinspektion der Kirchengeschichtsdidaktik; in: ZPT 4, 2007, 321–338, 324.

erkennbar machen »dass der Einzelne von Vorgaben der Überlieferung lebt, die er reflexiv aneignen und weiterentwickeln oder kritisch abweisen kann.«[27] Damit verbunden ist eine weitere Signatur, die der *Identitätskonkretheit,* die auf den sozialen Zusammenhang verweist, für den die Perspektiven der Überlieferung verbindlich und also bleibender Bezugspunkt des Lebens und Handelns in seiner Vielgestaltigkeit sind.

Diese drei Signaturen konturieren auch die folgenden Ausführungen: Es sind Aspekte bzw. Leitlinien einer Kirchengeschichtsdidaktik, die dann auch in den Lernprozessen, die ausgearbeitet werden sollen, die Gestalt und Form der Lernwege bestimmen, freilich immer auch so, dass die Aspekte ineinander verwoben und also aufeinander bezogen sind. Harry Noormann erweitert diese Anzahl der Signaturen durch drei weitere Aspekte, die auch das Profil der Lernprozesse im Blick auf das Frühmittelalter zeigen: Diese Signaturen lassen in besonderer Weise konkrete Beschreibungen der Lernwege deutlich werden, denn etwa die »*Geformtheit* (welche Bilder, Riten, Schriften sind uns heilig?), *Organisiertheit* (wie und durch wen wird tradiert und gepflegt, was ›uns‹ zusammenhält?), *Verbindlichkeit* (welche Haltungen und Werte sind unaufgebbar?) …«[28] sind Momente, die im kritisch reflexiven, re-konstruktiven, aber auch kreativen Umgang mit dem Frühmittelalter zum Tragen kommen. Mit dem Bezug auf konkrete Geschichte/ Geschichtsorte, bzw. mit konkretem Bezug auf Kloster Lorsch und dem mit ihm verbundenen Erbe, sollen diese abstrakten Signaturen genauer beschrieben werden und deutlich werden, welche Dynamik im Umgang mit vergangener Geschichte in religiösen Bildungsprozessen freigesetzt wird und religiöses Lernen am und mit dem Frühmittelalter ermöglicht.

1.4 Umgang mit Geschichte, Gedächtnis, Gegenwart

Als Impulsgeber für religiöses Lernen fungiert in besonderer Weise Kloster Lorsch, das frühmittelalterliche Kloster, das 1991 von der UNESCO zum Weltkulturerbe ernannt worden ist. Mit dem Ort, der Architektur und der geschichtlichen Zuordnung ist es ein exemplarisches Erbe, an dem und mit dem der Zusammenhang von Geschichte, Gedächtnis und Gegenwart gegeben ist. Kloster Lorsch soll deshalb als Bezugspunkt und Impulsgeber dienen, indem es sowohl

---

27 Biehl, Peter: Die geschichtlichen Dimensionen religiösen Lernens. Anmerkungen zur Kirchengeschichtsdidaktik; in: JRPäd 18, 2002, 135–143, 138.

28 Noormann, Harry: Einsicht und Erinnerung, 324.

veranlasst, ein im Frühmittelalter bedeutsames Königskloster von Karl dem Großen[29] kennenzulernen, mit ihm die religiöse/christliche Gestalt klösterlicher Lebensform, wie sie sich im Frühmittelalter realisiert hat, aufzusuchen und viele weitere Perspektiven in den Blick zu nehmen, auch wenn die Perspektiven nicht immer unmittelbar auf der Hand liegen und gerade darum zu einer intensiven Beschäftigung mit dem mit Lorsch verbundenen Erbe führen. Die Bildungsaufgabe, die mit den Weltkulturerbestätten verbunden ist, betont zudem eine Besonderheit: Das Erbe fordert dazu heraus, es in seiner Bedeutsamkeit für die Gegenwart wahrzunehmen und zugleich zu fragen, wie es didaktisch im Rahmen religiöser Bildungsprozesse aufgenommen und bearbeitet werden kann. Diese Aufmerksamkeit ist geboten, damit ein Umgang mit Geschichte nicht so erfahren wird, dass die Gegenwart das Erbe bloß verwaltet, sondern damit er zur Erfahrung werden kann.

Die Form und Gestalt der Bildung kann darum nicht einfach geradlinig von der Vergangenheit her hinein in die Zukunft gedacht werden; das würde zu einer Bildung führen, die eben nur Vergangenes verwaltet und vielleicht noch hier und da bei dem einen oder anderen Schüler eine Begeisterung für das Alte hervorzulocken in der Lage ist. Damit bliebe aber das Erbe bei sich selbst und allein auf sich gestellt. Ertragreich und das Erbe würdigend erweisen sich solche Perspektiven auf das Geflecht von Geschichte, Gedächtnis und Gegenwart, die damit rechnen, dass das je konkrete Weltkulturerbe und die damit verbundenen Orientierungen und auch Bewertungen in je eigener Weise auch die Gegenwart bestimmen und auf sie Einfluss nehmen.

Das Hin- und Hergehen zwischen den vielfältigen Perspektiven, die der Umgang mit Geschichte herausfordert, verändert ein linear gedachtes Bildungsprofil und ermöglicht Bildung und Erziehung, in der auch Neues und Ungeahntes zu Worte kommt und eben nicht nur das bereits Bekannte oder Bewährte. Durch den konkreten Bezug auf Orte der Vergangenheit bzw. Kloster Lorsch kann an der Bildungsaufgabe gearbeitet werden, in den Umgang mit Geschichte einzuführen und diesen Umgang im Geflecht von Geschichte, Gedächtnis und Gegenwart zu lernen und auszuarbeiten.

Das Weltkulturerbe steht mit seinem Bildungsanliegen dafür ein, eine Sensibilität wachzuhalten für all jene Orte, die unabdingbar sind für die Wahrnehmung der Lebenswelt und der mich umgebenden insbesondere auch *kulturellen Vergangenheit* in verschiedenen Formen und Gestalten; gerade darin liegt das Spezifikum der Weltkulturerbestätten, dass sie auf die Ausbildung wie Bewah-

---

29   Schefers, Hermann: Art.: Lorsch; in: LThK 6/1997, 1056–1058, 1056.

rung solcher Sensibilität immer neu zuzugehen veranlassen: Dadurch sind sie ausgezeichnete Orte im Schnittfeld von Geschichte, Gedächtnis und Gegenwart, indem sie gerade nicht austauschbar sind mit allen möglichen anderen Orten etwa des Frühmittelalters, sondern fungieren als Orte, an denen bis heute und durch die Ernennung zum Weltkulturerbe in besonderer Weise diese Sensibilität gelebt, entfaltet und als ein Grundanliegen für Bildungsprozesse durch die verschiedenen Jahrgangsstufen hindurch festgehalten wird. D. h., das Weltkulturerbe konzentriert zum einen auf die Vergangenheit; zum anderen eröffnet es in exemplarischer Weise eine Zugang zum Frühmittelalter, der auch übernommen werden kann für den Umgang mit anderen Orten, anderer Architektur etc. des Frühmittelalters. Allerdings ist es eben die Reflexion dessen, was sich *hier* – am besonderen Ort – als Erbe auftut, die den spannungsvollen Zusammenhang von Geschichte, Gedächtnis und Gegenwart präsentiert. Das Weltkulturerbe Kloster Lorsch als Erbe einer vergangenen Gestalt und Form von Kultur hat gerade in dieser Hinsicht eine besondere Bedeutung für die Gegenwart und formuliert ein Bildungsanliegen, das nicht unabhängig vom Bezug auf die jeweiligen Traditionen verstanden und ausgearbeitet werden kann, in denen Menschen gelebt haben und bis heute leben.

1.5 Das wirkliche und das verborgene Kloster

Kloster Lorsch ist als konkreter Ort wahrzunehmen, der gerade nicht der Musealisierung ausgesetzt ist, sondern durch die Selbstverpflichtung zur Welterbe-Bildung als ein authentischer Ort des Weltkulturerbes fungiert; Kloster Lorsch ist also ein Ort, der unmittelbar etwas zu lernen aufgibt: Ausgehend von der Selbstverpflichtung der Weltkulturerbestätten führt das Kloster in eine lebendige Auseinandersetzung inmitten des spannungsvollen Geflechts von Geschichte, Gedächtnis und Gegenwart, wobei das religiöse Moment, die Gestalt und Form christlicher Religion, in diesem Zusammenhang besonders gewürdigt werden kann und muss. Zugleich führt Kloster Lorsch in die Wahrnehmung der vielfältigen Facetten von Geschichte, die durch die Konkretheit des *Raumes,* der sich mit Kloster Lorsch abbildet und gleichsam begangen werden kann, einen eigene Zugang und einen eigenen Umgang mit Geschichte möglich macht: Geschichte wird hier als konkreter Raum begehbar und damit sichtbar. Geschichte und ihre Geschichten werden als Raum wahrnehmbar. Dieser Zugang hat etwas Besonderes, weil, wie Marcus Sandl festhält, zunächst der Primat der Zeit den Umgang mit Geschichte bestimmt hat:

»Die moderne Geschichtswissenschaft operiert seit ihrer Entstehung Ende des 18. Jahrhunderts innerhalb einer Episteme der Zeit. Die Zeit trennt die Vergangenheit von der Gegenwart und schafft dadurch die Möglichkeit, sie narrativ als Geschichte zu synthetisieren und ihr einen (je gegenwärtigen) Sinn zuzuweisen.«

Am Kloster Lorsch zeigt sich, dass der Umgang mit Geschichte *auch* durch den Raum bestimmt ist und eine Wahrnehmung von Geschichte in der Perspektive des Raumes in besonderer Weise geeignet ist, das Weltkulturerbe zu erschießen: Dann fungiert nicht nur der zeitgeschichtliche Hintergrund der Weltkulturerbestätte als alleinige Perspektive, um seiner Bedeutsamkeit auf die Spur zu kommen; vielmehr ermöglicht die Perspektive des Raumes eine *dichte* und gleichsam *leibhafte* Erfahrung von Geschichte. In der Konkretheit des Ortes, seiner Architektur und all der Räume, die dort auch leibhaftig in der Begehung wahrgenommen werden können, wird es möglich Geschichte als konkreten Raum bzw. Abbildung im Raum verstehen und wahrnehmen zu lernen:

> »Unabhängig vom erkenntnistheoretischen Primat der Zeit hat es die Geschichtswissenschaft jedoch immer auch mit dem Raum zu tun: Geschichte besitzt stets einen Ort, erstreckt sich auf eine Fläche oder definiert sich durch Lagerelationen. Gerade in den letzten Jahren hat sich die Kultur- und Geschichtstheorie intensiv mit diesem Zusammenhang beschäftigt.«[30]

Raum und Zeit sind dabei die beiden Dimensionen der Geschichte, die weder auf der Ebene der Darstellung noch auf der Ebene der Erklärung voneinander getrennt werden können. Freilich entzieht sich der historische Raum dem nicht, was die Zeit dem Wandel unterwirft. Der Geschichtswissenschaft ist es darum möglich, in differenzierter Weise auf den Raum und seiner Erstreckung auszugreifen: »Raum wird hier als Substrat kultureller Praxis betrachtet, das auf die Praxis zurückwirkt, soziale Strukturbildung generiert und stabilisiert sowie Handlungs-, Wahrnehmungs- und Erfahrungsweisen präformiert.«[31] Damit ist der konkrete

---

30 Sandl, Marcus: Geschichtswissenschaft; in: Raumwissenschaften; hg. von Stephan Günzel, 1. Aufl. Frankfurt/Main 2009, 159–174, 159. Vgl. dazu auch bes. Koselleck, Reinhart: ›Raum und Geschichte‹; in: ders.: Zeitschichten. Studien zur Historik, Frankfurt/Main 2000, 78–96.

31 Sandl, Marcus: Geschichtswissenschaft, 162. Raum beschreibt auch die Herstellung von Umgebungen, etwa die Ausweitung und Gestaltung von Lebensräumen im Zuge einer Politik des Raumgewinns (etwa die nationalsozialistische Geopolitik). Der Raum der Geschichte kann aber auch wahrgenommen werden als Einrichtung von Räumen: Einrichtung von Bereichen, in denen politisch gedacht und gehandelt wurde; darauf insistiert Hannah Arendt in besonderer

ein unter Schutz gestellter Raum

Raum – hier das Kloster Lorsch in seiner raumhaften Präsenz – eben nicht als ein stabiler, un-dynamischer Referenzgegenstand bestimmt, sondern er wird gleichsam zu einem »Raum des Diskurses«[32] und, wie es ja auch im Bildungsanliegen des Weltkulturerbes festgehalten ist, zu einem Raum, an dem diskursiv und in intellektueller, aber auch in leibhaftiger und bisweilen auch sinnlicher Weise das Weltkulturerbe erfahren werden kann.[33]

Die Konkretheit des Weltkulturerbes, *Weltkulturerbe in seiner ganzen Materialität,* ist darum darauf angelegt, die im Welterbe bewahrte Kultur im spezifischen und gleichsam auch abgesteckten Raum – Kloster Lorsch ist von einer eindrücklichen, noch heute weitgehend erhaltenen und neuerdings wieder freigelegten Klostermauer umgeben – wahrnehmen und verstehen zu lernen;[34] Lernen, das hier am und im konkreten Raum möglich wird, hat also eine diskursive Gestalt und Form, gerade weil es nicht der Linearität von Geschichte als vergangener Geschichte aufsitzt, die nur im historischen Blick zu erfassen ist; mit der Erfahrung im Raum ist insofern eine lebendige, gleichsam dynamische Erfahrung von und mit Geschichte veranlasst, die mich – Schülerinnen und Schüler und all die Lernenden am und mit dem Weltkulturerbe – mit meinem je eigenen Bezug auf den Geschichts-Raum herausfordert und zur Wahrnehmung drängt, wie nah oder fern das Erbe auch immer ist.

Spannungsvoll erweist sich dieser Bezug auf den Raum auch noch in einer anderen Hinsicht: Es gibt nicht nur den fest umzäunten Raum Kloster Lorsch, sondern es gibt neben den konkreten Räumen auch die verborgenen Räume, das *verborgene* Kloster Lorsch. Am ursprünglichen Ort existieren heute nur noch wenige Hinweise auf das einstige Kloster. Die dürftige Quellenlage führt mithin dazu nach weiteren Kriterien des Umgangs mit diesem geschichtlichen Erbe zu fragen. Mit der Aufgabe der Profilierung eines Umgangs mit Geschichte ist also verbunden, nach einer *zusätzlichen Überlieferung* zu fragen, die den Ort nach den

---

Weise in ihren politischen Schriften; vgl. dazu bes. Arendt, Hannah: Vita Activa oder Vom tätigen Leben; München 1981.

32 Sandl, Marcus: Geschichtswissenschaft, 167.

33 Vgl. die museumspädagogischen Angebote im Kloster Lorsch; etwa für die Arbeit mit Grundschulkinder wird das Kloster Lorsch und seine kulturelle Praxis im Anprobieren des Habits eines Mönches zur Erfahrung gebracht und insofern eine sinnliche, leibliche Raumerfahrung ermöglicht.

34 Seit etwa einem Jahr ist die alte, sehr gut erhaltene Klostermauer wieder für alle sichtbar gereinigt und gehoben worden; von Weitem ist das Kloster mit seinem Areal sichtbar, was bisher nicht der Fall war; für viele Einwohner in Lorsch hat sich dadurch das Weltkulturerbe erst wirklich eröffnet; bisher war es zwischen den Häusern der Innenstadt von Lorsch kaum erkennbar.

»Bedürfnissen der Gegenwart«[35] aktualisiert und einen Zugriff auf ihn ermöglicht, der mehr ist als nur die Abklärung seiner historischen Bedeutsamkeit.

Kloster Lorsch fordert darum die Gegenwart heraus, denn als Weltkulturerbe kann dieser Ort eben nicht nur archiviert werden; er entfaltet als vergangener Raum und vergangene Geschichte mit eigenen Geschichten eine Wirkung in der Gegenwart, die allererst vorsichtig und dann auch wohl nur in Spuren erkennbar gemacht werden kann. Insofern ist die Kategorie des Raumes geeignet, den offensichtlichen und also konkreten Raum ebenso zu benennen wie klarzustellen, dass damit immer auch auf Räume verwiesen ist, die nur noch in der Imagination bzw. Spekulation betreten werden können.[36]

Hilfreich ist in diesem Zusammenhang die Auseinandersetzung mit der Frage, warum Kloster Lorsch überhaupt als Weltkulturerbe fungiert. Die Beantwortung dieser Frage gibt Aufschluss darüber, warum Kloster Lorsch mehr sein kann und muss als bloß konkreter historischer Ort: Die Kriterien, die dazu veranlasst haben, Kloster Lorsch in das Weltkulturerbe aufzunehmen, zeigen, dass es nicht nur allein um eine Vereinnahmung von Seiten der Gegenwart gehen kann, sondern dass der Ort Kloster Lorsch und sein Erbe einen eigenen Anspruch auf die Gegenwart erhebt. Die Kriterien, die die UNESCO für die Auswahl zum Weltkulturerbe vorgelegt hat, sind lediglich formal. Ihre Unbestimmtheit ist offensichtlich gewollt: Ein allgemeiner Rahmen ist vorgegeben, aber wie dieser Rahmen dann gefüllt werden soll, bleibt offen und ist vom je spezifischen Ort aus zu entscheiden. Damit ist Raum geschaffen, in verschiedenen kulturellen Kontexten die Bedeutsamkeit des Weltkulturerbes als Kultur im je spezifischen Kontext zu interpretieren.

Folgendes *Kriterium* war entscheidend, die Bedeutsamkeit von Kloster Lorsch für die Gegenwart ebenso zu gewichten, wie seine Präsenz als geschichtliches Denkmal. Aus den Kriterien der Unterschutzstellung wird ersichtlich, dass das Erbe von Kloster Lorsch auch eine theologische und nicht nur eine pädagogisch begründete Aufgabe stellt: Die Unter-Schutz-Stellung durch die UNESCO erfolgt mit der Formulierung im Abschnitt 3 und steht in engem Zusammenhang mit Abschnitt 6:

Abschnitt 3: »Die Güter stellen ein einzigartiges oder zumindest außergewöhnliches Zeugnis von einer kulturellen Tradition oder einer bestehenden oder

---

35 Robbe, Tilmann: Historische Forschung und Geschichtsvermittlung. Erinnerungsorte in der deutschsprachigen Geschichtswissenschaft; <Formen der Erinnerung> Göttingen 2009, 72.

36 Vgl. dazu auch die Ausführungen in diesem Band zu den Exkursionen und ihrer Bedeutung als besondere Lernformen, als Formen der Begehung sowohl konkreter wie auch imaginativer Geschichts-Räume.

untergegangenen Kultur dar.« Abschnitt 6: »Die Güter sind in unmittelbarer oder erkennbarer Weise mit Ereignissen oder überlieferten Lebensformen, mit Ideen oder Glaubensbekenntnissen oder mit künstlerischen oder literarischen Werken von außergewöhnlicher universeller Bedeutung verknüpft.«[37]

Das Weltkulturerbe Kloster Lorsch kann also nicht bloß aus den Archiven gezogen bzw. in Archive eingestellt werden, sondern muss in seiner besonderen Funktion für die Gegenwart wahrgenommen und aufgesucht werden.

Dieser Zugang wird gestützt durch die Überlegungen von Thomas Robbe, der mit der Darstellung der Forschungen zum kulturellen Gedächtnis nach der Aktualisierung des Gedächtnisses in der Gegenwart fragt und dabei den Zugang zu Gedächtnisorten differenziert analysiert und kennzeichnet. Weil der Gedächtnisort Kloster Lorsch – seine Lebensform u. a. – nicht einfach rekonstruiert werden kann, gerade weil auch die dokumentarische Quellenlage insgesamt sehr dürftig ist, stellt sich die Frage, wie heute der Bezug darauf aussehen könnte.

Wenn aus der Gegenwart heraus nach seiner Funktion und seiner Bedeutung gefragt wird, dann sind es zuerst die aus der Gegenwart gewonnenen Interessen, die einen Zugang eröffnen. Freilich ist das mehr als das, was sich in der materiellen Topographie[38] niederschlägt, weil man nicht umhin kann, sich eher *spekulativ* dem Gedächtnisort Kloster Lorsch zu nähern. Insofern könnte man mit Halbwachs von einem imaginären Zugang sprechen, der Aufbereitung des kulturellen und religiösen Erbes durch eine *neue Überlieferung,* die in die »materielle Landschaft eingeschrieben«[39] wird. Die Überlegungen von Halbwachs aufzunehmen erscheint in diesem Zusammenhang als zwingend, gerade weil Kloster Lorsch nicht nur ein Gedächtnisort ist, der die Geschichtswissenschaften herausfordert, sondern weil es sich auch um einen Ort gelebten Glaubens im Frühmittelalter handelt. Man könnte mit Halbwachs darum auch Kloster Lorsch als »Wahlheimat des

37 http://de.wikipedia.org/wiki/UNESCO-WelterbeKriterien_der_Unterschutzstellung, Stand 26.10.2009.

38 Vgl. Robbe, Tilmann: Historische Forschung und Geschichtsvermittlung, 57. Er verweist in diesem Zusammenhang auf die von Maurice Halbwachs durchgeführte Untersuchung zu den Orten des Heiligen Landes/Palästina. Halbwachs' Interesse gilt den Christen, »die in den Orten und Heiligtümern handgreifliche Zeugen für die Wahrheiten ihrer Lehre suchen.« (Halbwachs, Maurice: La topographie légendaire des évangiles en terre Sainte, Paris 1941; dt. Stätten der Verkündigung im Heiligen Land. Eine Studie zum kollektiven Gedächtnis, hg. von Stephan Egger, Konstanz 2003).

39 Robbe, Tilmann: Historische Forschung und Geschichtsvermittlung, 59 (mit Hinweis auf Maurice Halbwachs: Stätten der Verkündigung, 206 f.).

christlichen Gedächtnisses«[40] bezeichnen. Mit Kloster Lorsch eröffnet sich ein *Gedächtnisraum,* der in Spuren in die Auseinandersetzung mit der Gedächtnisgeschichte des Christentums führt. Dieses Aufsuchen der Spuren kann als ein Vorgang der Beglaubigung und Stützung religiöser Überzeugungen verstanden werden. Das Aufsuchen des kollektiven Gedächtnisses der Christen in Bezug auf Kloster Lorsch ist somit ein Entwurf der Gegenwart auf die Vergangenheit; das Aufsuchen ist »in diesem Sinne niemals faktengenaue Re-Konstruktion, sondern immer nur eine Konstruktion mit Vergangenheitsanteilen«.[41]

Um dem Erbe von Kloster Lorsch genauer nachgehen zu können, das sich dadurch profiliert, dass es als ein Zusammenhang von konkretem Raum und Raum des Gedächtnisses fungiert, soll die Kategorie aufgenommen werden, die Pierre Nora besonders herausgestellt hat: Geschichte wird als Raum des Diskurses wahrgenommen; »an die Stelle einer allgemeinen, thematischen, chronologischen oder linearen Untersuchung« muss darum »eine in die Tiefe gehende Analyse der ›Orte‹« treten, »in denen sich das Gedächtnis … kondensiert.«[42] Geschichte erscheint nicht mehr als Entwicklung oder Akkumulation des Vergangenen, sondern »als ein Netz, dessen Stränge sich kreuzen und Punkte verbinden.«[43] Pierre Nora stellt in seiner Befragung der Funktion von Gedächtnisorten mit einer scharfen Kritik an dem Umgang mit Geschichte fest, dass das Gedächtnis scheinbar nicht mehr existiere, und versucht diesem Verlust entgegenzusteuern:

> »Herausgerissen wird, was an Erlebtem noch in der Wärme der Tradition, im Schweigen des Brauchtums und in der Wiederholung des Überlieferten wurzelt, fortgespült von einer Grundwelle der Historizität. Ein Selbstbewußtsein im Zeichen des Abgelaufenen, die Vollendung von etwas, das in unvordenklicher Zeit begann. Nur deshalb spricht man so viel vom Gedächtnis, weil es keines mehr gibt.«[44]

Pierre Nora führt vor Augen, dass die historische Wahrnehmung einen Verlust der Gedächtnisräume impliziert, der folgenreiche Konsequenzen nach sich zieht: »Mehr noch: selbst der Modus der historischen Wahrnehmung hat sich – mit Hilfe der Medien – außerordentlich erweitert und an die Stelle eines seiner Erb-

---

40 Halbwachs, Maurice: Stätten der Verkündigung, 195.
41 Robbe, Tilmann: Historische Forschung und Geschichtsvermittlung, 60.
42 Nora, Pierre: Zwischen Geschichte und Gedächtnis; aus dem Franz. von W. Kaiser; Berlin 1990, 7.
43 Foucault, Michel: Von anderen Räumen; aus dem Franz. von M. Bischoff; in: ders.: Schriften. Dits et Ecrits, Bd. 4, hg. von D. Defert und F. Ewald, Frankfurt/Main 2005, 931–942, 931. Vgl. auch ders.: Raum, Wissen und Macht, in: ebd. 324–340.
44 Nora, Pierre: Zwischen Geschichte und Gedächtnis, 11.

schaft und Innerlichkeit zugewandten Gedächtnisses den dünnen, äußerlichen Film der Aktualität gesetzt.«[45] Mit der historischen Geschichtsschreibung, mit der Wendung der Geschichte zur Reflexion, erkennt Nora die Aufhebung der Intimität der Gedächtnisorte, die in eine Reduktion des Gedächtnisses führt, das nur noch als rekonstruierte Geschichte erkennbar bleibt. Nora betont: »Ohne die Wacht des Eingedenkens fegte die Geschichte sie (die Gedächtnisorte, I. Sch.) bald hinweg.« Geschichte macht Gedächtnisorte zu einem archivarischen Gedächtnis.[46]

Das Anliegen einer am Weltkulturerbe orientierten Religionspädagogik kann und muss sich dieser scharfen Kritik von Pierre Nora anschließen, weil mit der bloßen Rekonstruktion von Geschichte wie auch im Vorgang der Archivierung all das auf der Strecke bleibt, was im Gedächtnis – sei es noch so fragil und dürftig – aufbewahrt ist.

> »In dem Maße, wie das traditionelle Gedächtnis verschwindet, fühlen wir uns gehalten, in geradezu religiöser Weise Überreste, Zeugnisse, Dokumente, Bilder, Diskurse, sichtbare Zeichen dessen anzuhäufen, was einst war, so als sollten diese immer gewichtigeren Akten eines schönen Tages als Beweisstücke vor einem Tribunal der Geschichte dienen.«[47]

Pierre Nora macht darum in besonderer Weise auf ein *Erleben* aufmerksam, von dem her sich das am konkreten Ort aufbewahrte Gedächtnis eröffnet; dieses Erleben wird allerdings immer wieder unterlaufen: »Je weniger das Gedächtnis von innen her erlebt wird, desto mehr bedarf es äußerer Stützen und greifbarer Anhaltspunkte einer Existenz, die nur dank dieser noch lebt.«[48] Mit diesen Überlegungen ist darum an einer Gestalt des Umgangs mit Geschichte festzuhalten, die nicht auf den archivarischen oder auch historischen Zugriff reduziert wird,

---

45 Nora, Pierre: Zwischen Geschichte und Gedächtnis, 11–12.
46 Nora, Pierre: Zwischen Geschichte und Gedächtnis, 19.
47 Nora, Pierre: Zwischen Geschichte und Gedächtnis, 19–20.
48 Pierre Nora: Zwischen Geschichte und Gedächtnis, 19: »Daher die Archivierwut, die den Menschen von heute kennzeichnet, und die sich auf die vollständige Bewahrung sowohl der gesamten Gegenwart als auch der Vergangenheit richtet. Das Gefühl eines raschen und endgültigen Verschwindens verbindet sich mit der besorgten Unruhe, was eigentlich die Gegenwart bedeutet, und mit der Ungewißheit, was wohl die Zukunft bringen wird – und dies verleiht noch dem bescheidensten Überrest, dem geringsten Zeugnis die virtuelle Würde des Erinnerungswürdigen.«

sondern sich bezieht auf das ›materielle wie immaterielle‹ Gedächtniserbe, das mit dem konkreten Gedächtnisort Kloster Lorsch gegeben ist.[49]

Freilich wird auf diese Weise nur ein Aspekt erkennbar, der die Bedeutsamkeit erkennbar macht, dass sich eben die Gegenwart auf diesen Gedächtnisort Kloster Lorsch bezieht. Hinzu kommt ein zweiter Aspekt, der mit der Unterscheidung von Funktionsgedächtnis und Speichergedächtnis[50] aufgesucht werden kann. Denn die Latenz eines Gedächtnisbestandes wird nicht allein durch seine Wahrnehmung aus der Gegenwart heraus erkennbar, sondern auch dadurch, dass der Gedächtnisort die Gegenwart herausfordert. Im Speichergedächtnis ist die Vergangenheit absolute Vergangenheit; in diesem Bereich arbeitet die Geschichtswissenschaft, indem sie sichtet, ordnet und aufarbeitet, was eine Gruppe von Menschen hinter sich gelassen hat. Demgegenüber fungiert das Funktionsgedächtnis als ein »Gedächtnisraum, der von einer Gruppe bewohnt wird, der also Relevanz für die gegenwärtige Befindlichkeit der Gruppe besitzt. In diesem Raum herrscht eine zeitliche Kontinuität: die Vergangenheit fundiert die Gegenwart und verweist auf den zukünftigen Weg der Gruppe.«[51] Diese *wechselseitige Verwiesenheit* ist festzuhalten, soll das Weltkulturerbe Kloster Lorsch nicht allein durch die Gegenwart vereinnahmt werden, sondern auch in seiner die Gegenwart unterbrechenden und die Gegenwart befragenden Gestalt wahrgenommen werden.[52]

Aus dieser spannungsvollen Verwiesenheit ergibt sich, dass auch religiöse Inhalte, die sich mit dem Gedächtnisort Kloster Lorsch auftun, immer wieder der Auswahl und Formung unterliegen und nicht vorschnell auf den Punkt gebracht und archiviert werden können. Was das Kulturerbe Kloster Lorsch zu denken gibt und was die Gegenwart daraus für sich in Anspruch nimmt, sinkt auch nicht, wie Thomas Robbe herausstellt, »nach Ablauf seiner Lebensdauer konfliktlos in die Speicher des kulturellen Gedächtnisses ab, sondern unterliegt der Auswahl

---

49 Vgl. dazu auch die Überlegungen von Christoph Markschies und Hubert Wolf: »Tut dies zu meinem Gedächtnis«. Das Christentum als Erinnerungsreligion; in: Erinnerungsorte des Christentums, hg. von Christoph Markschies und Hubert Wolf, München 2010, 10–30, bes. 13.
50 Diese Unterscheidung hat Aleida Assmann herausgearbeitet: vgl. dazu Assmann, Aleida: Der lange Schatten der Vergangenheit. Erinnerungskultur und Geschichtspolitik, München 2006, 56.
51 Robbe, Tilman: Historische Forschung und Geschichtsvermittlung, 73.
52 Auf diese Dimension, in der sie eine enge Verbindung zwischen dem Gedächtnis als zeitüberwindender Fähigkeit und Fertigkeit und dem Raum als gedächtnisstützendem und -formendem Medium betont, verweist zu Recht Aleida Assmann. Vgl. dazu insgesamt: Assmann, Aleida: Erinnerungsräume. Formen und Wandlungen des kulturellen Gedächtnisses, München 1999.

und Formung: es wird ausgehandelt.«[53] Der genuine Ort solcher Auswahl und Formung ist (bezogen auf religiöse Bildungsprozesse Evangelischer Religion) die Lebensform des Glaubens, die einen eigene Referenzrahmen hat, der durch die Heilige Schrift bestimmt ist; innerhalb dieses Referenzrahmens wird darum immer neu nach einer Formung durch die Traditionen gesucht, die diese Lebensform als gelebte *praxis* bestimmen und die darum auch solche Traditionen würdigt, die im und mit dem Frühmittelalter zur Verfügung stehen. Solche Formung muss immer neu ausgehandelt werden. Christlicher Glaube ist eben nicht auf einen starren Lehrbestand zu reduzieren und verharrt auch darin nicht, sondern seine Gestalt und also Orientierungen richten sich aus an der ›Zeitgemäßheit‹, die im je neuen Diskurs ihre Strukturen und Formen gewinnt. Darum ist der Bezug auf die (religiösen) Traditionen, die das Weltkulturerbe Kloster Lorsch eröffnet, ebenso relevant für den Umgang mit Geschichte wie der kritisch prüfende Bezug auf diese Traditionen; dies geschieht in Abgrenzung, Zustimmung oder in Form einer diskursiven Auseinandersetzung, die dann auch die Gestalt und Form der Lernprozesse religiöser Bildung bestimmt.

1.6 Das dunkle Frühmittelalter?

Um die Konturen religiösen Lernens im Spannungsfeld von Geschichte, Gedächtnis und Gegenwart bestimmen zu können, ist mit dem Weltkulturerbe Kloster Lorsch ein besonderer Gegenstand gegeben, der es möglich macht, die Aufgabe, den Umgang mit Geschichte zu lernen, genauer zu verfolgen; ebenso ist das Weltkulturerbe dazu herausragend geeignet, weil es nicht nur abstrakt das Spannungsfeld von Geschichte, Gedächtnis und Gegenwart beleuchten lässt, sondern von einem konkreten Bezugspunkt ausgehend ermöglicht, auf die Kontur religiösen Lernens zuzugehen: Für religiöse Bildungsprozesse bieten sich dafür vielfältige Bezugspunkte an, zumal religiöses Lernen auf eine reiche Geschichte und ihren Traditionen zurückgreifen kann, aus denen heraus es sich immer neu versteht, und insofern Geschichte und die mit ihr verbundenen Traditionen immer Bezugspunkt in religiösen Bildungsprozessen bleiben. Es gibt zahlreiche Gründe, sich in religiösen Bildungsprozessen auf das Frühmittelalter zu beziehen; das zeigt schon ein oberflächlicher Blick auf die Themenvielfalt; was aber ausgearbeitete

---

53 Robbe bezieht sich dabei auf die Überlegungen von Jan und Aleida Assmann, wenn er festhält: »... der Inhalt jeden Gedächtnisses ist immer schon Konstruktion ...«. (Robbe, Tilmann: Historische Forschung und Geschichtsvermittlung, 69).

religiöse Bildungsprozesse – etwa in den Religionsbüchern oder in Unterrichts-materialien – angeht, so ist das Frühmittelalter[54] kaum intensiv wahrgenommen und bearbeitet; das mag wohl auch daran liegen, dass hier ein Zeitraum erfasst wird, der viel schwieriger zugänglich ist als etwa die Reformationszeit, die nur selten in religiösen Bildungsprozessen *nicht* behandelt wird.

Die Reformation und die Reformationszeit sind ein kirchengeschichtliches Thema, das in kaum einem Lehrbuch fehlt. Für die Bearbeitung dieser Epoche der Kirchengeschichte gibt es zahlreiche didaktische und methodische Anre-gungen, die ihre Bearbeitung in religiösen Bildungsprozessen ermöglichen. Das liegt offensichtlich auch an der Bewertung der Reformationszeit bzw. der Reformation, die als ein zentrales Thema für die Bildungsprozesse christlicher Religion schlechthin gilt.[55] Offensichtlich gilt das nun nicht für das Frühmittel-alter; allein die *Ausbreitung des Mönchtums* führt Schülerinnen und Schüler ab und an in die Zeit auch des Frühmittelalters; weitere Perspektiven treten aber kaum in den Vordergrund. In vielen Religionsbüchern klafft hier eine Lücke.[56] Mit Hildegard von Bingen kommt bisweilen allenfalls noch das 11. und 12. Jahr-hundert in den Blick.

Ausgehend von dieser Wahrnehmung in religiösen Bildungsprozessen stellt sich also die Frage nach dem *Mehrwert* einer Beschäftigung mit dem Welt-kulturerbe Kloster Lorsch? Welche Relevanz für ein Wahrnehmen und Ver-stehen christlicher Religion hat eine durch das Weltkulturerbe Kloster Lorsch motivierte Beschäftigung mit dem Frühmittelalter? Ermöglicht sie in gewis-ser Weise die *Ausbildung einer ökumenischen Perspektive und ökumenischer Orientierungen* auf christliche Religion, indem die Zeit *vor* der Reformation in besonderer Weise befragt und bearbeitet wird? Ermöglicht sie eine vertiefte Wahrnehmung katholischer Orientierungen und Perspektiven, veranlasst durch ein Weltkulturerbe, das seine Blütezeit im 8. und 9. Jhd. hatte, zu einer Zeit,

---

54 Vgl. dazu umfassend Carl Andresen und Adolf Martin Ritter: Geschichte des Christentums I/2, Frühmittelalter – Hochmittelalter; Theologische Wissenschaft Bd. 6, Kohlhammer 1995, 1: Das Mittelalter kennzeichnet eine von »Verrohung und Verfinsterung gekennzeichnete Zwischenperiode, die die eigentliche lichte Gegenwart von der Antike trennte und – endlich zu überwinden war.«

55 Schoberth, Ingrid: Rechtfertigung und Schülersehnsucht. Zentralartikel ohne Resonanz?; in: EvTh 59/1999, 49–61.

56 Vgl. dazu etwa das Kursbuch Religion Oberstufe, hg. von Hartmut Rupp u. a., Stuttgart 2004: Unter dem Themenfeld »Kirche« folgt nach der Bearbeitung der Konstantinischen Wende (um 312 n. Chr.) noch ein Abschnitt zu »Soll die Kirche arm oder reich sein? – Text Franziskus von Assisi«, und die Darstellung der »Kulturleistungen der Kirche – auf den Feldern der Wissenschaft, Diakonie, Kunst, Musik«; danach wird sofort die Reformation und Martin Luther als Thema vorgegeben.

in der freilich Themen wie Ökumene und Reformation überhaupt noch nicht im Blick waren? Was also hinterlässt eine Bearbeitung für ein aktuelles Selbstverständnis christlichen Glaubens, das entweder ökumenisch oder spezifisch konfessionell ausgerichtet ist?

Die Arbeit am und mit Kloster Lorsch führt in Themenbereiche hinein, die sehr komplex angelegt werden müssen, soll der zeitgeschichtliche Zusammenhang ebenso zum Tragen kommen, wie die theologische Durchdringung der je besonderen Themen; beide Perspektiven stellen die Voraussetzung dar, um überhaupt das Erbe zu würdigen: Diese Perspektive auf das Frühmittelalter kann darum nur mit einer Lerngruppe bearbeitet werden, die es bereits gewohnt ist, komplexe theologische Zusammenhänge zu reflektieren. Die Sekundarstufe II ist dazu geeignet, denn hier sind es die Lernenden gewohnt, theologisch wie auch zeitgeschichtlich Themen zu durchdringen: Die Themen werden durch den konkreten Geschichtsort für die Schülerinnen und Schüler zugänglich und eröffnen dichte Erfahrungen, die im Unterschied zu einem eher abstrakten, aus dem Religionsbuch aufgenommenen Lerngegenstand eine intensivere und unmittelbarere Auseinandersetzung und also Begehung des Lernfeldes ermöglichen.[57]

1.7 Wege ins Frühmittelalter

Zuletzt muss noch der Terminus Frühmittelalter geklärt werden, der sich nicht von selbst versteht, denn es ist ein eigener zeitgeschichtlicher Kontext, der zu berücksichtigen ist. Er stellt noch einmal alles, was bisher reflektiert worden ist, dann auch unterrichtlich aufgenommen werden und für aktuelle Bildungsprozessen vorbereitet und bearbeitet werden soll, in ein besonderes Licht – wenn man so will gibt er den thematischen Zusammenhängen eine eigene Ausrichtung. Der Kontext, in dem das Weltkulturerbe seine Bedeutung gewinnt, bezieht sich auf die Zeit der großen Bildungsreform, die Karl der Große mit seiner Kulturpolitik

---

57 Hier eignen sich Exkursionen, um dem Erbe auf die Spur zu kommen; das gilt gleichfalls für all jene Orte, die von den Lernenden in ganz konkretem Sinne begangen werden können. Religiöses Lernen hat darin eine Chance, dass solche Lernformen unmittelbarer in die Thematisierung christlicher Religion hineinführen. Vgl. dazu auch ausführlich: Ströter-Bender, Jutta: Lebensräume Kunst und Wissen. UNESCO-Welterbestätten in Nordrhein-Westfalen. Basisinformationen – Unterrichtsmaterialien – Ästhetische Zugänge – Sekundarstufen I und II; Paderborn 2004. Vgl. Schoberth, Ingrid: Offenheit und Bestimmtheit – Zu den aktuellen Herausforderungen einer World-Heritage-Education in religionspädagogischer Perspektive; in: World Heritage Education. Positionen und Diskurse zur Vermittlung des UNESCO-Welterbes <Kunst – Vermittlung – Kulturelle Bildung Bd. 4> Marburg 2010, 71–78.

verfolgte. Sie war angelegt auf eine Erneuerung, aber auch Verfeinerung (eruditio) von Bildung insgesamt: Es galt das »reformare, das im allgemeinen als emendare, restaurare, corrigere usw. erscheint, was immer heißt: Wiederherstellung nicht eines früheren, sondern des *rechten* Zustandes, nämlich Verwirklichung der norma rectitudinis. So ist Reform, wie sie hier gedacht ist, ihrem Wesen nach geschichtliche Verwirklichung einer übergeschichtlichen, nämlich göttlichen Forderung.«[58] D. h., es geht um eine Reform, die nicht alles umwälzt, sondern das, was bereits gilt und bestimmend ist, soll perfektioniert und in vielerlei Hinsicht dann auch für alle geltend vereinheitlicht werden; denn »ihre Konkretion fand die beherrschende Reformidee in der *Berichtigung* (correctio).«[59] Das sorgfältige Abschreiben etwa der Evangeliare trifft also genau das Bild bzw. die Vorstellung von einer Reform, die das Bisherige würdigt, indem es verbessert wird und dafür Sorge getragen wird, dass möglichst keine Fehler unterlaufen: »Einer der zentralen Gedanken der Reform war die Sorge um den rechten Text, der allein für eine richtige und einheitliche Organisation des kirchlichen Lebens im gesamten Frankenreich sorgen könne, wie Karl in dem an seine Bischöfe und Äbte gerichteten Rundschreiben *De litteris colendis,* Über die Pflege der Studien, deutlich sagt. Die wichtigste Voraussetzung hierfür war die Einrichtung von Schulen an Bischofskirchen und in Klöstern, um eine Grundausbildung zu gewährleisten.«[60] Dazu sollte aber auch auf der Ebene religiösen Lebens die Reform durchschlagen. Darum konzentrierte sich Karl der Große mit der Reform auch auf die »Bildung seiner Geistlichen«, die nicht nur Resultat einer »nüchternen Erkenntnis ihrer Notwendigkeit für die Kirchenreform« war und »auch nicht nur aus der religiösen Auffassung seiner Herrscherpflicht« resultiert; vielmehr sind alle diese Bemühungen auch ein Anliegen Karls des Großen selbst: »sie setzen auf seiner Seite (Karls des Großen, I. Sch.) auch ein persönliches Verhältnis zur Bildung voraus: Weil er sie selber schätzte, hielt er sie für notwendig …«.[61]

Dementsprechend spielen die Klöster eine besondere Rolle: »Wenn er die Bildung in seinem Reiche heben wollte, so hieß das, sie zunächst in den Klöstern

---

58 Fleckenstein, Josef: Die Bildungsreform Karls des Großen als Verwirklichung der norma rectitudinis; Bigge-Ruhr 1953, 11.

59 Vgl. Geschichte des Christentums I/2. Frühmittelalter – Hochmittelalter, hg. von Carl Andresen und Adolf Martin Ritter, Stuttgart, Berlin, Köln 1995, 58. Andresen und Ritter betonen dazu auch: »Dieser Begriff (der correctio, I.Sch.) (samt seinen quellensprachlichen Alternativen wie emendatio, melioratio, restitutio, renovatio, reformatio) wird denn auch in der heutigen Mittelalterforschung dem der ›Renaissance‹ zur Kennzeichnung von Karls Reformwerk durchweg vorgezogen.« (ebd.).

60 Becher, Matthias: Karl der Große, 5. Auflage München 2007, 103.

61 Fleckenstein, Josef: Die Bildungsreform, 17–18.

als ihren gegebenen Trägern und Vermittlern zu heben.«[62] Mit der Berufung des Gelehrten Alcuin an den Hof Karls des Großen, wohl 782, konnte die Bildungsreform begonnen werden, die zunächst am Hof vorbereitet, dann aber auch in und mit den Klöstern realisiert wurde. Vor allem die Ausbildung der Geistlichen lag ihm am Herzen; es ging ihm um »gute Lehrer, nach Möglichkeit um die besten: wie Augustinus und Hieronymus …«.[63] Insgesamt zielte diese Reform aber auch auf den Versuch »die Verschmelzung geistlicher und weltlicher Elemente zu erreichen.«[64] Im Rückbezug auf die Antike (saecularis sapientiae), der diese Reform sich verpflichtet fühlte, drückt sich aus, »daß die Antike nicht primär, nicht als Eigenmacht ins Bewußtsein trat, sondern als *Welt,* ihre Bildung als weltliche Bildung, saeculares litterae.«[65]

Zugleich war die Reform orientiert an der Eruditio, der Verfeinerung und also Erneuerung sowohl der »weltlichen und damit antiken als auch der geistlichen und theologischen Bildung«. Schließlich aber war die eigentliche Zielsetzung der Bildungsreform die »Ausrichtung an der norma rectitudinis, dem göttlichen Maß für alles, was geschaffen war …«.[66]

Damit ist in aller Kürze der zeitgeschichtliche Kontext erhoben, der den Titel dieser Untersuchung *Wege ins Frühmittelalter* vorgibt. Insofern ist also der Terminus Frühmittelalter unmittelbar mit der karolingischen Reform verbunden, die zu ihrer Zeit ein spezifisches Bildungsanliegen verfolgte und ein Kennzeichen zur Geltung bringt, das christlicher Religion, christlichem Glauben selbst inne wohnt: die immerwährende Bemühung um ihre angemessene Gestalt und Form, die dann das Leben und Handeln derer formt, die darauf bezogen immer neu leben und zu leben lernen.

Insofern bringt die Reflexion der karolingischen Reform auch die Schwerpunkte zum Ausdruck, die im Folgenden für die religiösen Bildungsprozesse aufgenommen und im diskursiven Umgang damit bearbeitet werden sollen. Sie sind freilich Resultat eines Versuchs, im Umgang mit dem Frühmittelalter Perspektiven zu erarbeiten, die sich als durchgängige Themen der Auseinandersetzung in religiöser Bildung verstehen lassen. Darum sei also grundlegend fest-

---

62 Fleckenstein, Josef: Die Bildungsreform, 25.

63 Fleckenstein, Josef: Die Bildungsreform, 25.

64 A. a. O., 62. Vgl. dazu auch die Tatsache, dass in der Bibliothek von Kloster Lorsch viele lateinische Handschriften zu finden sind, wie etwa auch die älteste auf deutschem Boden entstandene Vergilhandschrift; sie gehörte dem Lorscher Kloster und ist vermutlich dort im späten achten Jahrhundert geschrieben worden.

65 Fleckenstein, Josef: Die Bildungsreform, 34.

66 A. a. O., 85.

gehalten, dass es eben das WORT und also die Bibel und mit ihr dann auch die Lektüre der Texte der Kirchenväter und ihrer Kommentare zur Bibel waren, die einen Schwerpunkt der Konzentration der Bildungsreform ausmachten. Dazu tritt die mit der Liturgiereform Karls des Großen angestoßene Wahrnehmung von ZEIT bzw. die Reflexion von Zeit als gefeierte Zeit, die den Gottesdienst, aber auch die monastische Erfahrung von Zeit bestimmt.[67] Schließlich ist dann eine dritte Perspektive zu gewinnen, die KIRCHE als communio sanctorum, die auch im Frühmittelalter einen Bezugspunkt der theologischen Reflexion wie der Reformen darstellt und also ein weiteres Thema der Beschäftigung mit dem Frühmittelalter erschließt.

Damit sind die besonderen Schwerpunkte der Reform erfasst, die freilich auch weiter reichen als das, was hier im didaktischen Zusammenhang aufgegriffen wird. Diese drei ausgewählten Perspektiven sind es nun aber, die didaktisch genützt werden sollen. Freilich ist das nur eine Auswahl aus der reichen Fülle an Reflexion, Auseinandersetzung, Reform und Erneuerung, wie sie in und mit der Reform der karolingischen Zeit wahrgenommen und reflektiert werden kann. Trotz ihrer Fremdheit werden im Folgenden Wege ins Frühmittelalter gesucht, die einen Umgang mit Geschichte eröffnen, einen Umgang mit einer Zeit der Veränderungen und Herausforderungen, die wie die Herausforderungen heute darauf verweisen, dass Glaube nicht einfach so auf der Hand liegt, sondern immer neu zur Ahnung wird und insofern gerade nicht ohne eine Bemühung von Bildung und Lernen, Reflektieren und Verwerfen, Neu-zur Sprache-Bringen und Kritik auskommt.[68] Freilich muss dazu immer auch gesagt werden, dass christlicher Glaube bzw. christliche Religion auch nicht so auf der Hand liegen, dass sie operationalisiert und in die Verfügung genommen werden können; es bleibt also eine Spannung bestimmend, die für das Lernen christlicher Religion immer gilt, eine Spannung von Nähe zum Thema und zugleich von

---

67 »Das so entstandene Meßbuch galt offiziell im Bereich der Herrschaft Karls, wirkte aber bald, wie die gesamte Liturgiereform, stark zurück auf Rom und trug hier zur Gestaltung des noch immer gültigen Missale Romanum bei.« (Fleckenstein, Josef: Die Bildungsreform, 82).

68 Vgl. dazu ausführlich Diesseits und Jenseits der Worte. Grundkurs christliche Theologie; hg. von Dietrich Ritschl und Martin Hailer, Neukirchen-Vluyn 2006: Ritschl und Hailer weisen darauf hin, wie notwendig aber auch wie genuin zur Kirche bzw. zur Theologie die immer neue Auseinandersetzung gehört, wovon ja auch etwa die Kirchenväter, aber schließlich auch die karolingische Reform in ihrer spezifischen Weise eindrücklich Zeugnis geben. Ritschl und Hailer stellen heraus: »Mit den Stichworten *Auseinandersetzung* und *Kämpfe* sollte angezeigt sein, dass die entscheidenden Lehren der Kirche nicht einfach denkerisch oder aus intellektueller Wissbegierde, sondern aus schweren Konflikten innerhalb und außerhalb der Kirche und in Auseinandersetzung mit gefährlichen Einflüssen von außen entstanden sind.« (A. a. O., 85)

Entzogenheit; sie macht religiöse Bildungsprozesse der Gegenwart heute aus und sie ist letztlich auch eine Spannung, die sich in den Reformbemühungen des Frühmittelalters und in vielen Auseinandersetzungen und Diskursen zum Ausdruck bringt. Wenn man so will, bestimmt sie das Nachdenken, Reflektieren, Korrigieren und Buchstabieren christlichen Glaubens in seinen vielfältigen Kontexten bis heute.

Teil II

Re-Konstruktion von Geschichte

Die Begegnung mit dem Weltkulturerbe Kloster Lorsch führt in einen kultureröffnenden wie theologieeröffnenden Diskurs. Dieser Diskurs stellt einen *hermeneutischen Weg* dar, der zu einer kritischen Explikation des Erbes in und für die Gegenwart führt. Er bestimmt die Wahrnehmung von geschehener Geschichte, die nicht allein über ihre historische Verifikation zugänglich wird, sondern die zugleich auf einen *Umgang mit Geschichte in ihren Geschichten* verweist. Er sucht geschehene Geschichte in ihrer Bedeutung für die Gegenwart auf und lässt dabei gelten, dass Geschichte in ihren Geschichten die Gegenwart kritisch befragt. Diese spannungsvolle Aufgabe eröffnet der Bezug auf das Weltkulturerbe, das zu einer Auseinandersetzung mit der Gegenwartskultur führt, die sich schließlich auch in der Begegnung mit dem Weltkulturerbe bewähren muss.

Religiöse Bildungsprozesse, die sich auf das konkrete Weltkulturerbe Kloster Lorsch zu beziehen suchen, müssen diese Aufgabe im Blick behalten, damit Geschichte weder vereinnahmt wird noch der Gleichgültigkeit überlassen und der Vergangenheit preisgegeben. Kloster Lorsch führt zunächst auf ein eher unwegsames Gelände als auf vertraute Wege, hin zur Geschichte und Theologie des Frühmittelalters; gemeinsam mit den karolingischen Reformbemühungen bilden sie den Rahmen, innerhalb dessen das Erbe begangen und also unterrichtlich bearbeitet werden kann.

Das *Frühmittelalter* präsentiert sich dabei als nah und fern zugleich: Die Themen, um die es geht, verweisen in die vergangene Geschichte, fordern aber zugleich die Gegenwart heraus. Insofern kann das Lernen am Weltkulturerbe als Re-Konstruktion verstanden werden. Die Gestalt der Heiligen in der Reliquie[1] und deren Verehrung ist etwa nicht nur ein Kennzeichen der Frömmigkeit damals, sondern sie dauert bis heute auch in säkularer Gestalt fort: die Wallfahrten zu den Lebens- bzw. Sterbeorte von (nicht nur populär-) kulturellen Stars drücken das aus.

Diese Form des Zugangs zu Geschichte wird exemplarisch an einer Gestalt der Frömmigkeit – Heiligenverehrung – des Frühmittelalters deutlich, macht

---

1 Angenendt, Arnold: Die Reliquien und ihre Verehrung im Mittelalter; in: Dombau und Theologie im mittelalterlichen Köln; hg. von Ludger Honnefelder, Köln 1998, 309–322, 321–322: »Auffälligerweise schufen sich auch die *Ersatzreligionen* der Moderne ihre Reliquien: die *Bluthelden* auf dem Münchener Königsplatz und der einbalsamierte Lenin an der Kremlmauer. Die Reliquienverehrung bietet ein bemerkenswertes Beispiel für das Verhältnis von Christentum und Urreligiösem, gehört doch die Ehrfurcht vor dem Leichnam wie auch die Vorstellung von Heiligen Orten zu den ältesten Erkennungszeichen des Menschseins. Die frühen Christen behielten indes von Jesus allein seine Worte und seine Heilshandlungen in Erinnerung, bewahrten aber keine Reliquien von ihm auf.«

aber auch die Aufgabe der Rekonstruktion von Geschichte erkennbar, die hier geleistet werden muss. Denn historische Erkenntnis lebt, wie Philipp Stoellger betont, zwischen *Essentialismus und Relativismus*. Sie ist weder absolut gewisse Wesenserkenntnis noch beliebige Konstruktion. Im Umgang mit dem Weltkulturerbe kommt darum eine erzählte (zum Teil bleibend verborgene) Vergangenheit in den Blick, die Gegenwart wird in der Bemühung um das Weltkulturerbe. Dieses Erbe soll weitergegeben werden »in Verantwortung gegenüber den Toten, dem Vergangenem und latent auch gegenüber allem Vergessen, nicht Erinnerten, nicht mehr Erinnerbaren.«[2]

2.1 Leitperspektive *der Re*-Konstruktion

Im Folgenden sollen die *drei Perspektiven* ausführlich reflektiert werden, die in der Reflexion des Frühmittelalters herausgearbeitet worden sind und eine Rekonstruktion, im Spannungsfeld von Geschichte, Gedächtnis, Gegenwart am und mit dem Weltkulturerbe Kloster Lorsch ermöglichen. Es sind Leitperspektiven für die didaktische Bearbeitung des Frühmittelalters, die gleichsam als Dimensionen verstanden werden können, innerhalb derer sich religiöse Bildungsprozesse, die sich auf diese Zeit beziehen, erstrecken. Von diesen Dimensionen her und auf diese hin sind die folgenden Ausarbeitungen bestimmt: WORT – ZEIT – KIRCHE.

Das gleichsam theologische Gespräch, das durch das Frühmittelalter motiviert ist, erschließt die Themen, die bis heute für das Selbstverständnis von Kirche unverzichtbar sind, ob in Abgrenzung oder auch Zustimmung. Diesen drei Perspektiven soll genauer nachgegangen werden und ihre Kontur ermittelt werden, die dann auch als Grundlage für die didaktische Erarbeitung von Lernprozessen aufgegriffen werden soll.

2.1.1 WORT – Schriftverständnis und Heiligkeit

Die Wahrnehmung des Schriftverständnisses des Frühmittelalters drängt sich als Thema unmittelbar auf (Lorscher Evangeliar). Wie lässt sich dieser Schriftgebrauch wahrnehmen? Ein meditativer Schriftgebrauch und Übung wiederholender Rezitation? Die besondere Bewertung der Bibel als Heiliger Schrift verweist auf die große Bedeutung der Skriptorien der Klöster des Frühmittelalters.

---

2 Stoellger, Philipp: Glaube als Geschichte – Religion als Gedächtnis. Vom Nutzen und Vorteil der Historie für den Glauben; in: EvTh 69, 2009, 209–224, 215.

Zugleich fordert diese besondere *Bewertung der Heiligen Schrift* bis heute heraus: Sie lässt nach der Bedeutsamkeit der Heiligen Schrift für das eigene Leben aber auch für das gemeinsame Leben in der Kirche fragen.

2.1.2 ZEIT – Zeit und Zeiterfahrung

Mit dem *Thema Zeit* kommen die Dimensionen in den Blick, die das Leben aus dem Glauben formen: In der besonderen Beschäftigung mit dem spannungsvollen Zusammenhang von Zeit und Ewigkeit ist die Weite der Thematisierung im Blick, zu der das Erbe von Kloster Lorsch Spuren legt.[3] Dazu tritt auch in Konkretheit die Wahrnehmung monastischer Zeiterfahrung. Damit zugleich aber auch die Frage nach der Bedeutung der Kalender und ihres Gebrauchs im Frühmittelalter. Zugleich ist mit der Zeiterfahrung der Gegenwart die Frage nach der Ewigkeit gestellt: Wie geht man mit der Erfahrung der Endlichkeit des Lebens um? Was bedeutet die Hoffnung auf das ewige Leben?[4]

2.1.3 KIRCHE – Reliquien und Heiligenverehrung

Die Gestalt der Heiligen in der Reliquie und deren Verehrung ist ein besonderes Kennzeichen der Frömmigkeit des Frühmittelalters. Mit diesem Thema verbunden ist zugleich die Frage nach der Gestalt von Kirche – Kirche der Lebenden und der Toten – *communio sanctorum,* die sich durch diesen Bezug auf die Heiligen und ihre Verehrung erschließt. Die Heiligen mit ihrer vorbildlichen Lebensführung im Frühmittelalter treten hervor in Unterscheidung zu den Märtyrern der Alten Kirche, deren Heiligkeit in deren Leidenszeugnis begründet ist. Das führt zur Moralisierung des christlichen Glaubens und zur zunehmenden Verdinglichung des Verständnisses der Gegenwart Gottes, die der Heilige schließlich scheinbar selbst symbolisiert. In diesem Zusammenhang stellt sich die Frage nach der

---

3 Kocku von Stuckrad: Wissenschaftliche und religiöse Transfers im Mittelalter. Das Beispiel der Astrologie; in: Religiöser Pluralismus im Mittelalter? Besichtigung einer Epoche der europäischen Religionsgeschichte, hg. von Christoph Auffarth, Berlin 2007, 39–58, 50 f.: »Eine besondere Leistung des 9. Jahrhunderts war die Kalenderreform Karls des Großen, dessen *Reichskalender* bis ins 13. Jahrhundert Gültigkeit besaß. Von diesem Kalender liegen mehr als fünfzig Handschriften in acht verschiedenen Fassungen vor, die aus ganz Europa stammen, und zwar romanische, germanische und keltische Versionen. Die älteste, rheinfränkische Fassung entstand 789 in der Abtei Lorsch.«

4 Ohler, Norbert: Sterben und Tod im Mittelalter; 3. Auflage Düsseldorf 2006; vgl. dazu auch: Gott und Tod. Tod und Sterben in der höfischen Kultur des Mittelalters; hg. von Susanne Knaeble, Silvan Wagner und Viola Wittmann, <bayreuther forum Transit 10> Münster u. a. 2011.

Lebensform des Glaubens und woran sie sich festmacht. Ist das Leben aus dem Glauben nur noch eine moralische Angelegenheit, bei der es darum geht, sich Verdienste zu erwerben? Oder: Woraus leben Menschen, die ihr Leben und Handeln aus dem Glauben formen lassen? Wer sind diejenigen, die gemeinsam in der Kirche leben? Was heißt auf diesem Hintergrund: Priestertum aller Gläubigen? Eine Bestimmung, die für Martin Luthers Kirchenverständnis grundlegend war.

2.2   Ein hochschuldidaktisches Lehrprojekt[5]

Die drei vorgestellten Themenbereiche, sind Ergebnis eines hochschuldidaktischen Lehr-Projekts, das mit dem konkreten Bezug auf Kloster Lorsch an der Ausarbeitung der Leitperspektiven für religiöse Bildungsprozesse beteiligt war und das an der Theologischen Fakultät der Universität Heidelberg von Seiten des Lehrstuhles Praktische Theologie/Religionspädagogik in Zusammenarbeit mit den Mitarbeitern an der Weltkulturerbestätte Kloster Lorsch in Seminaren durchgeführt worden ist; im Wintersemester 2009/2010 mit dem Thema: *Raumerfahrung im Religionsunterricht durch Wort – Schrift – Bild;* im Sommersemester 2010 mit dem Thema: *Zeit, Erinnerung und Gedächtnis als Thema des Religionsunterrichts in der Oberstufe* und im Wintersemester 2010/11 mit dem Thema: *Kirche als communio sanctorum als Thema des Religionsunterrichts in der Oberstufe.*

Die Seminare verfolgten dabei auch das Anliegen der professionellen Form der Unterrichtsvorbereitung; diese sollte konkret in Bezug auf das Weltkulturerbe Kloster Lorsch erarbeitet werden. In den drei Seminaren wurde also mit je unterschiedlicher thematischer Ausrichtung (Wort, Zeit, Kirche) der Weg bearbeitet, der dazu führt, in religiösen Bildungsprozessen im Religionsunterricht der Oberstufe Kloster Lorsch als Thema aufzunehmen und in je eigener Weise zu bearbeiten. Dabei vernetzen sich fachwissenschaftliche und fachdidaktische Perspektiven, die in die konkrete Vorbereitung des Religionsunterrichts münden.

Weil es für die Erarbeitung der professionellen Form der Vorbereitung von Unterricht grundlegend ist, einen konkreten Themenbezug herzustellen, damit die Unterrichtsvorbereitung nicht abstrakt bleibt und damit der enge Verweisungszusammenhang von Fachwissenschaft und Fachdidaktik erkennbar werden kann,

---

5   Ich möchte in diesem Zusammenhang allen Studierenden danken, die über ein jeweils langes Semester hinweg, sich die Anstrengung der Ausarbeitung der Lernwege zugemutet haben; das sehr komplexe und wenig vertraute Thema hat viel verlangt! Die Hausarbeiten, die die Studierenden dann dazu ausgearbeitet haben, haben mir gezeigt, dass sich diese Mühe wirklich gelohnt hat. An anderer Stelle dieser Veröffentlichung werde ich davon noch berichten.

wurde als Thema das Frühmittelalter und verbunden mit ihm das Weltkulturerbe Kloster Lorsch gewählt.

Dazu war sowohl eine ausreichende fachwissenschaftliche Orientierung zu leisten als auch sorgfältig die didaktische und methodische Aufgabe zu erarbeiten, um konkrete Unterrichtswege entwickeln zu können.[6] Im Lehr-Projekt wurde in *interdisziplinärer* Weise gearbeitet. Insbesondere die Perspektiven der Theologie, der Pädagogik und der Geschichtswissenschaft wurden aufgenommen, die zu einer ertragreichen Auseinandersetzung mit dem Erbe von Kloster Lorsch beigetragen haben. Da das Frühmittelalter nur von wenigen der Studierenden bisher bearbeitet worden war, bedurfte es einer ausreichend fachwissenschaftlichen Erarbeitung[7] des Frühmittelalters und seiner theologischen Prämissen, die das Profil der Lernwege im Religionsunterricht der Oberstufe bestimmen sollten. Aber auch das didaktische Profil forderte heraus: Die didaktisch-methodischen Formen sollten aus den thematischen Zugängen gewonnen werden. Nicht ein methodisches Repertoire sollte den Studierenden eröffnet werden, sondern in der Arbeit an den Inhalten ausgearbeitet werden, welche didaktische Formen diese freisetzen und in besonderer Weise geeignet sind, den Gegenstand des Unterrichts/Inhalt zu erfassen. Das Projekt hat gezeigt, dass die inhaltlich genaue Ausarbeitung des Themas die Struktur und methodische Ausgestaltung der Lernwege eröffnet, die dann angemessen das Thema mit Schülerinnen und Schülern bearbeiten lassen.

2.3 Kloster Lorsch als Bezugspunkt der Unterrichtsvorbereitung

Ausgehend vom konkreten Ort, dem Weltkulturerbe Kloster Lorsch, sollten religiöse Bildungsprozesse erarbeitet werden. Dies sollte exemplarisch gezeigt werden und dazu veranlassen auch andere Geschichtsorte in der je unmittelbaren Lebenswelt von Schülerinnen und Schülern nicht zu übergehen, sondern als Gedächtnis- bzw. Geschichtsorte zu würdigen, indem auch sie in religiösen Bildungsprozessen Eingang finden. Auf diese Weise sollte ein Beitrag zu einem

---

6 Vgl. Meyer, Hilbert: Was ist guter Unterricht; Berlin 2004.

7 Dass das Weltkulturerbe freilich auch weitere Perspektiven eröffnet, die im Rahmen des Diskurses mit der Medizin (Lorscher Arzneibuch), dem Recht (Bedeutung der Lorscher Torhalle für die Rechtsprechung), der Kunstgeschichte (Kunst des Frühmittelalters), der Archäologie u. a. bearbeitet werden könnten, kann in diesem Zusammenhang nur genannt werden, um den Rahmen der Darstellung nicht zu überlasten. Was im Projekt exemplarisch bearbeitet wurde, kann insofern in Hinblick auf weitere Fragestellungen aufgenommen werden.

kritisch konstruktiven Umgang mit Geschichte geleistet werden – ein Umgang, der die Gegenwart immer neu herausfordert. Religiöse Bildungsprozesse sind in besonderer Weise dazu geeignet, dieser Aufgabe nachzugehen, weil es zum Selbstverständnis religiöser Bildung gehört, dass die Einübung und Partizipation an Geschichte immer auch ihr Gegenstand ist. Um dieser Aufgabe nachzukommen ist es grundlegend, dass Geschichte nicht nur als vergangene Geschichte vergegenwärtigt wird, sondern in ihrer kultureröffnenden wie theologieeröffnenden Kraft wahrgenommen und ihrer besonderen Bedeutung für die Gegenwart aufgenommen wird. Dem Kloster Lorsch kommt dabei auch als *religiöses* Weltkulturerbe eine besondere Bedeutung zu. Die Würdigung und Achtung des religiösen Weltkulturerbes stellt sich daher auch als eine theologische wie auch damit verbunden religionspädagogische/religionsdidaktische Aufgabe. Die vielfältigen Ausprägungen der Traditionen, die sich auf den christlichen Glauben beziehen, die zu einer genauen, aber auch kritischen Wahrnehmung auffordern, machen dieses Erbe auch für religiöse Bildungsprozesse attraktiv. Nicht nur, weil Fremdes, wie etwa das Frühmittelalter, in religiösen Bildungsprozessen besonders geeignet ist, um von den Schülern bearbeitet zu werden, sondern auch weil kaum griffige Konzepte zum Umgangs mit Geschichte[8] bzw. des Frühmittelalters vorliegen; zudem ist immer wieder festzustellen, dass sich die Bearbeitung von kirchengeschichtlichen Themen im Religionsunterricht nicht oder nur kaum von der Darbietung der entsprechenden Themen im Geschichtsunterricht unterscheiden. Dabei steht der Religionsunterricht in der Gefahr, die historische Präsentation zu stark zu betonen und damit eher auf eine Vermittlung von Kenntnissen abzustellen; das Spezifische des religiösen Lernens kann aber so nicht ausreichend zur Geltung gebracht werden. Deshalb wurde mit diesem Lehrprojekt eine wichtige Thematik der Religionsdidaktik bearbeitet und es wird hier dieser Versuch vorgelegt, das Frühmittelalter sowohl historisch als auch re-konstruktiv und spekulativ als Gegenstand religiöser Bildungsprozesse aufzunehmen und zu entwerfen

Ausgangspunkt des Projektes war der Versuch der Integration des Erbes Kloster Lorsch in religiöse Bildungsprozesse insbesondere in der Sekundarstufe II an der Schule/im Religionsunterricht, um dieses Erbe in seiner die Gegenwart erhellenden und herausfordernden Gestalt zu bearbeiten, es aber auch als einen Ort mit historischem Vermächtnis aufzunehmen. Was dabei exemplarisch mit

---

8 Vgl. Glauben und Lernen 22/2007 (Themenheft: Lernort Geschichte); bes.: Roggenkamp, Antje: Lernort Geschichte; in: GluLern 22/2007, 4–14; ein erster weiterführender Entwurf liegt vor bei Dierk, Heidrun: Kirchengeschichte elementar. Entwurf einer Theorie des Umgangs mit geschichtlichen Traditionen im Religionsunterricht; <Heidelberger Studien zur Praktischen Theologie 10> Münster 2005.

dem Kloster Lorsch durchgeführt wird, hat freilich auch Konsequenzen für den Umgang mit Geschichte überhaupt: Indem ein reflexiver Umgang mit Geschichte für die Ausgestaltung von religiösen Bildungsprozessen anvisiert wird, wird es möglich, sich auch auf andere konkrete Geschichtsorte beziehen zu lernen, um diese für die Vorbereitung religiöser Bildungsprozesse aufzunehmen.

Vertiefend soll noch einmal betont werden, dass mit Kloster Lorsch sich die Aufgabe nach dem Umgang mit Geschichte stellt, aber eben nicht allein in der Perspektive von Historizität, sondern um einen Umgang mit Geschichte als *geschehener Geschichte,* die sich letztlich einer vollständigen Verifikation entzieht. Gerade so bleibt sie herausfordernde Geschichte, die auch beunruhigt. Die *Geschichten,* die sich mit Kloster Lorsch eröffnen, können aufgesucht werden, aber nur unter dem Vorbehalt, dass es immer nur Spuren sind, die ein solcher Umgang mit Geschichte legt: Die Geschichte und ihre Geschichten, auf die Kloster Lorsch in Urkunden, wenigen Quellen und fragmentarischer Architektonik in Lorsch verweist, lässt sie *nicht verfügbare Geschichte* bleiben und gerade so bleibt sie für und in der Gegenwart bedeutsam, noch nicht zureichend bearbeitet und wohl auch eine bleibende Provokation. In dieser Spannung spiegelt sich das Anliegen wider, dem mit diesem konkreten Lehr-Projekt thematisch nachgegangen wurde. Kloster Lorsch ist darum in besonderer Weise geeignet, Reflexionen anzustoßen *über den Umgang mit Geschichte als geschehener Geschichte,* weil es ein konkreter und zugleich imaginärer/verborgener Ort der Geschichte ist, der das Weltkulturerbe bewahrt und dem als ein *Raum des* Funktionsgedächtnisses eine eigene Bedeutung zukommt. Lorsch, das Frühmittelalter und das Kloster teilen sich eben nicht allein über Berichte und Urkunden mit, sondern eröffnen die Wahrnehmung seiner Geschichte als eines Erfahrungs- und Erwartungsraumes,[9] der die Spuren zu gelebtem Leben im Frühmittelalter legt. Als konkreter Ort mit einer *Aura,*[10] die in den Bann zu ziehen vermag, die manchen manchmal anrührt, sich hin und wieder auch unmittelbar aufdrängt und ohne deren Wahrnehmung ein Zugang zu diesem Erbe versagt bleibt, ist Ausweis für einen Ort der Geschichte mit vielfältigen bekannten und noch mehr unbekannten

---

9   Vgl. bes. Koselleck, Reinhard: Vergangene Zukunft. Zur Semantik geschichtlicher Zeiten; Frankfurt/Main 1988. Vgl. dazu Beilner, Helmut: Empirische Forschung in der Geschichtsdidaktik; in: GWU 54. 2003, 212–302. Beilner verweist etwa auf die Möglichkeit von Identitätslernen im Rahmen einer Didaktik der Geschichte, das sich auf »Personenschicksale und ihre Hilfe für die eigene Wertorientierung und Identitätsfindung richtet.« (Beilner, Helmut: Empirische Forschung in der Geschichtsdidaktik, 295).

10 Vgl. dazu Mersch, Dieter: Was sich zeigt. Materialität, Präsenz, Ereignis; München 2002 und ders.: Ereignis und Aura. Untersuchungen zu einer Ästhetik des Performativen; 1. Auflage Frankfurt/Main 2002.

Geschichten, der über einen historischen Zugang hinaus perspektivenreiche Zugänge zum Frühmittelalter ermöglicht: Insofern kann von der Aufgabe einer *Aktualisierung des abgelagerten Wissensbestandes[11] gesprochen werden, die sich mit der Aufgabe einen Umgang mit Geschichte* in Bezug auf das Weltkulturerbe Kloster Lorsch einzuüben, verbindet.

2.4 Begehung als didaktische Kategorie

Die von Christoph Bizer in die religionsdidaktische Diskussion eingeführte und in den letzten Jahren intensiv diskutierte Kategorie der *Begehung[12] dient dazu, den Umgang mit Geschichte didaktisch-methodisch zu profilieren und in den aktuellen Bildungsdiskurs einzubeziehen. Der Zugang zu Geschichtsorten durch Begehung* eröffnet eine Raumerfahrung, die sowohl auf die architektonisch konkreten Räume bezogen werden kann wie auch auf die Lebens- und Erfahrungsräume, die an und mit konkreten Geschichtsorten eröffnen werden. Dabei spielt insbesondere die *Aura* eine Rolle, die eine Atmosphäre mitteilt und es möglich macht, dass in der Begehung etwas aufgeht, was sich durch viele kleine Wahrnehmungen hindurch zu einem eindrücklichen Ganzen bündelt. Christoph Bizer beschreibt den Vorgang der Begehung folgendermaßen:

> »Die Begehung erfaßt im Schreiten, im Zuge einer Prozession, das Ganze, das in seinen Teilen ansichtig ist, aber im Schreiten immer mehr ist als die Summe dieser Teile. In einer bestimmten Dialektik zwischen den Teilen und dem Ganzen kommt das heraus, was die Örtlichkeit … ausmacht.«[13]

Mit dem Begriff der Begehung ist auch bezeichnet, dass der konkrete Ort zum medial-ästhetischen Referenzpunkt für eigenes Leben und Handeln werden kann, indem Schülerinnen und Schüler selbst interpretierend in der Begehung tätig werden. Auf diese Weise mündet die Auseinandersetzung nicht nur in eine kognitiv ausgerichtete Information über Geschichte, sondern befähigt Schülerinnen und Schüler zu einer *Partizipation an Geschichte* und der damit verbundenen Ausbildung *hermeneutischer Kompetenz,* die sich in verschiedenen didaktisch-metho-

---

11 Vgl. dazu bes. Assmann, Aleida: Erinnerungsräume.
12 Bizer, Christoph: Begehung als eine religionspädagogische Kategorie für den schulischen Religionsunterricht; in: ders.: Kirchgänge im Unterricht und anderswo. Zur Gestaltwerdung von Religion; Göttingen 1995, 167–184.
13 Bizer, Christoph: Begehung, 169–170.

Abbildung 1: Lorscher Torhalle, Foto: Ingrid Schoberth

dischen Formen (ästhetisch, liturgisch-didaktisch u. a.) realisiert und die freilich gerade nicht mit einer bloßen Vermittlung von Tradition verwechselt werden darf. Vielmehr geht es um die Entwicklung der Tugend, ein adäquates Gefühl für die Traditionen zu gewinnen,[14] die in besonderer Weise durch die Begehung eröffnet

---

14 Vgl. MacIntyre, Alasdair: Der Verlust der Tugend. Zur moralischen Krise der Gegenwart; aus dem Engl. von Wolfgang Rhiel (After Virtue); <Theorie und Gesellschaft 5> Frankfurt/Main/ New York 1987. MacIntyre hält fest: »die Tugend, das adäquate Gefühl für die Traditionen zu haben, denen man angehört oder die einem gegenübertreten [...] darf nicht mit einer Form konservativer Begeisterung für das Alte verwechselt werden [...] Es ist eher der Fall, dass sich ein adäquates Gefühl für Tradition im Zugriff auf jene Zukunftsmöglichkeiten manifestiert, die

wird und eine leiblich sinnliche Wahrnehmung von Tradition und Geschichte ermöglicht; insofern sind die konkreten Geschichts-Orte gerade auch für religiöse Bildungsprozesse so wichtig und so wirkungsvoll wie solche unterrichtlichen Themen, die zu religiösem Lernen anleiten, das über eine bloß kognitive Wahrnehmung von Geschichte hinausgeht. Der Begriff der Begehung steht also für verschiedene Wege der Aneignung von Geschichte, die einmal konkret mit Exkursionen gegeben ist, aber auch die reflektierenden Unterrichtsformen vor Ort im Unterricht selbst beschreibt. Das Besondere des Begriffs liegt darin, dass in der Arbeit am Unterrichtsgegenstand auf kreative Weise eine dynamische, aber auch leibliche Wahrnehmung eröffnet wird, ohne die religiöses Lernen letztlich nicht möglich ist.[15]

2.5 Diskursiver Religionsunterricht in der Oberstufe

Indem die Begehung als Kategorie des Umgangs mit Geschichte aufgenommen wird, formt das auch die religiösen Bildungsprozesse, die Schülerinnen und Schüler zur Partizipation von Geschichte befähigen sollen. Das Lernen hat demnach vom Gegenstand Weltkulturerbe und seinen mit ihm gesetzten Bedingungen eine eigene spezifische Gestalt und Form. Folgende Aspekte sind dazu festzuhalten und bei der Ausgestaltung von religiösen Lernwegen, die sich auf das Weltkulturerbe, aber auch auf andere geschichtliche Orte beziehen, zu beachten:

(1) Religiöses Lernen realisiert sich in einer Vielfalt von Zugängen, die religiöses Lernen bestimmen. Es macht immer schon das Lernen christlicher Religion aus, das eine je bestimmende Perspektive in der Vielfalt von anderen Bezügen aufgesucht wird. Dazu ein paar Beispiele, um deutlich zu machen, wie das im Blick auf Bildungsprozesse zu verstehen ist: Wenn wir mit Schülern in der Bibel lesen, dann ist das eine für den Religionsunterricht wesentliche Perspektive; wir begeben uns hinein in die Vielfalt biblischer Texte und ihrer Aussagen etwa zu Jesus Christus. Wenn wir im Rahmen theologischer Anthropologie der Frage nach

---

die Vergangenheit für die Gegenwart verfügbar gemacht hat.« (MacIntyre, Alasdair: Der Verlust der Tugend, 297 f.)

15 Auch für diesen Zusammenhang ist vor allem auf die Gedenkstättenpädagogik hinzuweisen, die Exkursionen, Projekten etc. als besonders geeignete Formen des Lernens herausstellt und eindrückliche Möglichkeiten solchen Lernens vorführt: vgl. dazu etwa: Praxis der Gedenkstättenpädagogik. Erfahrungen und Perspektiven; hg. von Annegret Ehmann u. a.; Opladen 1995. Vgl. darin bes.: Pfender, Ursula: Muß es immer eine Gedenkstättenfahrt sein?, 311–317.

dem Menschsein nachgehen, dann nehmen wir auch auf Ludwig Feuerbach und seine Religionskritik Bezug. Wenn wir nach der Bedeutung des Zentralartikels christlichen Glaubens – nach der Rechtfertigung – fragen, dann nehmen wir auf Martin Luther ebenso Bezug wie auch auf aktuelle dogmatische Interpretationen zur Rechtfertigungslehre. Wenn wir nach monastischen Lebensformen heute fragen, dann können wir auch nach solchen Lebensformen im Frühmittelalter fragen usw.: *Religiöses Lernen im RU in der Oberstufe hat eine vielperspektivische Gestalt.*

(2) Religiöses Lernen bezieht sich auch auf solche Perspektiven und Orientierungen, die sich außerhalb christlicher Religion für die Wahrnehmung des Lebens und Handelns finden. Religiöse Lernprozesse eröffnen einen Diskurs-Raum, in dem um die Geltung verschiedener Zugänge gerungen wird: *Religiöses Lernen ist gekennzeichnet durch Offenheit.*

(3) Religiöses Lernen zeichnet sich auch durch eine *Bestimmtheit* aus; im religiösen Lernen wird christliche Religion zur Darstellung gebracht, reflektiert, kritisiert und interpretiert, um sie einschätzbar zu halten. So kann etwa in der Begegnung mit Kloster Lorsch auch das Thema Zeit thematisiert werden: Theologisch und von Seiten des Judentums ergeben sich dazu je spezifische Zugänge (z. B. die Thematisierung des Schabbat oder aber die Reflexion auf das Neue und Ungeahnte in der Zeit, das die lineare Zeit unterbricht). Kloster Lorsch eröffnet dazu eigene Zugänge zum Verstehen der Zeit und der Dimension der *memoria* und fordert heraus, nach der Bedeutung von Gedächtniskulturen zu fragen. Kloster Lorsch als Weltkulturerbe stellt damit an uns einen Anspruch: *Das Moment der Zeit ist ein wesentliches, aber oft übersehenes Moment unserer eigenen Frömmigkeitsgeschichte und der christlichen Identität.*

(4) Religiöse Bildungsprozesse verweisen auf die *Grundgestalt christlichen Lebens und Glaubens* (performativer Religionsunterricht), die sich dadurch auszeichnet, dass christlicher Glaube nicht nur bei sich und nur mit sich selbst beschäftigt ist, sondern auf die Welt bezogen bleibt. Diese Weltbezogenheit verändert und erneuert immer auch das religiöse Lernen: Neue Fragestellungen kommen in den Blick, alte Fragestellungen werden auf ihre Geltung für heute befragt und unbequeme, auch revolutionäre Perspektiven in die Welt hineingetragen (vgl. Schabbat-Idee und unser Umgang mit dem Sonntag heute in der Gegenwartskultur): *Darum haben religiöse Lernprozesse eine interdisziplinäre Ausrichtung, die sich in den Lernwegen abbilden muss.*

(5) Form und Gestalt religiösen Lernens, *dem hier nachgegangen wird, ist als diskursives Lernen* zu beschreiben: Nur so ist es geeignet, der Gegenwartskultur und ihren Herausforderungen in *Offenheit* zu begegnen und dabei zugleich das *Bestimmte* christlicher Religion nicht aus den Augen zu verlieren.

2.6 Der Bezug auf den Bildungsplan G 8/Oberstufe[16]

Für die didaktische Durchdringung der Themen, an denen mit Bezug auf das Welt-kulturerbe Kloster Lorsch gearbeitet werden soll, sind die Bildungsplanbezüge für den evangelischen Religionsunterricht für die Oberstufe/Kursstufe grundlegend: Grundlegend bleibt darum die Aufgabe der Ausbildung *religiöser Kompetenz,* die in spezifische Kompetenzen ausdifferenziert werden muss, die im Bildungsplan festgehalten und ausformuliert sind. Je nach Lernweg muss immer neu geprüft werden, auf welche Kompetenzen hin der Unterricht ausgerichtet werden soll und reflektiert werden, zu welchen jeweiligen Kompetenzen Schülerinnen und Schüler befähigt werden sollen. Dazu treten in der didaktischen Reflexion auch die Dimensionen, die für die Unterrichtsvorbereitung in besonderer Weise zu berücksichtigen sind. Wesentlich ist dabei, dass solche Dimensionen Bezugspunkt sind, die sich durch den Bezug auf die frühmittelalterliche Theologie ergeben: Beispielhaft sollen einige Dimensionen genannt werden:

Bezug auf Dimension: Jesus Christus: »Schülerinnen und Schüler können Grundzüge der Botschaft Jesu in ihrem historischen und systematischen Zusam-menhang erläutern; kennen ausgewählte Texte der Botschaft Jesu vom Reich Gottes und können daraus Konsequenzen für das Selbst- und Weltverständnis ableiten.«

Bezug auf Dimension Kirche: »Schülerinnen und Schüler können die grund-legende Bedeutung der Bibel und der Geschichte Jesu Christi für das Selbstver-ständnis und die Botschaft der christlichen Kirchen darlegen.«

Bezug auf Dimension Religionen und Weltanschauungen: »Schülerinnen und Schüler können religiöse und weltanschauliche Standpunkte in ihrem historischen Kontext sachgerecht darstellen.«

Bezug auf Dimension Gott: »Schülerinnen und Schüler können Grundzüge des Glaubens an Gott argumentativ entfalten.«

Mit diesen Dimensionen wird es möglich, deutlich zu machen, wie weitrei-chend die Arbeit an dem mit Kloster Lorsch vorgegebenen Erbe ist: Der Bezug auf Kloster Lorsch eröffnet ein weites Spektrum der Bearbeitung in religiösen Bildungsprozessen und es ist insofern auch geboten, die Lernprozesse vielper-spektivisch anzulegen. Die Komplexität des Themas Frühmittelalter muss in der Ausarbeitung der spezifischen eigenen Lernwege für den Religionsunterricht berücksichtigt werden. Es versteht sich von selbst, dass eine *gute Unterrichtsvor-*

---

16 Hier wird exemplarisch auf den Bildungsplan G8 für die gymnasiale Oberstufe in Baden-Württemberg Bezug genommen. Die Kompetenzorientierung hat sich ja für die Ausrichtung der Bildungspläne insgesamt durchgesetzt.

bereitung sowohl eine gute Planung voraussetzt, wie das der Bildungsplan möglich macht, aber auch zugleich davon bestimmt sein muss, diese Planung auch zu verlassen, sobald der Unterrichtsprozess eine eigene und spezifische Richtung aufnimmt, die so nicht vorgesehen ist. Beides hat seinen je bestimmten Ort im religiösen Lernen und beides ist immer neu zu berücksichtigen: eine gute Planung wie auch die Bereitschaft, immer neu auf sie zu verzichten, um den Prozess des Unterrichts nicht zu unterlaufen. Darum sind an dieser Stelle die Kompetenzen wie auch die Dimensionen aufgenommen, die gleichsam die Rahmenbedingungen guten Unterrichts beschreiben und einer Kompetenzorientierung des Unterrichts zuarbeiten, die freilich auch immer wieder im Prozess des Lernens ihre je eigene Gestalt und Ausgestaltung finden.

Der folgende Plan zur Unterrichtsvorbereitung von Unterrichtseinheiten soll deutlich machen, woraufhin sich eine gute Unterrichtsvorbereitung erstreckt. Er gibt eine Struktur vor, an der entlang Unterricht vorbereitet werden kann, ohne aber damit in Abrede zu stellen, dass das auch ganz anders gehen und möglich sein kann:

2.7　Einführung in die Unterrichtsvorbereitung

2.7.1　Orientierung: Kloster Lorsch

1. *Was will ich, dass meine Schüler lernen?* Ideen aus den Erfahrungen und Exkursionen mit Kloster Lorsch sammeln und prüfen: Auf welches Thema gehe ich zu.
2. *Welchen Bezug auf Kloster Lorsch greife ich auf?* Welchen thematischen Zusammenhang will ich reflektieren? Beziehe ich mich auf den konkreten Ort/Architektur/Klosteranlage (Atrium; Torhalle) usw. oder greife ich ein theologisches oder frömmigkeitsgeschichtliches Thema auf?
3. *In welchem Themenfeld des Bildungsplanes bewege ich mich?* Neben den bereits vorgelegten Themenfeldern können Sie sich auch auf ein anderes Themenfeld beziehen, falls ihr Vorhaben besser zu einem anderen Themenbereich des Bildungsplanes passt (vgl. dazu Bildungsplan G 8/Gymnasium).

2.7.2　Theologische Entfaltung: die Themen des Frühmittelalters

In diesem Zusammenhang bereiten Sie die Inhalte des Religionsunterrichts vor. Dazu gehören exegetische, kirchengeschichtliche und systematische Überlegungen. Hier wird all das entfaltet, was Sie zu einer kompetenten Lehrerin und zu einem kompetenten Lehrer in Bezug auf das jeweilige Thema macht. Wie breit dieser Abschnitt angelegt sein soll, entscheiden Sie selbst.

Kontrollfrage: Was muss ich wissen und reflektieren, um diese Unterrichtseinheit durchführen zu können?

2.7.3 Didaktischer Übergang: Würdigung des Weltkulturerbes und der Schülerinnen und Schüler

1. *Worauf richtet sich mein Unterricht?*
Suchen Sie die Perspektive auf, die für ihren Unterricht entscheidend ist. Formulieren Sie das Anliegen ihres Unterrichtsweges; greifen sie dabei auf die folgende Liste zurück, die Ihnen hilft, die Lernperspektiven ihres jeweiligen RU zu bestimmen. Das könnte dann folgendermaßen aussehen: z. B. *Geschichte:* »Die Schülerinnen und Schüler sind fähig in der Begegnung mit der Reliquienfrömmigkeit des Frühmittelalters/Kloster Lorsch, Erfahrungen in der Geschichte christlicher Religion in ihrer Geltung für die Gegenwart kennenzulernen und zu befragen. z. B. *Theologie:* „Die Schülerinnen und Schüler sind durch die Begegnung mit Kloster Lorsch in der Lage, die Wertschätzung der Heiligen Schrift wahrzunehmen und nehmen Teil an einem theologischen Diskurs zwischen frühmittelalterlicher Frömmigkeit und der Gegenwart in Bezug auf die Geltung der Heiligen Schrift.«

Für die Vorbereitung des Unterrichts sind auf der Schnittstelle von Didaktik zur Methodik hin Fragen zu klären: Was beabsichtige ich mit dieser Stunde/dieser Unterrichtseinheit? Diese Liste kann helfen, die Perspektive ihres Unterrichts genauer zu bestimmen und zu profilieren:

– *Vermittlung:* Möchte ich in meinem Unterricht grundlegendes Wissen vermitteln? Sind die Lehr- und Lernprozesse auf Vermittlung und/oder Aneignung ausgerichtet?

– *Mitteilung:* Richtet sich mein Unterricht aus auf die (indirekte) Mitteilung christlicher Religion? Wo zeigt sich der Unterrichtsgegenstand den Schülerinnen und Schülern? Wie gehe ich damit um, dass er sich der Verfügung und Operationalisierung entzieht? Was ist mit dem Unverfügbaren christlicher Religion?

– *Erfahrung:* Geht es in meinem Unterricht um das Aufsuchen von Erfahrungen im Leben der Schülerinnen und Schüler? Wie lassen sich Erfahrungen mit christlicher Religion am Unterrichtsgegenstand eröffnen? Kommen neue Erfahrungen in den Blick?

– *Identität:* Brauche ich im Unterricht (nicht verplante) Zeit für meine Schülerinnen und Schüler? Brauchen die Schülerinnen und Schüler Zeit für sich selbst?

Gibt es Raum für Begegnung und Beziehung? Wie viel an Unstrukturiertem will ich in Kauf nehmen? Kann/soll mein Unterricht auch therapeutisch/seelsorglich ausgerichtet sein?

- *Lernprozesse:* Möchte ich einen Lernprozess initiieren, in dem Lehrende, Schülerinnen und Schüler gemeinsam lernen? Wie offen möchte ich ihn gestalten? Will ich, dass meine Schülerinnen und Schüler »elementare Wahrheiten« des Glaubens erlernen? Bleibt Raum für Neues, Kritisches und Überraschendes? Wer bin ich als Lehrende?
- *Selbsttätigkeit:* Kann/soll den Schülerinnen und Schülern die Möglichkeit zu selbständigem und selbsttätigem Lernen eröffnet werden? Wie viel Lenkung ist für mein Unterrichtsziel erforderlich?
- *Theologie:* Wie viel Theologie/Dogmatik soll in der Unterrichtseinheit erscheinen? Will ich, dass meine Schülerinnen und Schüler teilnehmen an verschiedenen theologischen Diskursen – wenn auch ganz elementar? Bieten Aspekte der Kindertheologie dafür Orientierung an?
- *Geschichte:* Halten sich die Schülerinnen und Schüler in der Tradition christlicher Religion auf? Will/muss ich sie in diese Tradition erst einführen? Wie stehe ich zu dieser Geschichte? Will ich kulturgeschichtlich bedeutende Erfahrungen christlicher Religion ins Bewusstsein rufen? Will ich, dass sich die Erfahrungen in der Geschichte christlicher Religion in ihrer Geltung für die Gegenwart zeigen?
- *Bibel:* Will ich, dass meine Schülerinnen und Schüler biblische Texte kennenlernen? Möchte ich, dass sich die Schülerinnen und Schüler einlassen auf biblische Texte, die die jeweilige Wirklichkeit von Schülerinnen und Schülern wie auch der Lehrenden erhellt, neu orientiert und ausrichtet oder auch kritisch in Frage stellt? Will ich einen biblischen Text mit den Schülerinnen und Schülern begehen? Kommt Zeichen (konkrete Zeichen, Symbole, Sprachformen) in meinem Unterricht Bedeutung zu?
- *Kirchenräume:* Will ich mit Schülerinnen und Schülern Kirchenräume begehen? Was ist dabei zu beachten? Ist mir dieser Weg vertraut? Spüre ich Widerstände bei mir und/oder den Schülerinnen und Schülern?
- *Kunst und Musik:* Will ich mit Schülerinnen und Schülern einen kritischen Umgang der Wahrnehmung der Wirklichkeit mit Kunstwerken/Musik einüben? Ist Kunst/Musik für mich eine Anleitung und Hilfe zur Erfahrung der Wirklichkeit Gottes in der Welt? Wie verändert der Umgang mit Kunst/Musik den Lernweg im Unterricht? Was kann ich prognostizieren? Will ich mich auf Überraschendes einlassen? Ist mir Kunst/Musik als Zeugnis christlicher Kultur wichtig?

– *Lebensform:* Will ich mit Schülerinnen und Schülern in die Lebensform christlicher Religion/Kirche hineingehen? Wie wichtig ist mir die Erfahrung mit anderen Lebensformen (Judentum u. a.)? Möchte ich, dass Schülerinnen und Schüler dabei (erprobend und testweise) einen eigenen Zugang dazu finden? Wie wichtig ist mir dabei die Liturgie (möglicherweise im RU selbst), der Gottesdienst, das Gebet, das Bibellesen u. a.?

2. *Welche einzelnen Lernschritte will ich gehen?*
Formulieren Sie einzelne Schritte, die Sie im Unterricht gehen wollen. Strukturieren Sie ihr Vorgehen: Welche Texte/biblischen Texte greife ich auf? Welche Bilder spielen eine Rolle in meinem Unterricht? Welche Gespräche/Diskurse will ich mit den Schülern führen? Greife ich auf das Lorscher Evangeliar zurück? Nehme ich auf die monastische Lebensform Bezug? Greife ich einen Text von Benedikt auf? Usw. … Dabei ist auch jeweils zu begründen, warum ich die jeweiligen Lernschritte gehe: z. B. »Ich greife den Text von Benedikt auf, um Schülerinnen und Schüler am konkreten Text in die monastische Tradition einzuführen.«

3. *Welche Kompetenzen kommen in den Blick?*
Grundlegend für die Kompetenzen, die in religiösen Bildungsprozessen ausgebildet werden, ist die religiöse Kompetenz: »Religiöse Kompetenz ist zu verstehen als Fähigkeit, die Vielgestaltigkeit von Wirklichkeit wahrzunehmen und theologisch zu reflektieren, christliche Deutungen mit anderen zu vergleichen, die Wahrheitsfrage zu stellen und eine eigene Position zu vertreten sowie sich in Freiheit auf religiöse Ausdrucks- und Sprachformen (z. B. Symbole und Rituale) einzulassen und sie mitzugestalten.« Mit ihr verbunden sind die einzelnen Kompetenzen,[17] die die Lernschritte genauer beschreiben lassen: Sie helfen, genauer zu formulieren, was im Unterricht passiert, welche Kompetenzen der Unterricht für die Schülerinnen und Schüler eröffnet: z. B. *hermeneutische Kompetenz gewinnen:* »als Fähigkeit, Zeugnisse früherer und gegenwärtiger Generationen und anderer Kulturen, insbesondere biblische Texte zu verstehen und auf Gegenwart und Zukunft hin auszulegen.« z. B. *ästhetische Kompetenz gewinnen:* »als Fähigkeit, Wirklichkeit, insbesondere Bildende Kunst, Musik, Literatur sensibel wahrzunehmen, auf Motive und Visionen hin zu befragen und selbst kritisch tätig zu werden.«

---

17 Die einzelnen Kompetenzen sind im Bildungsplan dargelegt und können für die konkrete Unterrichtsvorbereitung reflektiert und aufgenommen werden.

4. *Stoffverteilungsplan:*
- Wie viele Stunden veranschlage ich für meine gesamte Themeneinheit? (ca. 6–8 Stunden sind üblich)
- Welche Zugänge brauche ich, um an die Beschäftigung mit dem Erbe von Kloster Lorsch heranzuführen? (ca. 2 Stunden)
- Thematischer Bezug auf Kloster Lorsch wird entfaltet (Jesus Christus/Evangeliar/Gottesdienst im Frühmittelalter/Liturgie: Wie baue ich das Thema Kloster Lorsch in meine Einheit ein? (ca. 4 Stunden)
- Was folgt nach der Beschäftigung mit dem Erbe von Kloster Lorsch? (ca. 2 Stunden)
- Gibt es ein Themenfeld aus dem Bildungsplan, das meiner Unterrichtseinheit vorausgehen sollte?

5. *Materialien und Medien und anderes*
Was muss ich für meinen Unterricht vorbereiten, besorgen? Texte, Bibeltexte, Farben, Papier, Film usw.

2.7.4 Stoffverteilungsplan und Konzeption einer Stunde aus dem Gesamtzusammenhang

2–4 Stunden, je nach Wunsch, bereiten Sie für das Thema vor. Sie erstellen einen groben Ablaufplan/inhaltliche kurze Beschreibung (1. Stunde/2. Stunde usw.) Sie wählen daraus eine Stunde aus und beschreiben den Ablauf dieser Stunde genauer:

Abfolge der Phasen einer einzelnen Unterrichtsstunde:

- *Anfangsritual – Sich Sammeln:* Vorbereiten einer der Lerngruppe, dem Fach und dem Inhalt angemessenen Unterrichtssituation; Begrüßen.
- *Einstieg – Hineingehen:* Hinführender Impuls, motivierender Arbeitsschritt, Zieltransparenz
- *Erarbeitung – Entdecken:* Entdeckendes Lernen, die Eigenaktivität fördernde, strukturierte, ganzheitliche Lehr- und Lernschritte, Inszenieren christlicher Religion
- *Vertiefung – Sich Aufhalten:* Vertiefen und Verweilen, differenzierte Klärung des Erarbeiteten, Anwenden, Übertragen, Darstellen
- *Sicherung – Zusammenkommen:* Zusammenführen, Vorstellen, Sichern, Überprüfen, metakognitives Lernen, Stundenthema abschließen
- *Abschlussritual – Hinausgehen:* Ausblicken, Verabredungen treffen, Verabschieden.

2.8 Das Frühmittelalter im fächerübergreifenden Unterricht

Aufgrund der interdisziplinären Verortung des Weltkulturerbes ist die unterrichtliche Bearbeitung des Erbes von Kloster Lorsch besonders geeignet, im Rahmen eines fächerübergreifenden Unterrichts bearbeitet zu werden und fächerverbindende Inhalte wahrzunehmen, was als ein wesentliches Anliegen des Unterrichts in der Oberstufe/Gymnasium gilt.[18] Sowohl im Zusammenhang mit dem Fach Geschichte (historische Zusammenhänge) als auch mit dem Fach Kunst (Gestaltung einer Initiale – Herstellung der Farben u. a.) ist ein gemeinsames Arbeiten möglich. Im Blick auf die liturgische Tradition und die Gregorianik des Frühmittelalters kann auch mit dem Fach Musik fächerübergreifend gearbeitet werden. Solche Gestaltung des Lernens ist für die Bildungswege besonders ertragreich, weil auf diese Weise die für das Lernen wesentlichen und fruchtbaren Prinzipien aus der reformpädagogischen Tradition aufgenommen werden, die dann den Bildungsprozessen ihre Kontur gibt: »Lernen in Sinnzusammenhängen, ungefächerter Unterricht, Projektlernen, Schule als Lebens- und Erfahrungsraum«.[19] Die Lehrenden werden herausgefordert, den fächerübergreifenden Unterricht zu nützen, um Schülerinnen und Schüler[20] zu einer vertieften Allgemeinbildung, Studierfähigkeit und insbesondere zu allgemeiner Wissenschaftspropädeutik[21] zu führen. Bezogen auf das Weltkulturerbe Kloster Lorsch heißt das, dass Themen und Probleme behandelt werden, die etwa Vorarbeiten und Beiträge sowohl aus dem Bereich der frühmittelalterlichen Theologie als auch aus dem Bereich Geschichte erfordern. Dabei kann die Verständigung zwischen *Experten*

---

18 Dethlefs-Forsbach, Beate Christiane: Fächerübergreifender Unterricht aus der Sicht des Faches Musik. Eine historisch-systematische Untersuchung von Theorien und Praxen sowie der Entwurf eigener Modelle und einer Konzeption des fächerübergreifenden Unterrichts mit Musik; Hohengehren 2005, 171: »Fächerübergreifender Unterricht meint eine Unterrichtsorganisation, die gezielt die Grenzen einzelner Fachperspektiven überschreitet. Sie erweitert das System des Fachunterrichts und richtet sich gegen den alleinigen Fachunterricht, ohne diesen auflösen zu wollen. Fächerübergreifender Unterricht ist eine Organisationsform zur Ergänzung des Fachunterrichts. Sie setzt diesen voraus und führt wieder dahin.«

19 Dethlefs-Forsbach, Beate Christiane: Fächerübergreifender Unterricht, 31.

20 Diese Aufgabe bezieht sich insbesondere auf den Erwerb von methodischer, personaler und sozialer Kompetenz: »Flexibilität, Mobilität, Kreativität, Kooperations- und Kommunikationsfähigkeit im Team, Toleranz und Ausdauer.« (Golecki, Reinhard: Ziele und Formen fächerverbindenden Unterrichts auf der gymnasialen Oberstufe; in: Fächerverbindender Unterricht auf der gymnasialen Oberstufe, hg. von Reinhard Golecki, Bad Heilbrunn/Obb. 1999, 19–40, 22)

21 Golecki, Reinhard: Ziele und Formen, 31 f.: »... herauskommen soll nicht der kleine Wissenschaftler, aber ein Laie, der sich mit Wissenschaftlern auseinandersetzen kann, weil er exemplarisch erfahren und bedacht hat, wie Experten zu ihrem Wissen kommen.«

für die einzelnen Fächer geübt werden. Die spezifisch fachlichen Ansätze und Zugriffe können kontrastiert und verglichen werden. Im bewussten Wechsel der fachlichen Perspektive können die unausgesprochenen Grundannahmen, die leitenden Unterscheidungen und die blinden Flecke der jeweiligen Sichtweise herausgearbeitet werden.[22] Allerdings ist auch vor einer Überforderung durch den fächerübergreifenden Unterricht zu warnen, damit nicht eine zu starke Betonung der Vollständigkeit dazu führt, dass die je spezifische fachliche Struktur vernachlässigt wird.[23]

2.9 Kloster Lorsch – fremd und nah zugleich

Mit dem Weltkulturerbe Kloster Lorsch liegen die Anknüpfungspunkte für religiöses Lernen nicht einfach auf der Hand. Das ist freilich auch bei anderen Themen, die im Religionsunterricht bearbeitet werden, immer auch der Fall. Kloster Lorsch eröffnet mit seinem religiösen Erbe verschiedene Themenfelder, die aufgenommen und in religiösen Bildungsprozessen bearbeitet werden können: Einmal, weil das Erbe auf wesentliche und notwendige Themen bis hinein in die Gegenwart verweist. Zum anderen weil das Erbe von Kloster Lorsch einen Impuls gibt für die Auseinandersetzung mit Themen, die sonst vergessen würden bzw. die in ihrer Tiefe nicht entfaltet und nicht wahrgenommen würden. Bestimmend für die religiösen Bildungsprozesse ist der Zusammenhang von vergangener gelebter Frömmigkeits- und Identitätsgeschichte christlicher Religion/christlichen Glaubens und der Gegenwart. Kloster Lorsch fordert bis heute dazu auf, der gelebten Lebensform des Glaubens nachzugehen, die *nah und fern zugleich* ist. Um die gegenwärtige religiöse Welt und ihre Perspektiven zu begreifen und in religiösen Bildungsprozessen zu bearbeiten, ist die Auseinandersetzung mit einer Lebensform und ihren jeweiligen Perspektiven wertvoll, auch besonders solcher, die unserer je eigenen Lebensform fremd sind: Unsere religiöse Welt begreifen wir nur in Auseinandersetzung mit einer anderen. Wie also sind die Menschen

---

22 Gemeinsame fächerverbindende Phasen können dem späteren getrennten Fachunterricht wertvolle Impulse geben. Es kann eine Einsicht der Komplexität von Problemen vermittelt werden, die die Notwendigkeit von Genauigkeit, Geduld und Kooperation verdeutlicht. Die lebensweltliche Einbettung und Relevanz der Fächer, die sozialen, ökologischen und ethischen Probleme können dabei besser als im reinen Fachunterricht sichtbar werden. (vgl. dazu insgesamt Golecki, Reinhard, Ziele und Formen, 32f)

23 Im Seminar, das diese Veröffentlichung vorbereitet hat, hat ein Studierender des Lehramts (Geschichte/Evangelische Religion) eine Seminararbeit als Unterrichtsvorbereitung im Rahmen eines fächerübergreifenden Unterrichts verfasst.

damals mit den Themen umgegangen, die uns heute bedrängen? Lassen sich hier Zusammenhänge auftun?

Die Integration in religiöse Bildungsprozesse führt auf einen Weg des Diskurses: In religiösen Bildungsprozessen wird ein Diskurs-Raum eröffnet, der zur genauen Wahrnehmung des Welterbes anleitet; zugleich führen diese Wahrnehmungen in eine Verfremdung der je eigenen religiösen Orientierungen und fordern die Gegenwart heraus: Das religiöse Erbe von Kloster Lorsch ist darum geeignet, dazu beizutragen, das religiöse Lernen auf spezifische Themen hin zu vertiefen und die Gegenstände des religiösen Lernens auch auf Fremdes und wenig Vertrautes hin zu erweitern.

Im Folgenden sind daher die Themen zu bearbeiten und aufzunehmen, die das Ergebnis eines Lehrprojekts im hochschuldidaktischen Kontext sind: In der Arbeit mit Studierenden und gemeinsam mit den Verantwortlichen der Welterbestätte Kloster Lorsch wurden die folgenden Lernwege ausführlich bearbeitet und reflektiert: Es sind Unterrichtswege für die Oberstufe entwickelt worden, die exemplarisch mit einem konkreten Ort Schülerinnen und Schüler zum Umgang an Geschichte anleiten wollen und geeignet sind, das Netz von Vergangenheit, Gedächtnis und Gegenwart mit den Schülerinnen und Schülern zu begehen.

Teil III

Theologische und didaktische Reflexion

3.1 Exkursionen – Begehung des konkreten Ortes

Bevor die drei Themen – WORT, ZEIT, KIRCHE – genauer bearbeitet werden,
soll das Besondere herausgestellt werden, das mit dem Weltkulturerbe gegeben ist:
Wie freilich auch jeder andere historische Ort in der unmittelbaren Lebenswelt
der Schülerinnen und Schüler bedeutsam werden und erarbeitet werden kann, so
ist das Weltkulturerbe in besonderer Weise zur unmittelbaren Begehung geeignet.
Für die Schüler sind solche Unterrichtsformen zumeist interessant, da es eine
Möglichkeit ist, aus dem rhythmisierten Lernalltag an der Schule auszusteigen und
gemeinsam einen fremden Ort zu besuchen: Wesentlich für die Exkursionen ist
darum, dass sie ein Lernen ermöglichen, das unmittelbarer geschieht, gleichsam
leibhaftig erfahren wird und nicht nur über ein Schulbuch mittelbar Lernen eröffnet. Diese Unmittelbarkeit des Lernens wie aber auch die Erfahrung, sich gemeinsam auf den Weg zu machen, sind zwei Aspekte des Lernens, die sorgfältig bedacht
werden müssen: Exkursionen haben Einfluss auf das Klima und die Atmosphäre
in der Klasse. Sie eröffnen eine Arbeit am Thema, die vielperspektivisch erfahren
werden kann: Die Aura, die das Kloster Lorsch umgibt und die diesem Ort anhaftet, führt in ein Lernen mit allen Sinnen und erschließt so einen Umgang mit
Geschichte, der ein leibliches Lernen
ermöglicht; dieses leibliche Lernen
ist eine besondere Chance gerade
durch Exkursionen: Sich als Klasse
gemeinsam auf den Weg zu machen
und eine Exkursion starten ist eine
Unterrichtsform, die dazu befähigt,
fremde Orte zu erkunden. Über ein
Schulbuch und eine mögliche Abbildung ist gerade nicht möglich, was
eine Exkursion unmittelbar eröffnet.
Ob die Aura eines Ortes dann auch
den Schülerinnen und Schüler aufgeht, hat man freilich nicht in der
Hand. Gerade dieser Aspekt gehört
zur Durchführung einer Exkursion,
dass sie angelegt ist auf Entdeckung
und auch Überraschung, die aber
eben nicht programmiert werden
kann. Die Aura entzieht sich der

Abbildung 2: Auf dem Weg zum Kloster,
Foto: Ingrid Schoberth

Operationalisierung gänzlich; denn sie ist darauf angelegt »nichtintentional«[1] zu fungieren; sie ist Widerfahrnis: »Widerfahrnisse wiederum begegnen von einem Anderen, einem Ungemachten oder Unverfügbaren her.«[2]

Für das Weltkulturerbe Kloster Lorsch als religiöses Erbe ist es darum treffend, diese Aura und ihr Ereignen auch als Erfahrung von Kontemplation zu beschreiben. Sie ist eine Auszeichnung, die als *Ausnahme* konzipiert wurde.[3] Sie eröffnet sich dann, wenn bei der Exkursion dafür Raum und Zeit gegeben wird, freilich kann man sie nicht herstellen oder machen; darum kann eine Exkursion mehr und anderes sein als eben ein *langweiliger* Museumsbesuch, der die Schülerinnen und Schüler bloß mit historischen Informationen ›abfüllt‹. Es ist didaktisch wertvoll, auch solche Momente in die Exkursion einzubeziehen, die zu einem Verweilen am Ort veranlassen und Zeit zum Spüren und Schauen und Entdecken gewähren; sie sind die Voraussetzung dafür, dass sich die Aura ereignen kann.

Es gehört zu einer guten und auch gemeinsame Vorbereitung der Exkursion, dass solche Möglichkeiten des Verweilens berücksichtigt werden. Insofern ist die Exkursion ein ausgezeichneter Ort, in eine Wahrnehmung zu führen, die gleichsam ästhetisch fungiert und etwas eröffnet, was eben nicht machbar ist. Sie ist Ereignis und lässt oft nicht unberührt. Dieter Mersch betont darum, dass dieses Ereignen – dieses Spüren der Aura – zugleich zur *Respons* führt:

> »Das bedeutet zugleich: Wahrnehmung – das Ohr, das hört, die Hand, die fühlt, das Auge, das erblickt – beginnt im Anderswo, das herausfordert. Es nötigt zum Respons. (Es) widerfährt mir … und zwar so, daß ich unmöglich nicht reagieren kann. Selbst da, wo mir die Dinge gleichgültig erscheinen, wo ich sie benutze oder verbrauche, wo ich mich abwende, den Blick verschließe und schließlich die Flucht ergreife, habe ich bereits geantwortet.«[4]

Mit solchen Wahrnehmungen während der Exkursion wird darum eine Erfahrung eröffnet, die an diesem je besonderen Ort möglich werden, die aber eben wiederum nicht von allen geteilt werden kann noch muss. Die Antwort auf eine solche Erfahrung am besonderen Ort bleibt von dem je spezifischen Ereignis bestimmt, das sich dem je Einzelnen mitteilt oder auch nicht: Insofern erschließt sich dem einen die Aura des Ortes während sie sich einem anderen verwehrt.

---

1 Mersch, Dieter: Ereignis und Aura. Untersuchungen zu einer Ästhetik des Performativen; 1. Aufl. Frankfurt/Main 2002, 9.
2 Ebd.
3 Vgl. ausführlich dazu Mersch, Dieter: Ereignis und Aura, 48.
4 Mersch, Dieter: Ereignis und Aura, 52.

Abbildung 3: Pflastersteine Kloster Lorsch, Foto: Ingrid Schoberth

Das gilt es auszuhalten und das wäre bei einer Exkursion zu lernen, dass Wahrnehmungen immer auch differenziert sind, dass sie, weil sie nicht machbar sind, eben nicht für alle gleich sind, sondern in ganz spezifischen Sinne je besondere und eigene Ausnahmen.[5]

Die überwältigende Fülle der Entdeckungen, die in Kloster Lorsch warten, macht es notwendig, für eine Exkursion wohlüberlegt auszuwählen, an welchen Gegenständen bzw. Orten etc. Themen gearbeitet werden soll. Um die Schülerinnen und Schüler nicht mit zu viel Information zu überfordern, ist eine Vorbereitung unerlässlich, die sie in die Vorbereitung und Durchführung der Exkursion einbindet, indem bestimmte Aufgaben im Vorfeld vorbereitet werden.

---

5 Vgl. dazu weiterführend auch die Reflexion zum Auraverlust bei Dieter Mersch: Ereignis und Aura, 106–114, 114: »Zu bewahren wären dann jene Momente, die sich der medialen *techne* und ihrer Strategien widersetzen: Einbruch ins Nichts, der Stille, des Nichtmachbaren und Unkontrollierten, der Negativität des Schocks oder des Störenden und Widerständigen, der Frakturen und Paradoxa, die ein Unbestimmtes anzeigen und woraus das Andere, Heteronome hervorbricht.«

3.1.1 Exkursion zum UNESCO-Weltkulturerbe Kloster Lorsch

Bevor die drei Themen des Frühmittelalters – WORT, ZEIT, KIRCHE – aufgenommen und theologisch-didaktisch reflektiert werden sollen, soll ein Aspekt betont werden, zu dem die Besonderheit des Weltkulturerbes als konkretem Ort einlädt: Exkursionen zum konkreten Geschichts-Ort Kloster Lorsch sind geradezu verpflichtend, um dem Erbe von Kloster Lorsch auf die Spur zu kommen. Durch die *Begehung der Anlage,* begleitet von den Erläuterungen, die auf frühmittelalterliche Spuren führen, entsteht ein imaginäres Bild der Klosteranlage, die eine Unmittelbarkeit zu dem frühmittelalterlichen Kloster herzustellen ermöglicht, das architektonisch nur noch in Relikten (außer der Lorscher Torhalle) erhalten ist. Die Mächtigkeit der Kirche, die dort einmal stand, entsteht vor dem inneren Auge. Mit Hilfe des St. Galler Klosterplanes[6] ist es möglich, den Umfang der Klosteranlage zu erfassen. Die alte dicke Mauer, die das Kloster umgeben hat und die noch sehr gut erhalten und 2011 freigelegt worden ist, fügt sich in das Bild ein, das sich während der Begehung der Klosteranlage eröffnet.

Exkursionen ermöglichen gleichsam ein Hin- und Hergehen zwischen konkretem Ort, historischer Information, Geschichtserzählung und Imagination. Angeleitet durch den St. Galler Klosterplan können historische Informationen aufgenommen und zugeordnet werden; durch die Imaginationen, die notwendig waren, um ›sich das alles vorzustellen‹, wird zugleich ein affektiver Zugang zum Gedächtnisort Kloster Lorsch motiviert: Bei der Begehung des Kloster-Raumes können sich imaginäre Bilder des Klosters und des damals gelebten Lebens in seiner Vielgestaltigkeit entwickeln.

→ Ü 2: St. Galler Klosterplan und Kloster Lorsch

Darauf geht auch der im Rahmen der Religionsdidaktik von Christoph Bizer entwickelte Begriff der Begehung zu, worauf bereits hingewiesen wurde. Diese didaktische Kategorie greift hier, weil sie sich auf solche Lernformen bezieht, die über das kognitive Erfassen eines Unterrichtsgegenstandes hinausreichen. Im Zusammenhang mit Kloster Lorsch wird bei der Exkursion realisiert, dass der konkrete und zugleich imaginäre Ort vor Augen geführt wird, in der Imagination, aber auch

---

6 St. Galler Klosterplan (Codex Sangallensis 1092): Der St. Galler Klosterplan ist die früheste erhaltene und umfangreichste Visualisierung eines Baukomplexes aus dem Mittelalter. Seit seiner Entstehung im Kloster Reichenau in den Jahren 819–826 ist er im Besitz der Stiftsbibliothek St. Gallen (Schweiz); s. S. 134 und 136.

Abbildung 4: Exkursion mit Studierenden/vor der Lorscher Torhalle, Foto: Ingrid Schoberth

Abbildung 5: Exkursion Kloster Worms, Foto: Ingrid Schoberth

Abbildung 6: Innenhof Kloster Worms, Foto: Ingrid Schoberth

in der konkreten leibhaftigen Begehung des Klosterareals. Die Imaginationen der Begehung formieren sich über das erzählende Entwickeln von Bildern gelebten Lebens in Kloster Lorsch, die freilich auch mit dem zusammenhängen, was der Einzelne in seiner Phantasie, mit seiner auch religiösen Lebensgeschichte in der Begehung mit dem vernetzt, was er im Erleben des Ortes und seiner besonderen Ausstrahlungskraft erahnt und erspürt. Möglicherweise kann durch Protokolle oder aber auch Bilder zu starken Eindrücken etc. ein solcher Ausflug mit der Klasse festgehalten werden; das Material dient dann wiederum als Gegenstand für die *Nacharbeit der Exkursion* in der Schule/im Religionsunterricht; wenn möglich, wäre dabei dem Auracharakter der Exkursion zu entsprechen, also auch solche Momente in die Reflexion einzubeziehen, die abheben auf die unmittelbare Erfahrung des Ortes in der Begehung.

3.1.2 Gelebtes und belebtes Kloster heute

In der Beschäftigung mit der Frage nach monastischen Lebensformen bietet es sich an, ein heute existierendes und bewohntes Kloster aufzusuchen: Im Rahmen des Lehrprojektes, das dieser Veröffentlichung zugrunde liegt, wurde das Kloster

Worms besucht, das heute als Noviziatskloster fungiert. Für die Lehrenden wäre
also immer auch zu überlegen, ob es im Zusammenhang der Beschäftigung mit
monastischen Traditionen eine gute Möglichkeit wäre, ein Kloster zu besuchen
oder für ein Wochenende in einem Kloster mitzuleben – was ja auch für Schul-
klassen möglich ist. Die monastischen Traditionen zu erleben, führt in ein Verstehen und Nachvollziehen wie auch Nachempfinden dieser Traditionen und
eröffnet eine Unmittelbarkeit der Erfahrung, die in der abstrakten Reflexion in
religiösen Bildungsprozessen so nicht ermöglicht werden kann. Hier bezeichnet
der Begriff der Begehung in unmittelbarer Weise das, was bei einem Besuch eines
Klosters zur Erfahrung kommen kann: spürbar erfahren, ergehen und erleben
Schülerinnen und Schüler ein Kloster.

3.2 WORT – Lorscher Evangeliar – Jesus Christus

Das Erbe von Kloster Lorsch kann in verschiedenen Themenfeldern des Bildungsplanes für die Kursstufe thematisiert und eingeordnet werden: Für den
hier gewählten didaktischen Weg ist zunächst festzuhalten, dass die religiösen
Bildungsprozesse unmittelbar von den theologischen Themen aus entfaltet
werden; d. h. den Schülerinnen und Schülern wird damit ein *Theologielernen*
zugemutet, das auf das Frühmittelalter und die frühmittelalterliche Theologie
bezogen ist.

Im Rahmen des Themenfeldes Jesus Christus eröffnet das Weltkulturerbe eine
spezifische Perspektive, die auf das Lorscher Evangeliar konzentriert bearbeitet
werden kann: Im Kennenlernen des Evangeliars[7] (der Rückendeckel des Evangeliars zeigt Christus, der beim Einzug des Evangeliars im frühmittelalterlichen
Gottesdienst – getragen vom Diakon – für die Gemeinde in den Blick kommt)
wird der Christus, den Menschen zugewandt, der Christus *mitten unter den
Menschen* zum Thema: Christus, den die Gemeinde sieht, der auf sie blickt, wird

---

7 Das Thema könnte auch anhand von liturgischem Material bearbeitet werden: Vgl. Angenendt,
   Arnold: Geschichte der Religiosität im Mittelalter; Darmstadt 1997, bes. fünfter Teil: Die Liturgie;
   Ritter, Karl Bernhard: Liturgie als Lebensform der Kirche, 2. durchgesehene Aufl. Kassel 1949.
   Vgl. Wannenwetsch, Bernd: Gottesdienst als Lebensform. Ethik für Christenbürger; Stuttgart
   1997, bes. 13–19. Vgl. dazu auch didaktisch weiterführend für die Sekundarstufe I: Von Jesus
   Christus reden im Religionsunterricht. Christologie als Abenteuer entdecken; hg. von Friedhelm
   Kraft und Hanna Roose, Göttingen 2011; für die Sekundarstufe II: Was sind das für Dinge, die
   ihr miteinander verhandelt unterwegs? (Lk 24). Christologie im Religionsunterricht; hg. von
   Ingrid Schoberth und Ina Kowaltschuk, <Heidelberger Studien zur Praktischen Theologie15>
   Göttingen 2010.

als Bezugspunkt des Gottesdienstes wahrnehmbar: Christus, der in die Welt gekommen ist, auf die sein Leben und Handeln gerichtet ist. Es ist aber nicht der Christus am Kreuz, der erniedrigte Christus, sondern der erhöhte Christus, der in der Mitte des Deckels der Rückseite dargestellt ist (Christustafel); die Niedrigkeit Christi bleibt aber nicht ausgespart, sondern sie wird durch den Vorderdeckel präsentiert (Marientafel/Madonnentafel), der in der Mitte Maria zeigt mit dem Jesuskind auf dem Schoß. Die Christusfigur in der Mitte des Rückdeckels ist darum ein durch das Lorscher Evangeliar – wohl um 860 n. Chr. – motivierter Ausgangspunkt der Beschäftigung mit den christologischen Perspektiven, die das Frühmittelalter bestimmten und theologisch mit den Schülerinnen und Schülern bearbeitet werden können. Der Rückdeckel des Evangeliar wird zum Ausgangspunkt einer unterrichtlichen Reflexion und der Wahrnehmung Christi, die mit der Betrachtung des Rückendeckels beginnt und dann in der gemeinsamen Reflexion weiter bearbeitet wird.

Diese christologische Dimension ist für die didaktische Kontur der Unterrichtsvorbereitung zu berücksichtigen. Auf dem Hintergrund der dogmatischen Reflexion geht es darum, umfassend das Thema Jesus Christus *wahrer Mensch* und *wahrer Gott* aufzunehmen und dem nachzugehen, wie sich dann auch theologisch immer genauer und je zeitbezogen das Reden von Jesus Christus ausdifferenziert.[8] Dabei soll deutlich werden, dass es nicht *die* Christologie gibt, sondern immer neue, zeitgemäße theologische Versuche, darauf zu antworten, um erste Klärungen vorzulegen. Freilich muss dann auch didaktisch überlegt werden, wie breit und ausdifferenziert diese Reflexion auf Christus angelegt werden kann. Hier werden ausgehend vom Lorscher Evangeliar und seinen Elfenbeindeckeln Möglichkeiten erarbeitet, Schülerinnen und Schüler auf eine Spur zu Christus hin zu führen, zu ihm hin in seiner Beziehung gerade auch zu Maria und von Maria her auf Christus zu; in der je eigenen und besonderen story beider wie auch in ihrem Bezogensein aufeinander wird der biblischen story nachgegangen, die dann auch durch biblische Bezüge didaktisch vielfältig gestützt und untermauert werden kann.

→ Ü 3: Frühmittelalterliche Christologie

Mit den Schülerinnen und Schülern soll gefragt werden: Welche Bedeutsamkeit des Christus erschließt sich mit diesem besonderen Blick, angeregt durch das

---

8   Vgl. dazu besonders: Angenendt, Arnold: Geschichte der Religiosität im Mittelalter; Darmstadt 1997, bes. 121–143.

Theologie lernen mit dem Frühmittelalter

Lorscher Evangeliar? Kann ich als Schülerin und Schüler dieser Bedeutsamkeit des Christus als erhöhtem Christus und Repräsentant Gottes auf Erden etwas abgewinnen? Was eröffnet sich im Blick auf den auf den Schoß Marias sitzenden Jesuskindes?

Um dieser Frage nachzugehen, bedarf es eines unterrichtlichen Arrangements, das den Schülerinnen und Schülern hilft, in diese Fragestellung genauer hineinzugehen: Dafür wird der theologische Aspekt aufgenommen, dass Gott sich in seinem Wort, d.h. in Jesus Christus, der Welt zuwendet: Bibeldidaktisch wird an dieser Perspektive gearbeitet, indem vom *Lorscher Evangeliar* und seiner *Präsentation* in den Lernprozessen (Faksimile-Ausgabe) ausgegangen wird; diese Präsentation führt zu einer Wahrnehmung des Wortes Gottes hin, zum Evangelium und also zu Christus selbst.

> → Ü 4: Das Skriptorium von Kloster Lorsch und die Hingabe an die
>   Heilige Schrift

Die künstlerische Ausgestaltung des Evangeliars, als Ausdruck der besonderen Wertschätzung des Wortes, wird für die Lernprozesse berücksichtigt. Kulturhistorische, theologische und kunsthistorische Zugänge begleiteten diese Einführung des Lorscher Evangeliars. Ebenso können die Deckel auch hier eine Rolle spielen und ausführlich wahrgenommen werden.[9]

Durch die *Gestaltung einer Initiale,* wie sie das Lorscher Evangeliar vielgestaltig zeigt, wird dieser Bezug auf Christus textgeleitet (bezogen auf Joh 1,1–14) bearbeitet und durch eine manuell-ästhetischen Arbeit vertieft: Die monastische Tradition und die Konzentration auf die kontemplative Tätigkeit im Illuminieren einer Initiale wird unterrichtlich arrangiert. Die Schülerinnen und Schüler gewinnen Teil an der künstlerischen Gestaltung des Wortes Gottes.

Leitend sind dabei:

1. Ästhetisch manuelle Arbeit – leibhaftes und also spürbares Erarbeiten einer Initiale.

---

9 Vgl. dazu Schefers, Hermann: Zur Geschichte des Lorscher Evangeliars; in: Das Lorscher Evangeliar. Eine Zimelie der Buchkunst des abendländischen Frühmittelalters, hg. von Hermann Schefers in Zusammenarbeit mit dem Faksimile Verlag Luzern und der Verwaltung der Staatlichen Schlösser und Gärten Hessen, Darmstadt 2000, 55–67; vgl. auch Schefers, Hermann: Beschreibung der Handschrift; in: Ebd.

2. Der Bezug auf Joh 1,1–14 und der christologische Horizont, den der Text eröffnet, sind für die Gestaltung der Initiale relevant bzw. grundlegend für ihre Ausgestaltung; erst vom Text her und nicht ohne den Text wird deutlich, wie die Initiale gestaltet werden kann.

3. Was teilt sich im Modus der Produktion der Initiale mit? Wie nehmen die Schüler die Materialität des Buchstabens und seiner Herstellung wahr? Diese Erfahrung wäre in Spuren mit Schülerinnen und Schülern zu thematisieren.

4. Ebenso auch die Erfahrung an und im Umgang mit der Heiligen Schrift: Wie also begegnen die Schülerinnen und Schüler dem Text der Heiligen Schrift/ Joh 1,1–14? Mit Ehrfurcht und im Erkennen seiner besonderen Wertigkeit?

5. Nehmen sie die Schrift als Heilige Schrift wahr?

6. Die ästhetisch-manuelle Arbeit führt zur Erfahrung der Entschleunigung.[10]

7. Die Wahrnehmung des Textes durch die kontemplative Arbeit an der Initiale hat eine eigene Qualität.

8. Ein kurzes Gedicht von Kurt Marti kann bei der Reflexion der kontemplativen Erfahrung hilfreich sein, um das, was erlebt wurde, zur Sprache bringen zu können: »Ikonenmaler beten, bevor sie zu malen beginnen. Wogegen andere zu malen anfangen, weil sie nicht anders beten können als malend. Und nochmals andere malen, ohne an Beten zu denken, Bilder, die nachher sind wie Gebete.«[11]

3.2.1 Ausgangspunkt: Schriftbezug der Arbeit an einer Initiale

Joh 1,1–14

Im Anfang war das Wort, und das Wort war bei Gott, und Gott war das Wort. *2* Dasselbe war im Anfang bei Gott. *3* Alle Dinge sind durch dasselbe gemacht, und ohne dasselbe ist nichts gemacht, was gemacht ist. *4* In ihm war das Leben, und das Leben war das Licht der Menschen. *5* Und das Licht scheint in der Finsternis, und die Finsternis hat's nicht ergriffen. *6* Es war ein Mensch, von Gott gesandt, der hieß Johannes. *7* Der kam zum Zeugnis, um von dem Licht zu zeugen, damit sie alle durch ihn glaubten. *8* Er war nicht das Licht, sondern er sollte zeugen von dem Licht. *9* Das war das wahre Licht, das alle Menschen erleuchtet, die in diese Welt kommen. *10* Er war in der Welt, und die Welt ist durch ihn gemacht; aber die Welt erkannte ihn nicht. *11* Er kam in sein Eigentum; und die Seinen nahmen ihn

---

10 Vgl. dazu besonders Rumpf, Horst: Belebungsversuche. Ausgrabungen gegen die Verödung der Lernkultur; Weinheim, München 1987.

11 Marti, Kurt: Maler; in: Mit Pinsel und Palette. Geschichten und Gedichte über Maler, hg. von Joachim Rönnepeter; Frankfurt/Main, Leipzig 1996, 132.

nicht auf. [12] *Wie viele ihn aber aufnahmen, denen gab er Macht, Gottes Kinder zu werden, denen, die an seinen Namen glauben,* [13] *die nicht aus dem Blut noch aus dem Willen des Fleisches noch aus dem Willen eines Mannes, sondern von Gott geboren sind.* [14] *Und das Wort ward Fleisch und wohnte unter uns, und wir sahen seine Herrlichkeit, eine Herrlichkeit als des eingeborenen Sohnes vom Vater, voller Gnade und Wahrheit.*

Die Reflexion des biblischen Textes, eine vertiefte Auseinandersetzung mit der Christologie des Frühmittelalters, ist in diesem Zusammenhang geboten, da sich erst durch die vertiefte Wahrnehmung des biblischen Textes die Gestalt der Initiale erschließt. Vermutlich wurde das wohl auch im Skriptorium des Klosters so gehandhabt: Die Darstellung der Initiale erfolgt nach der Abschrift des biblischen Textes. Das hatte einmal eine pragmatische Bedeutung, da das Schreiben des Textes sehr viel Aufmerksamkeit und Zeit erforderte; erst nach Fertigstellung des biblischen Textes wurde die Initiale entworfen und gestaltet. Es hatte aber auch eine inhaltliche Bedeutung, weil sich erst mit dem biblischen Text ein genaues Bild von der Initiale im Werkprozess ergab. Die ästhetisch-manuelle Arbeit auch im Werkprozess an der Schule/im Religionsunterricht hebt also auf diese entschleunigende, kontemplative Erfahrung ab, wobei der biblische Text dafür grundlegend und bleibender Bezugspunkt auch in und während der Gestaltung sein sollte: Denn nur mit ihm entstehen Bilder, die dann am Anfang eines Textes, mit dem ersten Buchstaben aufgenommen und dafür ausgestaltet werden können.

Abbildung 7: Gestaltete Initiale, Foto: Ingrid Schoberth

Abbildung 8: Gestaltete Initiale, Foto: Ingrid Schoberth

3.2.2 Herstellen einer Initiale

In religiösen Bildungsprozessen soll die Herstellung einer Initiale durchgeführt werden; dabei wählt jeder Schüler bzw. jede Schülerin eine eigene Initiale aus, die entworfen und auf Pergament aufgetragen wird; mit selbst hergestellten Farben wird die Initiale farbig gestaltet und auch Blattgold aufgetragen. Der biblische Textbezug soll dabei Ausgangspunkt für die Auswahl des Buchstabens wie seine künstlerische Gestaltung sein.

Für das Seminar an der Theologischen Fakultät haben die Mitarbeiter von Kloster Lorsch die Materialien vorbereitet, die für die Herstellung der Farben nötig waren. In den Seminarsitzungen wurden sie dann hergestellt. Die Herstellung erfolgte in enger Anlehnung an bekannte frühmittelalterliche Herstellungsverfahren.[12] Auch Blattgold kam zum Einsatz, das eine sorgfältige handwerkliche Ausführung beim Auftragen auf das Pergament notwendig machte.[13] Die Aufwändigkeit dieses Verfahrens wurde sehr deutlich; freilich ist diese zeitintensive Arbeit gerechtfertigt, um eine Ahnung von den Herstellungsverfahren zu gewinnen, die im Frühmittelalter durchgeführt wurden. Diese zeitintensive Arbeit erinnert an die Hingabe an die Heilige Schrift, die sich erst im Werkprozess selbst eröffnen kann und die darum mehr ist als nur ein Wissen darüber, wie das im Frühmittelalter im Skriptorium gewesen sein könnte.

→ Ü 4: Das Skriptorium von Kloster Lorsch und die Hingabe an die Heilige Schrift

Der Werkprozess eröffnet eine Teilhabe an der Arbeit im Skriptorium des Klosters, ein eigenes Eintauchen in eine fremde Welt, die aber gleichwohl auf ein Defizit der Gegenwartskultur aufmerksam macht: Die Beschleunigung der Zeit als das Signum der Postmoderne wird konfrontiert mit einer kontemplativen Erfahrung von Zeit im Werkprozess, die um der Sache willen (Gestaltung einer Initiale für einen Text der Heiligen Schrift) notwendig ist.

---

12 Illuminated initials in full color. 548 Designs. Selected and arranged by Carol Belanger Grafton; New York 1995. Lovett, Patricia: Calligraphy and Illumination. A History and Practical Guide; London 2000. Morgan, Margaret: Enzyklopädie Schmuckinitialen; Köln 2006. Oliver, Stefan: Mittelalterliche Schmuckinitialen selbst gestalten; London 1998.

13 z. B. Die Herstellung des Goldgrunds (Gesso).

→ Ü 5: Meditation und Kontemplation im Werkprozess

3.2.3 Thesen zu den Erfahrungen im Werkprozess

1. *Durch die Lesung von Joh 1, 1–14 ist für die Arbeit an der Initiale ein Rahmen geschaffen:*
Thematisch richtet sich der Lernweg auf die Entdeckung der besonderen Wertschätzung des Lorscher Evangeliars. Das sorgfältig gestaltete Evangeliar beeindruckt: Die frühmittelalterliche Ausgestaltung des Evangeliars teilt mit, dass das Wort der Heiligen Schrift eine eigene Darstellung braucht, um seiner Heiligkeit und Besonderheit willen. Nicht nur die Buchdeckel, sondern die gesamte Gestaltung drückt diese Heiligkeit und besondere Wertschätzung der Schrift aus. Motive des Umgangs mit der Heiligen Schrift spielen dabei eine Rolle: Wertigkeit, Heiligkeit, Wertschätzung usw.

Theologisch ist festzuhalten, dass religiöse Lernwege im RU darauf zugehen, nach der Geltung der Schrift zu fragen: Das geschieht in vielfältigen Zusammenhängen: Immer wieder ist sie Gegenstand des Unterrichts. Ohne diesen Bezug wäre für die Schülerinnen und Schüler nicht deutlich, was christliche Religion ist, warum sich die Lebensform der Christen dadurch auszeichnet, dass sie in der Heiligen Schrift lesen: Von ihr her eröffnen sich Orientierungen für Leben und Handeln, mit ihr wird der Gottesdienst gefeiert und vom Hören auf das Wort Gottes erhält der Gottesdienst seine besondere Auszeichnung.

Didaktisch: Das Evangeliar ist insofern geeignet, der Geltung der Schrift nachzugehen: Es führt den, der heute das Lorscher Evangeliar kennenlernt, in einen Erfahrungsraum der Heiligen Schrift und fordert ihn heraus, danach zu fragen, welche Geltung die Schrift heute hat? Erfährt sie diese Wertschätzung noch oder ist sie ein verstaubtes Buch im Bücherregal, das nicht mehr geöffnet noch gelesen wird?

2. *Konzentration auf manuelle Arbeit, begleitet durch Schriftbezug:*
Was teilt sich im Modus der Produktion mit?
Religionspädagogisch ist festzuhalten, dass neben wissensorientierenden/kognitiven Lernformen, neben Textarbeit mit Schülerinnen und Schülern, ästhetische Zugänge zum Lernen christlicher Religion notwendig sind, um die Lebensform christlicher Religion kennenzulernen. Dazu gehört auch die material-ästhetische Arbeit, die zunächst allein darauf ausgerichtet ist, sich ›handwerklich‹ einem Thema zu nähern. Schülerinnen und Schüler erfahren in diesem Werkprozess,

Kontemplation im Werkprozess

Abbildung 9: Werkprozess im Seminar, Foto: Ingrid Schoberth

was die Wertschätzung der Heiligen Schrift bedeutet. Unterricht ist dann nicht nur ein Reden *über* die frühmittelalterliche Wertschätzung der Heiligen Schrift; vielmehr begeben sich die Schülerinnen und Schüler im Werkprozess in diesen Erfahrungsraum des Skriptoriums von Kloster Lorsch – freilich imaginativ – hinein.[14]

Didaktisch: Leider ist in der Schule wenig Zeit dafür, so ausführlich, wie wir es im Seminar erlebt haben, an einer Initiale zu arbeiten; für den Unterricht eignen sich darum auch einfache handwerkliche Formen; es sollte aber doch darauf geachtet werden, dass die Wertigkeit des verwendeten Materials deutlich wird; denn mit Wasserfarben kann man immer malen, sie stehen immer zur Verfügung; freilich gibt es auch Goldfarbe; wird Gold verwendet, dann wird diese Besonderheit der Materialität hervorgehoben; vielleicht ist es auch gut, wertvollere andere Farben zu besorgen, etwa Aquarellfarben, die eben nur für diesen Werkprozess verwendet werden. Denn die Initiale ist ein gestalteter Anfang, der zu etwas Besonderem – wenn man so will Heiligem – hinführt. Das kann durch das Material zum Ausdruck gebracht werden.

Im Rahmen eines fächerübergreifend Unterrichts könnte man gemeinsam mit dem Kunstunterricht die handwerklich-ästhetische Arbeit durchführen, wie es im Seminar mit Hilfe frühmittelalterlicher Techniken durchgeführt wurde, und also die religiösen Bildungsprozesse mit dem Kunstunterricht verschränken.

3. *Was ist das Besondere an der Erfahrung eines solchen Werkprozesses?*
Form und Inhalt sind aufeinander bezogen: Im Vordergrund steht nicht eine reflektierte Aneignung der frühmittelalterlichen Buchmalerei und es geht auch nicht um eine besondere persönliche Betroffenheit, die sich jetzt ausdrücken soll, sondern es geht zunächst allein um die *Teilhabe* an der *Hingabe an die Heilige Schrift – vermittelt durch einen einzigen Buchstaben.* Es eröffnet sich die Erfahrung eines asketischen bzw. kontemplativen Prozesses, wie er im Skriptorium von Kloster Lorsch vermutlich immer wieder durchlaufen wurde.

Didaktisch: Der Werkprozess eröffnet die Erfahrung der Entschleunigung der Wahrnehmung; ich verweile an einem Buchstaben, habe Zeit dafür und gebe diesem Buchstaben eine eigene, seiner würdige Form. Dabei vollzieht sich eine eigene Erfahrung der Zeit: Zeitgewinn. Die Erfahrung der kontemplativen Tätigkeit der frühmittelalterlichen Buchmalerei führt die Schülerinnen und Schüler in

---

14 Im Seminar, das den Unterricht in der Oberstufe vorbereitet hat, wurde diese Gestaltung einer Initiale bis in die letzten Details angeleitet durch die Mitarbeiter der Welterbestätte Kloster Lorsch durchgeführt: Das Foto stammt aus der Seminarsitzung.

das Frühmittelalter hinein; lässt sie *handwerklich* dort verweilen. Zugleich eröffnen solche Lernwege die Erfahrung des eigenen schöpferischen Tätigwerdens. Und das anders als im Kunstunterricht, denn das Ergebnis wird nicht benotet! Vermutlich kann dieser Werkprozess darum auch für Schülerinnen und Schüler zu einer befreienden Erfahrung führen, weil der Werkprozess bzw. sein Ergebnis nicht benotet wird, sondern seine eigene Wertigkeit hat in der Durchführung der Herstellung einer Initiale allein. Im Material drückt sich darum diese besondere Würdigkeit aus; Gold, Lapislazuli u. a. sind wertvolle Materialien, die notwendig sind, um dieser Würdigung materialiter Ausdruck zu verleihen.

4. *Die Hingabe an den Buchstaben spiegelt die Hingabe an die Heilige Schrift wieder.* Der einzelne Buchstabe, die Initiale, verweist auf die ganze Heilige Schrift; dieser Verweis ist in theologischer Hinsicht noch genauer wahrzunehmen: Der Buchstabe verweist auf das lebendige Wort der Schrift: »Das Wort ward Fleisch und wohnte unter uns …«. Darum ist festzuhalten, dass ästhetisch-materielle Lernwege eine genaue Wahrnehmung der Heiligkeit/Wertschätzung der Heiligen Schrift anzubahnen in der Lage sind. Didaktisch wäre aber noch zu klären, welche unterrichtlichen Lernwege im Religionsunterricht dieser ästhetisch-manuellen Arbeit vorausgehen müssen und auch: Was kann der Beschäftigung mit dem Evangeliar/Initial folgen?

3.2.4 Differenzierung: Christus – Maria – Wort

Vom Buchdeckel des Lorscher Evangeliars ausgehend wird eine weitere Perspektive[15] für das religiöse Lernen eröffnet: Maria ist auf dem Oberdeckel des Evangeliars abgebildet. Dadurch wird eine differenzierte Wahrnehmung möglich: Von welcher Kirche ist also die Rede? Welche Bezugspunkte werden eröffnet, indem Christus, das Wort Gottes und Maria reflektierend aufgenommen werden? Dazu wäre vor allem darauf zu achten, dass nicht vorschnell konfessionelle Zuschreibungen erfolgen, sondern es wären *Unterscheidungen* aufzunehmen, die sich konfessionell immer wieder neu herausgebildet haben und bis heute die Wahrnehmung von Kirche bestimmen.[16] Wie lassen sich die Konturen der Evangelischen und

---

15 Vgl. Themenfeld Kirche/Bildungsplan 2004.

16 Vgl. die Abbildung Marias im oberen Raum der Torhalle: Maria als die Himmelskönigin. Wandmalereien aus der karolingischen Zeit im Arkadengebäude der Lorscher Torhalle; auf einer Wand sind Szenen des Lebens Mariae zu finden. Insbesondere die Krönungsszene sticht heraus. Auf der gegenüberliegenden Wand befinden sich ikonographische Darstellungen von Maria, Christus als Schmerzensmann und Gott als Vater. Vgl. dazu ausführlich: Exner,

Katholischen Kirche reflektieren, wenn diese Differenzierung von Christus, Wort und Maria aufgenommen wird? Welcher Stellenwert kommt Maria in der theologischen Reflexion zu?

Um die Thematik[17] genauer mit Schülerinnen und Schülern zu erfassen – damit sie überhaupt in das eher fremde Thema Mariologie hineinfinden – würde es sich für die unterrichtliche Entfaltung anbieten, biblisch-didaktisch damit zu beginnen und mit dem Magnifikat Marias in Lukas 1, 46–55 einen ersten Zugang dazu zu suchen; das Magnifikat wäre dann etwa auch in Bezug zu setzen zu einer Meditation zum Magnifikat von Dorothee Sölle,[18] die die feministisch-politische Dimension dieses Themas eindrücklich beschreibt und provozierend die Konsequenzen formuliert, die sich ergeben, wenn die Tatsache immer mehr Raum greift, dass in Gottes Kommen in die Welt in Jesus Christus eine Freiheit Gestalt gewinnt, die Menschen aus Gottes Barmherzigkeit empfangen und sie aus Unfreiheit und Bedrängnis befreit. Menschen sind dann einer Herrschaft unterstellt, nämlich der Herrschaft Gottes, die sich um den Menschen sorgt: Denn »… die Getretenen richtet er auf …«.[19]

→ **Ü 3: Frühmittelalterliche Christologie**

Matthias: Mittelalterliche Wandmalerei im Kloster Lorsch. Die Gestaltungsphase der *Torhalle* und eine verlorenen Ausstattung der Nazariuskirche; in: Kloster Lorsch. Vom Reichskloster Karls des Großen zum Weltkulturerbe der Menschheit; Ausstellungskatalog; hg. von Hessisches Landesmuseum Darmstadt und Verwaltung der Staatlichen Schlösser und Gärten Hessen, Petersberg 2011, 312–329.

17 Vgl. dazu weiterführend: Fuchs, Otmar: Maria und der Heilige Geist. Eine lange Symbol-Geschichte; in: Provokation Seelsorge, 2000, 112–130 und Sattler, Dorothea: Maria als Sinnbild der erlösten Schöpfung. Einübung in eine ökumenisch sensibilisierte Dogmenhermeneutik; in: Ökumene vor neuen Zeiten; hg. von Konrad Raiser, Freiburg 2000, 245–259. In der protestantischen Tradition ist die Mariologie eher vernachlässigt als ausführlich ausgearbeitet.

18 Vgl. Sölle, Dorothee: Meditation über Lukas 1, 46–55; in: Große Frauen der Bibel in Bild und Text. Mit Beiträgen von Herbert Haag, Joe H. Kirchberger, Dorothee Sölle u. a. Freiburg, Basel, Wien 1993, 290.

19 A. a. O., 290.

3.2.5 Performative Übung zur frühmittelalterlichen Liturgie in einem Gottesdienstraum – Dramatische Performance[20]

Die Bearbeitung des Frühmittelalters drängt zu einem Thema, das im Rahmen der Performativen Religionspädagogik gegenwärtig wieder in den Blick genommen wird, aber nach wie vor innerhalb der Religionspädagogik und Didaktik viel zu wenig Berücksichtigung findet: Es geht um die Arbeit an der *praxis pietatis,* die »in anderen nicht-christlichen Religionen durchaus selbstverständlicher Lerngegenstand ist.«[21] Mit dem Frühmittelalter eröffnet sich auch ein zentraler Aspekt, der berücksichtigt werden kann: der frühmittelalterliche Gottesdienst. Er stand besonders im Mittelpunkt der Reformen Karls des Großen: Auf die Geistlichen und ihre Bildung richteten sich die Reformbemühungen in besonderem Maße aus: »Neben ihrer priesterlichen Funktion im engeren Sinne, der Abhaltung des Gottesdienstes und der Spendung der Sakramente, war es vor allem die Predigt, auf deren Bedeutung und Notwendigkeit Karl immer wieder hingewiesen hat, und dies in einer Weise und mit einem Nachdruck, wie es selbst in den Reformbestimmungen zuvor noch nicht geschehen war.«[22] Neben der wichtigen Funktion der Predigt im Gottesdienst war vor allem auch die Liturgie von besonderem Interesse. Arnold Angenendt hält darum die Liturgie bzw. Ritualität als ein Grundthema des Mittelalters überhaupt fest, das schließlich als Grundthema nicht nur des Gottesdienstes, sondern des Lebens im Mittelalter zu verstehen ist: »Das Mittelalter war ein ganz in Ritualität getauchtes Zeitalter, und es wäre völlig verfehlt, die kirchlich-priesterlichen Rituale als eigentliche Liturgie daraus ausgrenzen zu wollen. Diese bildeten nur den kirchenoffiziell angebotenen und normierten Bereich, nur einen Teil des viel umfangreicheren Bedürfnisses nach heilschaffender und lebensregulierender Ritualität.«[23] So kannten auch die Laien eine Alltagsliturgie:

> »Jedermann verfügte über mindestens zwei Riten: die Segnung mit Weihwasser und die Bezeichnung mit dem Kreuzzeichen. Des weiteren sollten alle das Vaterunser und das Glaubensbekenntnis kennen. Selbstverständlich hatte die großen Zeiten im Jahresablauf, die Kirchen- und Heiligenfeste, wie ebenso die eines

---

20 Vgl. bes. Roose, Hanna: Performativer Religionsunterricht zwischen Performance und Performativität; in: Loccumer Pelikan 3/2006, 110–115.

21 Gestalteter Glaube. Liturgisches Lernen in Schule und Gemeinde; hg. von Bärbel Husmann und Thomas Klie; Göttingen 2005, 11.

22 Fleckenstein, Josef: Die Bildungsreform, 43.

23 Angenendt, Arnold: Geschichte der Religiosität im Mittelalter, 353.

einzelnen Menschenlebens, zumal Geburt und Tod, Hochzeit und Taufe, ihr liturgisches Gepräge. Persönliche Feiertage wie allgemeine Feste gewährten eine überirdische Schutzhülle, geleitet durch die Fährnisse der Zeit und führten hinüber ins Heil. In diesem Sinne demonstriert gerade die Liturgie jene allgegenwärtige Religiosität, die im Mittelalter so kennzeichnend hervorsticht.«[24]

Der Bezug auf das Lorscher Evangeliar, das Wort, führt zur Bearbeitung des frühmittelalterlichen *Gottesdienstes und seiner agendarischen Ausgestaltung:* Die Fremdheit und mögliche Vertrautheit spielt in dieser Arbeit am Gottesdienst eine entscheidende Rolle: Eine kommentierte Inszenierung (am besten in einem Gottesdienstraum) eröffnet ein Gespür für den frühmittelalterlichen Gottesdienst[25] und seine liturgische Gestalt, die sich bis heute im katholischen Gottesdienst abbildet.

Dazu noch einige wichtige Vorbemerkungen: Der Begriff *Dramatische Performance* stammt aus dem Bereich des Theaters und bezeichnet den Akt der Darstellung.[26] Die dramatische Performance ist als ein ganzheitliches Verfahren zu verstehen, das aus einer kognitiven Engführung des Lernens herausführt; es führt auch in Versuche des Fremdverstehens – und das auch besonders in Hinsicht auf Kloster Lorsch: Der noch fremde gottesdienstliche Raum des Frühmittelalters wird szenisch und mit Hilfe der Kommentierung durch einen Moderator erschlossen. Innerhalb der Religionspädagogik wird diese Form des Lernens als performatives Lernen bezeichnet: Lerngegenstände werden in Szene gesetzt.

→ Ü 6: Kommentierte Inszenierung eines mittelalterlichen Gottesdienstes

– *Kommentierte Inszenierung:* Den Kommentaren des Lehrers oder eines Schülers folgend wird der frühmittelalterlichen Gottesdienstraum szenisch ›erarbeitet‹, freilich ohne ihn wirklich ganz abbilden zu können.
– Diese Form der unterrichtlichen Gestaltung lässt sich auch im Unterricht der Oberstufe realisieren. Sinnvoll wäre es, einen gottesdienstlichen Raum, Andachtsraum oder Kirchenraum dafür aufzusuchen; aber auch im Klas-

---

24 Ebd., 354.
25 Vgl. Odenthal, Andreas: Liturgie vom frühen Mittelalter zum Zeitalter der Konfessionalisierung: Studien zur Geschichte des Gottesdienstes; ‹Spätmittelalter, Humanismus, Reformation 61› Tübingen 2011.
26 Turner, Victor: Vom Ritual zum Theater. Der Ernst des menschlichen Spiels; Frankfurt/Main 1995.

senzimmer lässt sich das Arrangement herstellen. Notwendig wäre hier aber darauf hinzuweisen, dass der Gottesdienst nicht wirklich stattfindet, sondern dass Momente der gottesdienstlichen Liturgie und des Ablaufs szenisch erarbeitet werden und letztlich alles im Vorläufigen bleibt. Auch das wäre also in diesem Zusammenhang zu lernen, dass mit den szenischen Probehandlungen im performativ ausgerichteten religiösen Lernen eben der Respekt vor dem frühmittelalterlichen Ritualen gegeben bleiben muss, weil sie nicht einfach im Heute abgebildet werden können. Es ist aber dennoch eine eigene Form des Lernens, die sich auf diese Weise eröffnet; im Nachgehen der szenischen Aspekte wird Vergangenheit und Geschichte in eigener Weise erschlossen.

– Es handelt sich bei der Kommentierten Inszenierung um ein Lernen mit allen Sinnen; das Erschließen des gottesdienstlichen Raumes geschieht dabei nicht nur auf kognitiver Ebene. Der leibliche Aspekt spielt eine entscheidende Rolle (Weihwasser schwenken; das Evangeliar tragen; als Kerzenträger fungieren; aus dem Evangelium [Lorscher Evangeliar][27] eine Lesung versuchen usw.).

– In der Aneignung tritt der Schüler in den Vordergrund; der Lehrer fungiert als Moderator: Die Spannung von individueller Aneignung und gemeinschaftlicher Handlung bestimmt den Lernprozess.

– *Learning by doing:* Diese Erfahrung ist als ein Ausprobieren zu verstehen – das Erproben der frühmittelalterlichen Raumwirklichkeit.

– *Lernen von außen nach innen:* Nicht die Schüler mit ihren Erfahrungen stehen dabei im Vordergrund, sondern die Schüler gehen ›von außen‹ auf die frühmittelalterliche Wirklichkeit zu und schreiten so den noch fremden Raum aus, der sich in der Kommentierung auftut.

– Diese unterrichtliche Lernform ist nicht nur auf imaginäre Räume bezogen, sondern dient auch anderen Unterrichtsformen wie z. B. der Erschließung der Liturgie (Kyrie, Gebet, Segen usw.): »Liturgisches Lernen leitet die Lernenden dazu an, sich auf Zeit und unter den Bedingungen unterrichtlichen Experimentierens in den Vorhof einer religiösen Welt zu begeben.«[28] Ganz in diesem Sinne ist auch die hier vorgestellte Kommentierung zu verstehen, die

---

27 Hierfür wäre es auch sehr hilfreich etwa eine Schmuckbibel oder aber auch eine Faksimileausgabe einer besonderen Bibel zu besorgen bzw. einen Museumsbesuch zu planen, um besondere Ausgaben der Bibel kennenzulernen; um die besondere Bedeutung der Heiligen Schrift für den Gottesdienst und die Liturgie hervorzuheben, wäre das für religiöse Bildungsprozesse zu erwägen, denn das bildet sich in der Schönheit vieler Bibelausgaben und auch vieler Bibelillustrationen ab.

28 Gestalteter Glaube. Liturgisches Lernen in Schule und Gemeinde; hg. von Bärbel Husmann und Thomas Klie, Göttingen 2005, 23.

eben nur szenisch und darum gerade nicht umfassend den frühmittelalterlichen Gottesdienstraum und seine Rituale abzubilden versucht.

→ Ü 7: Gottesdienst, Liturgie und Alltagsrituale ...

3.2.6 Wahrnehmung und kritischer Diskurs der Glaubenstradition und ihrer Lebensformen

Das Weltkulturerbe Kloster Lorsch führt dahin, dass Schülerinnen und Schüler auch religiöse Standpunkte in ihrem historischen Kontext sachgerecht darzustellen lernen; mit Kloster Lorsch, mit seiner Glaubenstradition und den frühmittelalterlichen/monastischen Perspektiven gelebten Glaubens und der Lebensform/den Lebensformen, die sich damit auftun, erschließen sich den Schülerinnen und Schülern spezifische Frömmigkeitsformen christlicher Religion. Deren differenzierte Entfaltung ermöglicht die kritische Wahrnehmung gelebter Glaubenshaltungen und Glaubensformen. Damit verbunden ist auch ein Lernen, das erkennbar werden lässt, dass christliche Religion gerade nicht als die *eine* Religion wahrnehmbar ist, sondern dass sie eine Vielfalt an Formen/Lebensformen herausgebildet hat, die den Schülerinnen und Schülern auch in der Gegenwart begegnen.

Der Blick auf Kloster Lorsch mit seinen spezifischen Frömmigkeitsstilen und Frömmigkeitsformen eröffnet also zugleich eine kritische Sicht auf gelebte Glaubensformen bis hinein in die Gegenwartskultur der Schülerinnen und Schüler. Das ermöglicht ein Kennenlernen unterschiedlicher christlicher Positionen wie auch die Wahrnehmung solcher Frömmigkeitsformen in ihrer Bedeutung für Leben und Handeln. Auch in dieser Hinsicht sind religiöse Bildungsprozesse diskursive Prozesse, die zur Partizipation an voneinander unterschiedenen religiösen Lebensformen anleiten, ohne freilich vereinnahmen zu wollen.[29] Sie dienen vielmehr dem gemeinsamen kritischen, respektvoll zu führenden Diskurs, der zum Hören aufeinander ebenso befähigt wie zum produktiven Streit, der um der Sache willen immer wieder auch unausweichlich ist.

---

29 Eine eindrückliche – vielleicht weil besonders fremde – Perspektive bietet Bernd Wannenwetsch mit seiner Veröffentlichung: »Gottesdienst als Lebensform«. Wannenwetsch, Bernd: Gottesdienst als Lebensform – Ethik für Christenbürger, Stuttgart/Berlin/Köln 1997, besonders die Einleitung: Worum geht es? (13–21).

3.2.7 Begleitende Lektüre als Anleitung zur Reflexion Theologisch-dogmatischer Zusammenhänge der Theologie des Frühmittelalters

Durch die Arbeit an der Grundlagenliteratur wird es möglich, das Frühmittelalter zeitgeschichtlich einzuordnen und die kirchengeschichtlichen wie theologisch-systematischen Zusammenhänge und deren Fragestellungen zu reflektieren.[30] Dabei wäre vor allem das Thema *Christologie des Frühmittelalters,* die *Bewertung der Heiligen Schrift* im Frühmittelalter und die besondere Bedeutung der *Liturgie,* an deren agendarischen Formularen sich theologisch-dogmatische Strukturen zeigen, zu bearbeiten.[31]

3.3 ZEIT – Zeit, Zeiterfahrung und *memoria*

Zeit wird als Bezugs- und Referenzthema des Weltkulturerbes Kloster Lorsch für religiöse Bildungsprozesse aufgenommen. Das Thema Zeit ist insofern ein herausforderndes Thema, da es zunächst nicht ein spezifisch religiöses Thema ist, sondern ein weites Feld an Assoziationen und Wahrnehmungen erlaubt. Darum eignet es sich auch in besonderer Weise, die interreligiöse Perspektive zu berücksichtigen; in unserem Zusammenhang wird nicht nur eine Perspektive des Weltkulturerbes aufgegriffen, sondern die Begegnung mit dem Weltkulturerbe in einen breiten Diskurs auch mit verschiedenen anderen auch religiösen Orientierungen hineingestellt. Damit thematisieren die Unterrichtswege nicht ausschließlich den Erfahrungs- und Erwartungsraum, der sich mit Kloster Lorsch eröffnet, sondern werden in einen größeren Zusammenhang eingebunden.[32] Darum soll das Gespräch mit dem Judentum ebenso aufgenommen werden wie

---

30 Vgl. insbesondere: Geschichte des Christentums I,2: Frühmittelalter – Hochmittelalter; hg. von Carl Andresen und Adolf Martin Ritter, <Theologische Wissenschaft Bd 6,2> Stuttgart/Berlin/Köln 1995. Theologen des Mittelalters. Eine Einführung; hg. von Ulrich Köpf, Darmstadt 2002. Kulturgeschichte des frühen Mittelalters. Von 500 bis 1200 n. Chr.; hg. von Anton Grabner-Haider, Johann Maier und Karl Prenner; Göttingen 2010. Vgl. dazu freilich auch den Ausstellungskatalog: Kloster Lorsch. Vom Reichskloster Karls des Großen zum Weltkulturerbe der Menschheit; Ausstellungskatalog; hg. von Hessisches Landesmuseum Darmstadt und Verwaltung der Staatlichen Schlösser und Gärten Hessen, Petersberg 2011.

31 Vgl. dazu Odenthal, Andreas: Liturgie vom Frühen Mittelalter zum Zeitalter der Konfessionalisierung. Studien zur Geschichte des Gottesdienstes; <Spätmittelalter, Humanismus, Reformation 61> Tübingen 2011.

32 Vgl. insgesamt: Goetz, Hans-Werner: Leben im Mittelalter vom 7. bis zum 13. Jahrhundert; 3. Aufl. München 1987.

auch die evangelische Perspektive auf Zeit und Ewigkeit und somit das Thema *Zeit* in einer diskursiven und zugleich interreligiös ausgerichteten Reflexion für religiöse Bildungsprozessen wahrgenommen und bearbeitet werden.

3.3.1 Phänomenologische Bearbeitung des Themas Zeit

Für den folgenden didaktischen Zugang ist festgehalten, dass die Lernwege hier nun nicht unmittelbar ins Frühmittelalter führen, sondern ein Weg gewählt wird, der es den Schülerinnen und Schüler ermöglicht, überhaupt in das Thema einzusteigen, damit sie ein Gespür dafür entwickeln. Zeit ist darum ein schwieriges, unterrichtlich zu bearbeitendes Thema, weil sich die Zeit der Wahrnehmung beständig entzieht; darum soll zunächst ein *phänomenologischer Zugang* versucht werden. Anders als bei dem Leitthema WORT, wo ein unmittelbarer Zugang zum Thema gewählt wurde und der bibeldidaktisch durch den Bezug auf Joh 1,1–14 aufbereitet worden ist, ist der Schwierigkeit im Umgang mit dem Thema Zeit so zu begegnen, dass die Schülerinnen und Schülern auf eine Spur gesetzt werden, dem Thema überhaupt etwas abzugewinnen: Der Aufwand an Reflexivität ist den Schülern eher fremd, aber mit einem phänomenologischen Zugang kann eine Konzentration erzeugt werden, die das sperrige Thema aufschließt.

Das ist darum notwendig, weil es wohl für Schülerinnen und Schüler eher ungewohnt ist, an einem solchen Thema unterrichtlich zu arbeiten; mit dem Thema Zeit wird gleichsam auf Zeit gespielt; das Thema kann nicht einfach nur von außen wahrgenommen und bearbeitet werden, sondern es braucht Schülerinnen und Schüler, die sich von diesem Thema mitreißen bzw. mitnehmen lassen: Darin liegt dann auch eine Chance, dass den Schülerinnen und Schülern etwas davon aufgeht, was es etwa heißt in einen rhythmisierten Klosteralltag einzusteigen und sich darauf einzulassen. In der Bearbeitung des Frühmittelalters ist es didaktisch geboten, sehr genau zu reflektieren, wie Schülerinnen und Schüler an das Themenfeld herangeführt werden können. Ein allein historisch ausgerichteter Unterricht würde an der Erziehungs- und Bildungsaufgabe vorbeigehen, die auf mehr ausgerichtet sein muss als allein auf eine bloße Wissensvermittlung historischen Stoffes und also von Vergangenheit. Weil sich die Bearbeitung von Zeit nicht bruchlos in religiöses Lernen einfügt, sondern einen Zugang braucht, durch den die Schülerinnen und Schüler teilgewinnen und teilnehmen lernen an der Reflexion von Zeit, sind die phänomenologischen Wege eine ertragreiche Möglichkeit, in das Thema und seine Thematisierung hineinzufinden: Was dabei die Lernwege unterstützt, sind vor allem solche Perspektiven, die den Schülern Fremdes zumuten: Auf diese Weise wird Aufmerksamkeit erzeugt, die für das

Lernen immer sehr hilfreich ist: »Nicht ich, als Schüler, muss mir überlegen, ob ein Thema für mich interessant ist, sondern ich lasse mich als Schüler einmal davon mitnehmen, auch wenn es mir fremd ist und ich dann irgendwann aussteige, weil …«.

3.3.2 Gesungene Zeit

Ein solcher fremder, ästhetisch-phänomenologischer Zugang zum Thema Zeit ist mit der Komposition von Wolfgang Rihm gegeben. Die Komposition *Gesungene Zeit* (1991/92), führt in eine Erfahrung im Hören der Zeit, die durch die Violine angestoßen wird, die von Wolfgang Rihm selbst als Instrument der Präsentation dessen, was Zeit ist, verstanden wird.[33] Aufgrund des engen Verweisungszusammenhangs von Zeit und Wort würde sich auch ein phänomenologischer Zugang über die *Gregorianik* eignen, die gegenwärtig nicht wenige Jugendliche fasziniert. Weil fremde Aspekte religiöse Bildungsprozesse bereichern und auch bisweilen für die Schülerinnen und Schüler attraktiv sind, eignen sich beide Wege, sich mit den Lernenden in ein unwegsames Terrain hineinzubegeben:

→ Ü 8: »Zeit, die sich uns beständig entzieht«

3.3.3 Zeit der Schülerinnen und Schüler

Weiterführend, damit das Thema für Schülerinnen und Schüler immer genauer wahrgenommen werden kann, ist dann eine Spurensuche in der Lebenswelt der Schüler selbst. Die Zeiterfahrung unserer Schülerinnen und Schüler – ohne sie ganz verstehen und wahrnehmen zu können – lässt sich zumindest von außen diagnostizieren:[45] Das eigene Leben findet oft im Minutentakt statt; dann das Unterrichtsende und endlich Freizeit/Ferien, einer Zeit, mit der viele Schülerinnen und Schüler nur schwer etwas anzufangen wissen. Wie verbinden sich Schulzeit und Lebenszeit? Wie erleben unsere Schülerinnen und Schüler Zeit? Erfahren sie sich nur eingespannt in die Zeit oder nehmen sie ihre Lebenszeit auch anders wahr: als Zeit für Muße, Zeit für Spiel, Zeit für Musik, Zeit für den anderen, Zeit für sich selbst usw.? Eingepasst in die verplante Zeit, so erleben

---

33 Vgl. Rihm, Wolfgang: 14. Mai 1992; in: Anne-Sophie Mutter: Berg Violinkonzert/Rihm ›Gesungene Zeit‹ Chicago Symphony Orchestra/James Levin; CD Cover Deutsche Grammophon Hamburg 1992, 5–6.

sich die Kinder und Jugendlichen in der Gegenwart. Die private Zeiterfahrung der Schüler wird oft erlebt als leere Zeit. Die Ökonomisierung von Zeit bedrängt! Das gesellschaftliche Paradigma spricht sich aus im Satz: Zeit ist Geld. Zeit ist zum Tauschwertäquivalent geworden und hat kaum mehr eine eigene Qualität; sie steht zur freien Verfügung und lässt sich disponieren. Damit wird Zeit zum Objekt, zur *leeren Zeit, die nach ökonomischen Interessen gefüllt wird.*

Damit Zeit von Schülerinnen und Schülern umfassend wahrgenommen und in ihrer besonderen Bedeutung auch für die je eigene religiöse Existenz erfasst werden kann und eben nicht bloß als ein ökonomisch verwaltetes Gut, darum sind religiöse Bildungsprozesse darauf auszurichten, zu einer weiten und vielfältigen Wahrnehmung von Zeit zu befähigen und die Reflexion darüber anzustoßen. Dieses Entwickeln eines eigenen Gespürs für meine Zeit kann als Unterbrechung der Entfremdung verstanden werden, zu der die Ökonomisierung von Zeit führt; mit der Einübung eines Gespürs für meine Zeit werden Schülerinnen und Schüler befähigt zur Wahrnehmung ihrer eigenen Zeit – einem Gespür letztlich für sich selbst mit eigener Zeit und Geschichte.

Treffend hält darum Norbert Elias fest: »Wenn man Probleme der Zeit untersucht, kann man mancherlei über Menschen und so auch über sich selbst lernen, das zuvor nicht recht faßbar war.«[34] Für die Bearbeitung des Themas Zeit bleibt freilich ein Problem bestehen: Das *Flüchtige von Zeit* muss ausgehalten werden: Das ist aber nicht allein ein Problem für Schülerinnen und Schüler, sondern stellt sich mit dem Thema Zeit und Zeiterfahrung überhaupt. Dazu noch einmal Norbert Elias, der diese Schwierigkeit eindrücklich benennt und so in das Nachdenken über Zeit und Zeiterfahrung mitnimmt, an der dann auch die Schülerinnen und Schüler teilnehmen können:

> »Aus dem Zusammenleben der Menschen geht etwas hervor, was sie nicht verstehen, was ihnen selbst als rätselhaft und geheimnisvoll erscheint. Daß Uhren Instrumente sind, die Menschen im Zusammenhang mit Erfordernissen ihres Zusammenlebens ... herstellen und gebrauchen, ist wohl nicht schwer zu erkennen. Aber daß auch die Zeit instrumentellen Charakter trägt, ist offenbar schwerer verständlich.«[35]

---

34 Elias, Norbert: Über die Zeit; <Arbeiten zur Wissenssoziologie II> 1. Aufl. Frankfurt/Main 1984, Vorwort, VII.
35 Ebd., X.

»Es ist eine Eigentümlichkeit der Zeit, daß sie sich einer Subsumtion unter die meisten der überkommenen Denkkategorien zu entziehen scheint, so als sei sie nicht in ihnen, sondern hinter ihnen zu finden. Ist sie etwas Materielles oder etwas Mentales? Etwas Subjektives oder etwas Objektives? Ist sie eine Entität (etwas, das Eigenschaften hat) oder selbst eine Eigenschaft an etwas anderem? Ist unser Wissen von ihr über Sinnesdaten vermittelt, oder gibt es von ihr eine nicht-sinnliche Intuition? Die Zeit entzieht sich diesen und anderen ähnlichen Alternativen, sie ist in derartigen Kategorien nicht zu fassen.«[36]

→ **Ü 9: Philosophische Reflexionen zur Zeit**

3.3.4 Zur medialen Bearbeitung von Zeit

Phänomenologisch ist auch ein Zugang zum Thema Zeit durch die unterrichtliche Arbeit mit dem Medium Film möglich. Das Thema Zeit wird medial immer wieder aufbereitet, wodurch spezifische Aspekte von Zeit in den Vordergrund rücken. Beispielhaft sei der Film *Giulias Verschwinden*[37] genannt, der das Altwerden und die Erfahrung von Endlichkeit bearbeitet; ein Moment, das freilich nicht unmittelbar an das Frühmittelalter heranführt, aber ein Thema vorgibt, das sich dann auch im Kontext des Weltkulturerbes manifestiert. Denn die Reflexion auf Themen wie Endlichkeit, Sterben und Hoffnung über den Tod hinaus markieren anthropologische Perspektiven, die damals wie heute herausfordern. Gerade darum braucht es Lernwege die diese anthropologischen Grundkonstanten bearbeitbar machen.

→ **Ü 10: Phänomenologie der Zeit – Zeit und das Altwerden**

---

36 Elias, Norbert: Vorwort: Zeiterfahrung und Personalität, hg. vom Forum für Philosophie Bad Homburg; Frankfurt/Main 1991, 7.

37 Copyright: T&C Film. Aus dem Drehbuch von Martin Suter zu Giulias Verschwinden. Ein Film von Christoph Schaub.

3.3.5 Lebensgeschichte und Lebenszeit

Mit dem Zusammenhang von Lebensgeschichte und Lebenszeit[38] kommt ein weiteres Thema in den Blick, das es ermöglicht, das Thema Zeit nicht nüchtern und abstrakt zu bearbeiten, sondern bezogen auf die Schülerinnen und Schüler, für die es so nicht äußerlich bleiben muss. Als religionspädagogische Aufgabe ergibt sich daraus, dass in religiösen Bildungsprozessen Schülerinnen und Schüler zur Wahrnehmung von Lebensgeschichte(n) befähigen werden, der eigenen wie der fremden. Die Wahrnehmung eigener Lebensgeschichte führt in die Erfahrung eigener Zeit. Sie verbindet sich mit dem Moment des Narrativen: Wenn ich sagen soll, wer ich bin, dann erzähle ich meine Geschichte (Dietrich Ritschl).[39] Das Erzählenlernen der eigenen Lebensgeschichte verweigert eine Wahrnehmung der eigenen Geschichte als bloße Information über mich. Religiöse Bildungsprozesse haben darum die Aufgabe, hineinzuführen in die Reflexion der eigenen Lebensgeschichte aber auch der von Anderen und auch Fremden; in beider Hinsicht bedeutet das zugleich *Einübung in Empathie* (die ja nicht nur allein auf den Nächsten gerichtet ist, sondern immer auch auf mich selbst, auf ein Gespür für mich selbst ...). Didaktisch erschließt sich das Thema auch in besonderer Weise, indem an vergangenen Lebensgeschichten (Martin Luther; Dietrich Bonhoeffer; Jesus von Nazareth; Abraham und Sarah usw.) unterrichtlich gearbeitet wird. In diesen Lebensgeschichten liegt eine Faszination, die aber unterrichtlich nicht zur Heldengeschichte umfunktioniert werden darf; es geht dabei allein um die Würdigung von Lebensgeschichten mit dieser besonderen Geschichte, die freilich immer auch mehr umfasst, als das, was davon öffentlich bekannt ist; manche Lebensgeschichten werden immer wieder aufgegriffen und das führt dann auch zu einem Problem. Um der Würdigung einer jeden Geschichte willen wäre darauf zu achten, dass die Auswahl vielfältig gestaltet ist und auch solche Lebensgeschichten aufgenommen werden, die eher unbekannt bzw. nur im eigenen Lebenskontext bekannt sind. Erst so kommen die Geschichten dann auch nahe und verhindern ihre Glorifizierung.

---

38 von Engelhardt, Michael: Biographie und Identität. Die Rekonstruktion und Präsentation von Identität im mündlichen autobiographischen Erzählen, in: Wer schreibt meine Lebensgeschichte. Biographie, Autobiographie, Hagiographie und ihre Entstehungszusammenhänge, hg. von Walter Sparn, Gütersloh 1990, 197–247. Vgl. auch: Kuld, Lothar: Glaube in Lebensgeschichten. Ein Beitrag zur theologischen Anthropologieforschung, Stuttgart 1997.

39 Ritschl, Dietrich: *Story* als Rohmaterial der Theologie; in Ritschl, Dietrich/Hugh O. Jones: *Story* als Rohmaterial der Theologie; <TEH 192> München 1976, 7–41.

Das Thema Lebensgeschichte führt auch hin zur Antizipation zukünftiger Lebensgeschichte: Was sind meine Hoffnungen, Wünsche … für das eigene und für das gemeinsame Leben mit anderen? Freilich steht das Aufmerksamwerden für die je eigene Lebensgeschichte im Vordergrund, deren reflektierte Wahrnehmung Zeit und Verweilen braucht und also ein spezifisches Arrangement im Unterricht an der Schule. Dass dieses Thema in besonderer Weise in religiösen Bildungsprozessen eine Rolle spielt, wird an den Aspekten ersichtlich, die Michael von Engelhardt zum Verhältnis von Biographie und Religion beschrieben hat: Die Bildungsaufgabe – ein Gespür für die eigene Lebensgeschichte zu entwickeln – stellt sich aktuell sehr vehement und dringlich, denn, so hält von Engelhardt fest:

> »Welt- und Selbstbilder (religiöse und nicht-religiöse) und die damit verbundenen Sinngebungen und Prinzipien der Lebensführung gelten immer weniger per se und für die gesamte Lebensgeschichte. Sie werden in zunehmendem Maße reflexiv und müssen (dem Anspruch nach) selbstverantwortlich angeeignet, vertreten, weiterentwickelt und ergänzt oder auch durch neue ersetzt werden. Das macht den biographischen Bildungsprozess der Person aus.«[40]

Mit der eigenen Lebensgeschichte stellen sich vielfältige Aufgaben; religiöse Bildungsprozesse sind auch darauf angelegt, die Bewältigung dieser Aufgabe zu unterstützen und zu begleiten. Die Ausbildung eines eigenen Welt- und Selbstverhältnisses steht ebenso an wie damit verbunden die Wahl einer kulturellen Praxis für die Gestaltung der eigenen Lebensgeschichte; zugleich eröffnen sich Fragen, die herausfordern: Der Umgang mit Krisen und Schwierigkeiten in der eigenen Geschichte wird ebenso zur Aufgabe wie die Wahrnehmung meiner Selbst im reflexiven Prozess. Zugleich kommt mit der Konzentration auf sich selbst auch der Nächste in den Blick. Worum geht es in dieser Begegnung? Um Abgrenzung des Eigenen vom anderen oder um Zustimmung und Nähe?

Religiöse Bildungsprozesse nehmen die Lebensgeschichte als Thema immer wieder auf; dieses Vorgehen ist im Rahmen des umfassenden Themas der Zeit geeignet, die Lernenden dazu anzuleiten, Lebensgeschichte vielperspektivisch wahrzunehmen; Religion bzw. religiöse Bildungsprozesse haben dabei eine besondere Aufgabe, weil sie auf Religion verweisen; sie »begründet eine sinnhafte (rück- und vorausblickende) Strukturierung der Lebensgeschichte durch die

---

40   von Engelhardt, Michael: Das Verhältnis von Biographie und Religion, in: Religion und Erziehung, hg. von Liebau, Eckhard; Macha, Hildegard; Wulf, Christoph; Weinheim 2002, 146–167, 149.

kulturelle Ausgestaltung und Deutung existentiell bedeutsamer Ereignisse und Übergänge im Lebenslauf (Taufe, Firmung/Konfirmation, Trauung, Beerdigung) von der Geburt bis zum Tod mit einer zugehörigen Vor- und Nachgeschichte (im Jenseits).« Insofern, so betont Michael von Engelhardt weiter, geht Religion »in die Biographie als religiöse Bildungs- und Entwicklungsgeschichte der Person ein, als Geschichte der religiösen Vervollkommnung, der selbstverantwortlichen Annahme des Glaubens, der religiösen Suche, des religiösen Zweifels, des Abfalls vom Glauben und der Hinwendung zu anderen (religiösen oder weltlichen) Glaubenssystemen.«[41]

3.3.6 Sonntag, Schabbat und Zeit

Freilich kann dieses auf die Lebensgeschichte konzentrierte Vorgehen als eine Form der Thematisierung von Zeit ausgeweitet werden: Der Sonntag/Schabbat und die Erfahrung der Zeit fordert zur Beschäftigung mit einem Thema heraus, das immer wieder aktuell ist und auf ein Selbstverständnis von Leben ausgreift: Mit dem Thema Sonntag kann das Thema Zeit unmittelbar bearbeitet werden. Wie ist das mit dem Umgang mit meiner eigenen Zeit? Wie gestalte ich die Sonntage, die Woche, die Abende etc.? Um dem Thema differenziert zu begegnen, bietet sich hier auch das Gespräch mit der jüdischen Tradition und ihrer Erfahrung von Zeit an.

→ Ü 11: Schabbat
→ Ü 14: Zeitreflexion und Zeiterfahrung im Alten Testament

3.3.7 Zeit im Themenfeld Wirklichkeit und das Weltkulturerbe Kloster Lorsch

Kloster Lorsch bietet für die Bearbeitung des Themenfeldes Wirklichkeit, das im Bildungsplan vorgegeben ist, zahlreiche Zugänge[42] und motiviert dazu, diese

---

41 von Engelhardt, Michael: Das Verhältnis von Biographie und Religion, 149–150.
42 Huth, Volkhard: Art.: Zeit und Zeitberechnung; in: Enzyklopädie des Mittelalters, hg. von Gert Meville und Martial Staub, Bd. 1, Darmstadt 2008, 384–388, 387: »Die Verbindung von Astronomie, Naturwissenschaft und christlicher Festkalenderberechnung stellte im Einzelfall aber auch ein Schnittfeld zu universalhistorischen Gedankenhorizonten bereit wie beispielsweise im *Liber floridus des Lambert von St. Omer (gest. 1121)*, in dessen Originalhandschrift die komputistischen Tafeln mit zahlreichen bildlichen Darstellungen zur Kosmologie, Geographie

Reflexion von Zeit im Diskurs zu führen: Dieser Diskurs kann sich sowohl auf das Judentum (Schabbat; jüdischer Kalender etc.) und seine Erfahrung der Zeit beziehen wie auch auf die Zeiterfahrung christlichen Glaubens bis heute (Kirchenjahr; christlicher Kalender etc.). Eine interreligiöse Ausrichtung dieser Unterrichtswege würde vertiefend einen vielperspektivischen und damit auch provozierenden Zugang zum Thema Zeit eröffnen, der in notwendige und zugleich wichtige Differenzierungen von Zeiterfahrung bzw. Wahrnehmung von Zeit in je spezifischen religiösen Kontexten mündet. Im Rahmen des durch den Bildungsplan vorgegebenen Themenfeldes kann also das bestimmende Thema ZEIT und Zeiterfahrungen aufgenommen und bearbeitet werden. Dabei bietet das Weltkulturerbe wie bereits in Bezug auf das Thema WORT ebenfalls zahlreiche Zugänge an, die für die Bildungsprozesse aufgenommen werden können.

3.3.8 Notation der Sterbedaten

Kloster Lorsch kann auf den Beginn der *Notation der Sterbedaten* auf den Ostertafeln verweisen; die Notationen sind freilich nur Marginalien und die eigentliche Funktion der Ostertafeln liegt darin, dass sie den Ostertermin festlegen. Diese Notation in den Marginalien der Ostertafeln zeigt aber, dass man ein Interesse an Ergänzungen hat; und dieses Interesse führt in die Wahrnehmung der Geschichtlichkeit eigenen Lebens (Lorscher Necrolog). Der Necrolog ist ein Beispiel schriftlicher Memorialaufzeichnungen: Es erstreckt sich in seinen Datierungen vom 8. bis ins 16. Jahrhundert. Die Einträge umfassen damit also das gesamte Spektrum der Lorscher Geschichte und nicht nur Randbemerkungen zu Sterbedaten.[43] Die Ostertafeln sind ein wichtiges Zeugnis,[44] denn diese Kalendarien spiegeln den Lebensalltag wider; hier wird notiert, Wichtiges wird aufgeschrieben, manches (Unwichtiges vielleicht) wird vergessen? Anderes wird

---

und Weltgeschichte korrespondieren. Eine maßgebliche Zusammenführung und Systematisierung jener heterogener Wissensbestände hatte schon im Frühmittelalter die Kalenderreform Karls des Großen geleistet, deren epistemologische Voraussetzung wie normierende Folgen erst neuerdings durch die eindringlichen Forschungen A. Bosts und seine kritische Edition des karolingischen Reichskalenders abschätzbar werden. Dessen Urexemplar ist nicht erhalten; doch kann das Strukturraster des Prototypes anhand eines Ende des 8. Jahrhunderts im Reichkloster Lorsch entstandenen Kalenders gut nachvollzogen werden.«

43 Schmatz, Monika: Das Lorscher Necrolog-Anniversar. Totengedenken im Kloster Lorsch, Bd. 2: Prosopographische Untersuchung <Arbeiten der Hessischen Historischen Kommission, Neue Folge 27/2>; Darmstadt 2007. Vgl. auch Schefers, Hermann: Das Lorscher Necrolog-Anniversar. Totengedenken im Kloster Lorsch, Bd. 1: Einführung und Edition; <Arbeiten der Hessischen Historischen Kommission, Neue Folge 27/1> Darmstadt 2007.

44 Vgl. dazu bes.: Schuler, Peter Johannes: Art.: Ostertafeln; in: LexMA VI/1993, 1526.

eingetragen, was eben nicht vergessen werden soll. – Ob das alles so stimmt? Ist manches des Notierten vielleicht bloß konstruiert? Solche und weitere Fragen lassen sich mit den Kalendarien erheben, nicht nur bezogen auf den Alltag im Frühmittelalter, sondern bis heute, denn die Kalender präsentieren mehr als nur die Notation der Daten. Diese Eigenheit und Besonderheit der Ostertafeln soll unterrichtlich kennengelernt und kontrastiert werden mit dem Umgang mit der eigenen Zeit, dem eigenen Kalender etc.

Ausgangspunkt dazu wäre es, die Ostertafeln und den Umgang mit Zeit gemeinsam mit den Schülerinnen und Schülern kennenzulernen. Die Reflexion dieser frühmittelalterlichen Wahrnehmung von Zeit und Zeiterfahrung wird unterrichtlich vernetzt mit der je aktuellen Gegenwart; dabei stellen sich weitere Fragen: Wie ist das mit meiner Zeit? Meinem Kalender? Das halte ich fest, das will ich erinnern, das will ich vergessen usw. … Mit den Ostertafeln und ihren Notizen bildet sich – wenn man so will – das Nachdenken über die je eigene Endlichkeit ab; sie wird in der Ostertafel gleichsam anschaubar; die je eigene Lebensgeschichte findet sowohl ihre Zuordnung zur Heilsgeschichte wie auch ihr Ende festgehalten wird; insofern bleibt Lebensgeschichte eben nicht bedeutungslos, sondern die Ostertafeln wehren gleichsam dem Vergessen, Lebensgeschichte wird festgehalten, notiert.

→ Ü 12: Ostertafeln und die Berechnung des Ostertermins

1. *Rhythmisierung des Alltags im Kloster*

Mit der Reflexion der Zeiterfahrung[45] führt das Erbe von Kloster Lorsch in die Wahrnehmung der mönchischen Tradition und dem monastischen Umgang mit Zeit.[46] Dass es einen rhythmisierten Tagesablauf auch in Kloster Lorsch gab, ist sicher. Eine kritische Auseinandersetzung mit der Wahrnehmung dieser Tradition im Kontext der Religionssoziologie Max Webers wäre ein lohnendes Thema, zu dem das Frühmittelalter hinführt und das mit dem Bezug auf das Weltkulturerbe aufgegriffen werden könnte: »Max Weber hat … den Mönch als den ersten rational lebenden Menschen bezeichnet, der methodisch und mit rationalen Mitteln ein

---

45 Sulzgruber, Werner: Zeiterfahrung und Zeitordnung vom frühen Mittelalter bis ins 16. Jahrhundert; Hamburg 1995.

46 »Der Abt sorge dafür, daß die Zeit für den Gottesdienst bei Tag und Nacht angezeigt wird; das tue er entweder selbst oder übertrage die Sorge dafür einem pünktlichen Bruder, damit alles zur richtigen Zeit geschehen kann.« (Steidle, Basilius: Die Regel des Heiligen Benedikt; 14. Aufl. Beuron 1988, 84)

Ziel, in diesem Fall das Jenseits, anstrebt.«[47] Zeit wird in den Klöstern nicht nur zyklisch gedacht, sondern auch auf das Jenseits, die Ewigkeit, hin; zugleich ist aber auch die Linearität der Zeit Thema: Zeit erhält in den Klöstern eine eigene Qualität. Anfänglich teilte allein der Rhythmus der Natur die Zeit ein. Der mittelalterliche Mensch orientierte sich vorrangig an der Sonne. Der präzise Zeitpunkt war dem einfachen Menschen gleichgültig. Im Bereich des Klosters aber und der Arbeitswelt des Spätmittelalters begann sich ein Bedürfnis nach einer exakten und berechenbaren Zeitordnung auszubilden. Insofern könnte man mit Sulzbacher von dem *Ingebrauchnehmen der Zeit als einer Erfindung des Klosters* sprechen.[48] Aufzunehmen wäre darum die Reflexion zur Entwicklung der klösterlichen Rationalität: In den Klöstern gab es fünf *Gebetszeiten* (im 3. Jhd.): Terz, Sext, None, Laudes, Vesper; ab dem 6. Jhd. gab es sieben Gebetszeiten: Nachtgottesdienst (Matutin, Vigilien), Laudes, Morgengebet (Prim), weitere Gebetszeiten über den Tag verteilt, Vesper (noch vor Sonnenuntergang) Abendgebet (Komplet).

→ Ü 13: Monastische Zeiterfahrung und Kloster Lorsch im Frühmittelalter
→ Ü 15: Komputistik des Frühmittelalters

2. *Gebet: Erfahrung der Zeit im Rhythmus der Zeit*

Das Gebet ist für die monastische Tradition und ihre Lebensform grundlegend: Die Regel des Heiligen Benedikt, auf die man sich immer bezogen hat, formuliert verbindliche Gebetszeiten: 7 Gebetszeiten in 24 Stunden; gelesen werden die gesamten Psalmen. Für die unterrichtliche Entfaltung wäre zunächst das Kennenlernen der monastischen Zeitrhythmen grundlegend. Dazu wären auch interreligiöse Vergleiche aufzunehmen, die das weite Spektrum von Zeitrhythmen in je unterschiedlichen religiösen Traditionen deutlich machen und Strukturen von Zeit zeigen, die sich von der Ritualität des Lebensalltags deutlich unterscheiden: Dazu lassen sich wiederum diskursiv Fragen bearbeiten, die zum Verstehen des Gebets als einer Lebensform anleiten. Wie ist das mit den Gebetszeiten in anderen Kulturen und in anderen religiösen Orientierungen? Wie versteht sich Gebet und Beten in der evangelischen und auch in der jüdischen Tradition. Vergleiche

---

47 Wendorff, Rudolf: Zeit und Kultur. Geschichte des Zeitbewusstseins in Europa; Wiesbaden 1980, 105; vgl. auch für diesen Zusammenhang: Entzauberte Zeit. Der melancholische Geist der Moderne; hg. von Ludger Heidbring; München 1997; Elias, Norbert: Über die Zeit; <Arbeiten zur Wissenssoziologie II> hg. von Michael Schröter; 1. Auflage Frankfurt/Main 1984.

48 Sulzgruber, Rudolf: Zeiterfahrung und Zeitordnung vom frühen Mittelalter bis ins 16. Jahrhundert; Hamburg 1995, 47.

zu anderen Zeitrhythmen im Alltag können dabei herangezogen werden. Wie ist der Alltag der Schülerinnen und Schüler bestimmt? Gibt es Orte des Betens, die sie aufsuchen? Das stille Gebet allein zuhause – gibt es das noch? Wie war das mit dem Gebet, als ich noch klein war? Kindergebet? Gebet gemeinsam im Gottesdienst – ist das eine Erfahrung, die ich gemacht habe und immer neu mache? Beten in Kirchenräumen, im Gottesdienst …?

3. *Im Kloster Lorsch – Marginalisierung, Ausgrenzung versus gemeinsames Leben:* Das Datum des Eintritts in Kloster Lorsch bestimmte den Rang, den der einzelne Mönch jeweils hatte (das könnte man erzählen): d. h. man kann und muss warten, bis man irgendwann der Erste ist; man kann es nicht beschleunigen, aber man fällt auch nicht zurück; keiner wird übergangen. Das Leben im Kloster sollte also nicht von Unterschieden bestimmt sein, die im Lebensalltag bestimmend sind, die das Kloster umgeben. Basierend auf der Regel des Benedikt (Regel 63), die die Bestimmungen zum Eintritt ins Kloster festhält, ist diese monastische Tradition so angelegt, dass es eben keine Marginalisierung, Klerikalisierung und Ausgrenzung geben solle. Diese monastische Tradition setzt damit einen Impuls für die Auseinandersetzung um die Form gemeinsamen Lebens.

Welche Zuschreibungen bestimmen unser Leben? Im Vergleich dazu wäre etwa der Michelsberger Necrolog[49] aufzunehmen: Es ist ein Kalendarium, das bereits von der Klerikalisierung bestimmt ist und Zuordnungen vornimmt. Neben dem Kalender folgt die Spalte mit der Auflistung der Priester, dann die Spalte mit der Liste der Mönche und dann die der Laien. Wie ist mit diesen Differenzierungen umzugehen? Warum kommt es zu diesen Klerikalisierungen und solchen Festschreibungen von Zuordnungen im Laufe der Kirchengeschichte bis heute? Das katholische Kirchenverständnis ist davon bis heute geprägt. Martin Luther kritisiert diese Diffe-

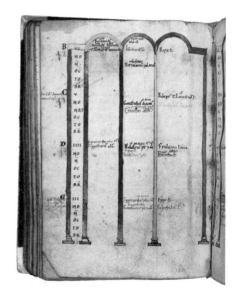

Abbildung 10: Michelsberger Necrolog, 12. Jhd. Msc. Lit. 144, fol. 96v; Staatsbibliothek Bamberg

---

49 Michelsberger Necrolog, 12. Jahrhundert: Bamberg, Staatsbibliothek, Msc. lit. 144.

renz und betont das Priestertum aller Gläubigen. Wie also gelingt gemeinsames Leben auch in der Kirche? Ist das Lorscher Klosterleben ein Vorbild für gemeinsames Leben?

Für diese Auseinandersetzung könnten etwa Dietrich Bonhoeffers Überlegungen aufgenommen werden:[50] Sein Buch *Gemeinsames Leben* ist eine Beschreibung des Predigerseminars in Finkenwalde, wo Bonhoeffer und die Vikare, die dort ausgebildet wurden, versucht haben, die Nachfolge Christi in der Gemeinschaft im Predigerseminar zu realisieren. Unterrichtlich führt diese Auseinandersetzung weiter: Was heißt gemeinsam miteinander und füreinander zu leben? Wie könnte das aussehen? Erfahre ich das in meiner Familie? Mit Freunden? Wie erlebe ich mich selbst im Kontext einer Gemeinschaft – Schule? Etc. Freilich wäre diese Lebensform nicht einfach gegenüber dem alltäglichen Lebensstil als Ideal herauszustellen; in gleicher Weise wäre das auch in Blick auf die monastischen Traditionen nicht sehr ergiebig; vielmehr wäre unterrichtlich stärker an einer Vermittlung verschiedener Lebensformen zu arbeiten, die dann wiederum auch zu einer kritischen Auseinandersetzung mit dem je eigenen *Lebensstil* der Schülerinnen und Schüler beitragen kann. Oft sind es fremde Lebensformen, die dazu veranlassen, die Gestaltung des eigenen Lebens wahrzunehmen, möglicherweise auch einmal kritisch zu kommentieren, evtl. auch in Frage zu stellen oder aber auch zu einer Bestätigung eigener Lebensentwürfe zu gelangen.

→ Ü 16: Dietrich Bonhoeffer: Gemeinsames Leben

3.3.9 Zeit in der theologischen Wahrnehmung und Reflexion

Verschiedene theologische Reflexionen von Zeit werden unterrichtlich aufgenommen und thematisiert:[51] Die Differenz von chronologischer Zeit und Zeit als Erfahrung kommt dabei ebenso in den Blick, wie die in Christus erfüllte Zeit.[52] Zudem wird das Thema *Verhältnis von Ewigkeit und Zeit* zu einer wichtigen Auf-

---

50 Freilich eignen sich dafür auch andere Texte, die dieses Thema bearbeiten lassen. Siehe dazu auch die didaktischen Überlegungen in diesem Band.

51 Vgl. Sulzgruber, Werner: Zeiterfahrung und Zeitordnung; vgl. auch Gendolla, Peter: Geschichte der Zeiterfahrung; Köln 1992.

52 Schoberth, Wolfgang: Leere Zeit – erfüllte Zeit. Zum Zeitbezug im Reden von Gott; in: Einfach von Gott reden. Ein theologischer Diskurs. Festschrift für Friedrich Mildenberger zum 65. Geburtstag, hg. von Jürgen Roloff und Hans G. Ulrich; Stuttgart, Berlin, Köln 1994, 124–142. Vgl. auch Angenendt, Arnold: Geschichte der Religiosität im Mittelalter, Darmstadt 1997; 213–234.

gabe, um mit Schülerinnen und Schülern die eschatologische Dimension der Zeit wahrzunehmen und sie zu befähigen, den Zusammenhang von Zeit und Ewigkeit zu reflektieren und verstehen zu lernen.[53] Das Thema kann etwa mit einem Auszug eines theologischen Textes von Christian Link aus seinem Text *Die Spur des Namens* bearbeitet werden.

→ Ü 17: Zum Verhältnis von Zeit und Ewigkeit

3.3.10 Gedächtniskulturen im interreligiösen Dialog

Die Wahrnehmung der Erinnerungskultur – Memorialaufzeichnungen – wie sie von Kloster Lorsch und seinem Erbe angestoßen wird, führt auch in die Auseinandersetzung mit spezifischen anderen Formen von Gedächtniskulturen. Ein Dialog kann hier etwa mit dem Judentum geführt werden: Jüdische Gedächtnisgeschichte wird dann im Diskurs um Gedächtniskulturen damals und heute thematisiert: Das jüdische Totengedenken, die Memorbücher und die besondere Wahrnehmung der Zeiten in Kalendarien, Jahreszeiten u. a. geben Auskunft über die Zeiterfahrung im Judentum. Vertiefend für diese Fragestellung und weiterführend wäre wiederum ein Blick in die biblischen Wurzeln der Zeiterfahrung bzw. die Erarbeitung des Redens vom Ende der Zeit und Spekulationen zum Ende der Zeit.[54]

1. *Traditionelle Formen des Erinnerns im Judentum und die Erfahrung und Reflexion von Zeit*
Bis heute lebt die Praxis des Judentums aus dem Rückgriff auf traditionelle Formen des Erinnerns. Vgl. 9. Av; auch die Erfahrung der Schoah wird durch eine

---

53 Vgl. zur Vertiefung: Gestrich, Christof: Die Seele des Menschen und die Hoffnung der Christen. Evangelische Eschatologie vor der Erneuerung, Frankfurt/Main 2009, 187–225 (Auferstehung der Toten und das Ewige Leben).

54 Vgl. dazu bes.: Schuler, Peter Johannes: Art.: Fest- und Heiligenkalender; in: LexMA IV/1989, 408–409. Vgl. Bieritz, Karl-Heinrich: Das Kirchenjahr. Feste, Gedenk- und Feiertage in Geschichte und Gegenwart, München 1998. Vgl. dazu die Endzeitalterspekulationen, die nicht nur religiös, sondern auch politisch motiviert waren: Schneidmüller, Bernd: Grenzerfahrung und monarchische Ordnung. Europa 1200–1500; München 2011, 33–37: »Solche Ordnungen bezogen ihre Kraft aus der Autorität der Bibel und verstanden die Menschheitsgeschichte als christliche Heilsgeschichte. … Geschichte … wird als linearer Prozess begriffen. Er verläuft von hinten nach vorne, lässt sich gliedern und besitzt ein Ziel. Die Kriterien und die Utopien veränderten sich allerdings und wurden im kulturellen Wandel stets neu verabredet. Im globalen Vergleich werden neuerdings andere Verlaufsformen offensichtlich.«

eigene Form des Gedenkens (9. November – Verlesung der Namen) in Erinnerung gerufen und in ihrer Geltung für die Gegenwart festgehalten: *Erinnerung als das Geheimnis der Erlösung (Yad Vashem).*[55]

2. Elie Wiesel

Privates wie öffentliches Gedenken in Deutschland ist eine nach wie vor unabgeschlossene Aufgabe: Die Erfahrungen der Schoah können und dürfen nicht beschönigt werden und gerade darum gilt es, an einer humanen Gedächtniskultur immer neu zu arbeiten, einer Kultur, die auch Schuld thematisiert, ohne aber die damals noch nicht Lebenden heute für diese Schuld verantwortlich zu machen. Der Schriftsteller und Überlebende der Schoah Elie Wiesel machte das deutlich, als er nach langen Jahrzehnten im Exil nach Deutschland kam, einem Land, das er lange nicht betreten konnte. Es geht um eine Ausgestaltung der Gedächtniskultur heute, die die Vergangenheit als Verpflichtung und Erbe für heute und morgen festhält, damit nicht die Opfer vergessen werden. Eine Kultur des Gedenkens kann helfen, dass das, was geschehen ist, sich nicht wiederhole.

3.3.11 Neue Gedächtniskultur in der Gegenwart

Die Wahrnehmung des Umgangs mit dem Totengedenken im Kontext christlicher Religion mit einem besonderen Blick auf die Gegenwart vertieft die Auseinandersetzung mit dem Thema Zeit. Folgende Perspektiven lassen sich unterrichtlich aufnehmen: Die *Trauerkultur der Gegenwart* wird thematisiert im Dialog mit christlicher Bestattungskultur und einem Bezug auf ihre agendarischen Formen. Evtl. eignet sich auch ein Besuch in einem *Friedwald* als Ort einer neuen Bestattungskultur. Aber auch medial kann das Thema aufbereitet werden. Besonders gut eignet sich auch in interreligiöser Perspektive die Reflexion des Films von Doris Dörrie *Kirschblüten – Hanami*, der in die Auseinandersetzung um Trauer und Endlichkeit einführt und dabei zur Thematisierung und kritischen Wahrnehmung der interreligiösen Perspektive anleitet, die gerade angesichts der Grenzerfahrung des Ende des Lebens zu besonderer Aufmerksamkeit drängt.

---

55 Yershalmi, Yosef Hayim: Zachor: Erinnere Dich! Jüdische Geschichte und jüdisches Gedächtnis; aus dem Amerikanischen übers. von Wolfgang Heuss, Berlin 1988. Schoberth, Ingrid: Erinnerung als Praxis des Glaubens; <Öffentliche Theologie 3> München 1992.

3.4 KIRCHE – *Communio Sanctorum*, Heiligenverehrung und Reliquien

3.4.1 Kirche der Lebenden und der Toten

Wesentlich für die frühmittelalterliche Perspektive ist die Wahrnehmung von *Kirche als Gemeinschaft der Lebenden und der Toten* – ein Thema, das durch den Bezug auf die Liturgie des Frühmittelalters[56] in besonderer Weise in den Blick kommt. Zugleich führt das Thema hinein in die Auseinandersetzung um die Gestalt von Kirche, ihrem Selbstverständnis und ihrer Botschaft: Mit der Beschreibung von Kirche als communio sanctorum wird ein weites Feld thematischer Auseinandersetzung eröffnet. Kirche kommt dabei nicht so sehr als Institution in den Blick, sondern als Ort gelebten Glaubens, als Gemeinschaft der Heiligen (Glaubensbekenntnis) im eschatologischen Horizont: *Kirche ist Kirche der Lebenden und der Toten.*

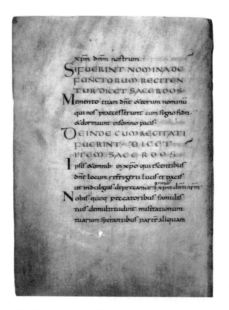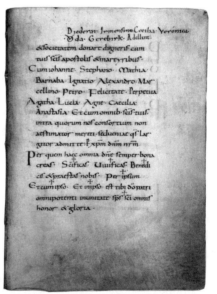

Abbildung 11: Lorscher Sakramentar, Pal.Lat. 495, fol. 6v; ©2012 Biblioteca Apostolica Vaticana, Pal. Lat. 495, fol. 7; ©2012 Biblioteca Apostolica Vaticana

---

56 Schefers, Hermann: Das Lorscher Necrolog-Anniversar. Totengedenken im Kloster Lorsch, Bd. 1: Einführung und Edition; <Arbeiten der Hessischen Historischen Kommission, Neue Folge 27/1> Darmstadt 2007, 172–173.

3.4.2 Kirche als communio sanctorum

Das Weltkulturerbe Kloster Lorsch fungiert wiederum als Portal für die Begegnung mit Kirche als communio sanctorum, aber auch als Portal für die Begegnung mit der Liturgie und der durch sie geprägten Gestalt von Kirche. Für religiöse Lernprozesse heißt das dann konkret: Im Unterricht vernetzen sich liturgische Vollzugsformen (Lorscher Sakramentar) und etwa auch Bestattungsrituale der Vergangenheit mit denen der Gegenwart.[57] Das Thema Kirche leitet in didaktischer Perspektive dazu an, weitere Vernetzungen für die Bildungsprozesse vorzubereiten: Angestoßen durch das Frühmittelalter führt das Thema in die Wahrnehmung auch *anderer Kirchen und ihres je besonderen Selbstverständnisses;* die frühmittelalterliche Perspektive kann dazu kontrastierend wie aber auch vertiefend aufgenommen werden, um einem Verständnis von Kirche als Kirche der Lebenden und der Toten nachzugehen. Kritisch konstruktiv wäre auch an *fremden* und wenig vertrauten Kirchengemeinschaften bzw. auch Denominationen und ihrem Selbstverständnis zu arbeiten.[58]

3.4.3 Kirchenraumbegehung und *memoria*

Eine *Kirchenraumbegehung* kann auch dem Verständnis von Kirche als Kirche der Lebenden und der Toten nachgehen. Da sich dafür Kloster Lorsch nicht eignet, denn es steht ja nur noch ein Kirchenrest, kann etwa exemplarisch für eine Begehung die Peterskirche in Heidelberg fungieren. Ihre Epitaphien im Kirchenraum sind unmittelbarer, raumhafter Ausdruck einer Kirche der Lebenden und der Toten: Hier ist gleichsam die *Memoria* im Raum verankert; die Epitaphien sind Hinweiszeichen auf den Zusammenhang von Zeit und Ewigkeit, auf den Zusammenhang der Lebenden und der Toten in der communio sanctorum. Mit den Lebensgeschichten, die mit den Epitaphien verbunden sind, wird ein Zugang zum Selbstverständnis einer Kirche möglich, wie es sich schon im Frühmittelalter mitteilt.

---

57 Zur Zeit werden auch wieder Ausgrabungen in Kloster Lorsch durchgeführt; in unmittelbarer Nähe der Klosterkirche gab es einen Friedhof. Vgl. bes. Kloster Lorsch. Vom Reichskloster Karl des Großen zum Weltkulturerbe der Menschheit; Ausstellungskatalog; hg. von Hessisches Landesmuseum Darmstadt und Verwaltung der Staatlichen Schlösser und Gärten Hessen, Petersberg 2011.

58 Vgl. dazu auch die Möglichkeit, die durch das UNESCO-Partnerkloster ›Haein sa‹ (Südkorea) eröffnet wird: Das Weltkulturerbe führt gerade in interreligiöser Hinsicht zu einer ertragreichen Auseinandersetzung auch mit fremden und wenig vertrauten Selbstverständnissen von Kirche oder religiösen Orientierungen.

Dabei kann durch Kirchenraumbegehungen am Selbstverständnis von Kirche weiter gearbeitet werden; auch die Kirchenarchitektur ist Ausdruck dieses Verständnisses von Kirche, wie es sowohl frühmittelalterlich (etwa die Seligenstädter Basilika) als auch in aktuellen neuen Kirchenräumen zum Ausdruck gebracht wird. Einer Frage könnte man dann auch mit Bezug auf die unmittelbare Lebenswelt der Schülerinnen und Schüler nachgehen: Wie präsentiert sich die communio sanctorum in den Kirchenräumen in der eigenen Lebenswelt? Nehme ich diese Räume überhaupt noch wahr oder sind sie mir schon gleichgültig geworden bzw. nicht mehr in meinem Blickfeld? Welchen Ausdruck teilt etwa eine moderne bzw. postmoderne Kirchenarchitektur mit? Ergreift sie mich durch die postmoderne Architektur oder bleibt auch sie unbedeutend?

→ Ü 18: *communio sanctorum* der Lebenden und der Toten

3.4.4 Heilige/Heiligenverehrung im Frühmittelalter und die Religionsphänomene der Gegenwartskultur

Ein kritischer *Diskurs mit Bezug auf die evangelische Perspektive* – »Eine heilige christliche Kirche, Gemeinschaft der Heiligen …« – ist freilich auch unabdingbar für religiöse Bildungsprozesse, die am Thema Kirche arbeiten: Dabei geht es nicht um Abgrenzungen, sondern vielmehr um Lernwege, die in den Diskurs führen gerade angesichts von gegebenen konfessionellen Differenzierungen. In diesen Zusammenhang hat dann auch die Reflexion des theologischen Diskurses um Kirche ihren Ort, die an aktuellen theologischen Texten (mit einer spezifischen Textauswahl) durchgeführt wird: In der kritischen Reflexion erschließt sich ausgehend von der frühmittelalterlichen communio sanctorum die Frage nach der Gestalt von Kirche bis in die Gegenwart: Hier wäre etwa auch die frühe Ekklesiologie Bonhoeffers[59] zu reflektieren und im Diskurs mit Bonheoffer insgesamt das Thema zu vertiefen. Damit wird exemplarisch an einer theologischen Position zum Verständnis von Kirche gearbeitet. Möglicherweise ist dieser Diskurs auf verschiedene andere theologische Positionen auszuweiten.

---

59 Bonhoeffer, Dietrich: Sanctorum Communio. Eine dogmatische Untersuchung zur Soziologie der Kirche; hg. von Joachim van Soosten, DBW I; München 1986. Vgl. dazu auch Welker, Michael: Bonhoeffers wegweisende frühe Ekklesiologie, in: ders.: Theologische Profile. Schleiermacher – Barth – Bonhoeffer – Moltmann; Frankfurt/Main 2009, 83–102. Vgl. dazu auch Krötke, Wolf: Barmen – Barth – Bonhoeffer. Beiträge zu einer zeitgemäßen christozentrischen Theologie; <Unio und Confessio 26> Bielefeld 2009, 315–332.

Aus evangelischer Perspektive ist zugleich ein kritischer Bezug auf die Reliquienverehrung notwendig: Sie ist Teil unserer Glaubenstradition – vermittelt durch den Bezug auf das Frühmittelalter –, aber die evangelische Kirche und Theologie können sie nicht unkritisch teilen. Diese Fragestellung kann sich dann vernetzten mit den Anfragen durch *Religionsphänomene der Gegenwartskultur:* Wie ist zu reagieren auf die Vielfalt an Religion? Das wäre im Unterricht am Phänomen des Heiligen zu thematisieren.

Arnold Angenendt betont in diesem Zusammenhang, dass die Reliquienverehrung nicht einfach abzulehnen sei – auch trotz theologischer Bedenken –, sondern zum Verstehen heute herausfordert: Mit der Reliquienverehrung wird den Verstorbenen eine Mächtigkeit zugeschrieben, die über das Irdische hinausgeht. Gründergräber sind darum Orte des Kultes und also Versammlungsorte. Im Frühmittelalter wird bestimmend, dass die im Himmel weilende Seele verbunden bleibt mit ihrem irdischen Leib, der sich bei der Auferstehung erneuern wird, der aber schon jetzt mit himmlischer *dynamis/virtus* überströmt und erfüllt sei. Den Heiligen kommt eine Doppelexistenz zu: Bei der Berührung des irdischen Leibes wird die in ihm enthaltene himmlische Kraft vermittelt. Realpräsenz des Heiligen in Reliquien und Gräbern; sie trat im Mittelalter in Konkurrenz zur eucharistischen Realpräsenz.[60] Diesem Phänomen, das für die frühmittelalterliche Kirche grundlegend ist, wäre durch Textarbeit nachzugehen, um trotz aller Fremdheit eine Spur unterrichtlich aufnehmen zu können.

→ Ü 19: Materialisierung des Leibes

3.4.5 Wer ist ein Heiliger? – Heiliges in der eigenen Lebenswelt?

Diese beiden Fragen könnte man ergänzen durch eine weitere Frage: Wer wird eigentlich heute Heiliger genannt? Was heißt Priestertum der Heiligen? Luthers Verständnis des *Priestertums aller Gläubigen* ist ebenso zu reflektieren wie die Frage, ob sich Schülerinnen und Schüler selbst als Heilige verstehen würden. Mit dem Apostel Paulus und seiner Erfahrung in Damaskus wäre das zu reflektieren (Apg. 9,1–22; Gal 2,20). In diesem Zusammenhang kann eine theologisch wichtige Unterscheidung mit Schülerinnen und Schülern, eingeübt werden. Einmal:

---

60 Angenendt, Arnold: Die Reliquien und ihre Verehrung im Mittelalter, in: Dombau und Theologie im mittelalterlichen Köln, hg. von Ludger Honnefelder, Köln 1998, 309–322; vgl. Angenendt, Arnold: Die Gegenwart von Heiligen und Reliquien. Eingeleitet und herausgegeben von Hubertus Lutterbach; Münster 2010.

Wie gehen sie mit dem Phänomen des Heiligen um?[61] In Unterscheidung dazu wäre die Frage nach den Heiligen, der Heiligenverehrung bzw. ob ich selbst ein Heiliger bin zu thematisieren. In der spirituellen Landschaft der Gegenwart sind ja die Heiligen nach wie vor Thema: »Die Menschen suchen nach wie vor jene Augenblicke der Verschmelzung, die uns aus dem Alltag herausreißen und mit etwas Jenseitigem in Verbindung bringen.«[62]

→ Ü 20: Wer ist ein Heiliger?

3.4.6 Differenzierte Reflexion unterschiedlicher Verständnisse von Kirche

Es gibt zahlreiche theologische Entfaltungen zur Ekklesiologie, die den Schülern dazu dienen, vielperspektivische Zugänge zum Verstehen von Kirche zu gewinnen. Mit ausgewählten Texten zur Ekklesiologie werden sie in die theologische Reflexion eingeführt: Für den Unterricht werden Textpassagen vorbereitet, Zitate ausgewählt bzw. längere Abschnitte aus zentralen theologischen Ansätzen zur Ekklesiologie zusammengefasst. Das Thema kann auch so bearbeitet werden, dass aus dem jeweiligen Gesamttext eine leitende These aufgenommen wird, die ein markantes Profil von Kirche benennt (Verdichtungen). Zu fragen wäre dabei: Erfassen die Zitate die ausgewählten Textpassagen, den Gesamttext, die je spezifische Beschreibung von Kirche?

→ Ü 21: Dogmatische Ansätze zum Reden von Kirche

Aus der Begegnung mit einem dieser theologischen Texte kann eine eigene Unterrichtssequenz entwickelt werden: Beispielhaft soll das mit dem Text von Gerhard Sauter durchgeführt und an einer signifikanten Position zu Kirche der Diskurs über Kirche mit Schülerinnen und Schülern eröffnet werden.

→ Ü 22: Kirche aus der Freiheit des Geistes (Apg 2)

---

61 Vgl. Gestrich, Christof: Christentum und Stellvertretung, Tübingen 2001, 70–74 (Das Heilige in der modernen wissenschaftlich-technisch angeleiteten Zivilisation).
62 Vgl. dazu ausführlich Taylor, Charles: Ein säkulares Zeitalter. 1. Aufl. Frankfurt/M. 2009, 843–895, 863.

3.4.7 Kirchenarchitektur im Frühmittelalter und heute – das Beispiel: Seligenstädter Basilika

Die Seligenstädter Basilika, die als Modell im Museumszentrum von Kloster Lorsch steht, eröffnet die Möglichkeit über die Architektur, die auch Ausdruck der jeweiligen Theologie (hier des Frühmittelalters) ist, den Frömmigkeitsformen und Frömmigkeitsstilen auf die Spur zu kommen. Die Basilika steht exemplarisch für einen Umgang mit architektonischen Räumen, die in religiösen Bildungsprozessen eine besondere Aufgabe erfüllen: Sie eröffnen die Wahrnehmung von Geschichte/Kirche über die Vorstellung eines konkreten – hier über das Modell vermittelten – Raumes.

→ Ü 23: Kirchenarchitektur

3.4.8 Kirche, die unmögliche Institution?

Mit einer Thesenreihe wird im Unterricht gearbeitet: Die Beschreibung von Kirche als *(unmögliche) Institution* wird dabei aufgenommen und der Aspekt von Kirche als Gemeinde bzw. Kirche als communio betont: Darum ist Kirche eben *unmögliche* Institution, weil sie schließlich nur als Gemeinde verstanden werden kann und nur darin ihr Selbstverständnis hat. Auch für Schülerinnen und Schüler wird eine Kirche, die von der Gemeinde her in den Blick kommt, eher zu verstehen sein, als Kirche als Institution, die ihnen eher fern und bisweilen fremd erscheint. Kirche realisiert sich exzentrisch, außerhalb dessen, was sie darstellt: Sie hat ihre Begründung nicht in sich selbst, sondern von Gottes Wort her: *creatura verbi*. Auch von daher ist sie unmöglich eine Institution.

→ Ü 24: Kirche, die unmögliche Institution – *communio sanctorum* heute?

Teil IV

Schwierigkeit und Notwendigkeit der Bildungsaufgabe

4.1 Kloster Lorsch und die Lehraufgabe religiöser Bildungsprozesse

Die vorliegende Erarbeitung des Frühmittelalters für religiöse Bildungsprozesse ist, wie bereits angeführt, das Ergebnis einer über drei Semester durchgeführten hochschuldidaktischen Arbeit, die nun hier den Lehrenden im Religionsunterricht in der Oberstufe vorgelegt wird: Freilich ist die didaktische Bearbeitung des Frühmittelalters hier nicht umfassend möglich, was auch letztlich gar nicht die Absicht dieser Veröffentlichung sein kann und will: Vielmehr versteht sich diese Hinführung zum Frühmittelalter exemplarisch am Weltkulturerbe Kloster Lorsch als ein erster Zugang, didaktische Wege in engem Zusammenhang mit dem Thema Frühmittelalter darzustellen, um Lehrende zu motivieren, im Frühmittelalter weiterhin auf die Suche zu gehen. Denn guter Unterricht lebt ja von einer Vorbereitung, die nicht einfach ›nachgemacht‹ ist, so wie es Unterrichtsmodelle vorlegen, sondern damit beginnt, dass Lehrende selbst in Auseinandersetzung mit dem Bildungsplan danach zu fragen beginnen: *Was will ich, dass meine Schülerinnen und Schüler lernen?* Damit ist nicht nur die pädagogische, sondern vor allem die theologische Aufgabe bestimmt, die das Lehren in religiösen Bildungsprozessen und im Besonderen im Religionsunterricht auszeichnet. Religiöse Bildungsprozesse und ihre Realisierung sind davon bestimmt, dass die Lehrenden diese theologische Aufgabe wahrnehmen, in der didaktischen Reflexion vorbereiten, erste Ideen für die Ausgestaltung des Unterrichts sammeln und imaginieren, wie sie diese Aufgabe im Diskurs mit den Schülerinnen und Schülern zu realisieren beginnen. Dass dann die prozesshafte Entfaltung der jeweiligen Themen im Unterricht wiederum eine je eigene Bedeutung gewinnt, die thematischen Bezüge im Diskurs im Bildungsprozess Veränderungen unterliegen und vorbereitete Lernwege dann auch manchmal korrigiert und neu ausgerichtet werden müssen, liegt in der Struktur des Unterrichts als Prozess begründet. Darum ist jede einzelne Unterrichtsstunde immer auch eine neue Herausforderung für die Lehrenden wie für die Lernenden.

Das Frühmittelalter ist gerade in seiner Fremdheit und wohl auch Sperrigkeit geeignet, sich auf eine didaktische Spurensuche zu begeben: Die folgenden Übergänge wollen darum motivieren, selbst in diese damit verbundenen Traditionen, theologischen Themen, Themen der *praxis pietatis* u. a. einzusteigen, um sie mit den bisherigen Lehrerfahrungen in der jeweiligen Klasse zu verbinden, in diesem neuen Themenkontext herumzugehen und neue Unterrichtsformen zu entdecken. Möglicherweise führt diese Beschäftigung dazu, bisherige Unterrichtswege noch einmal zu reflektieren und evtl. den Unterricht auf Themen mit dem Frühmittelalter/Weltkulturerbe hin auszuweiten, um mit neuen Eindrücken, die diese Veröffentlichung hoffentlich dem Leser zuspielt, neue Perspektiven für den Unterricht aufzunehmen und seine Bearbeitung in religiösen Bildungsprozessen zu wagen. Insofern wird versucht, zu neuen Ideen zu motivieren und Ideen weiterzuspinnen, die sich hie und da mit der Lektüre dieses Projektes eröffnet haben mögen.

Das hochschuldidaktische Projekt führte die Studierende in die Aufgabe, selbst in Bezug auf das Frühmittelalter/Weltkulturerbe Kloster Lorsch Unterrichtswege auszuarbeiten: Auch hier stand die Aufgabe im Vordergrund, die Frage *Was will ich, dass meine Schülerinnen und Schüler lernen* theologisch verantwortet zu bearbeiten und eine Unterrichtsreihe dazu zu erarbeiten. Dabei wurden den Studierenden keine bestimmten Themen vorgegeben, sondern sie sollten selbst aus der Erfahrung im religionspädagogischen Seminar, das gemeinsam mit den Mitarbeitern der Welterbestätte Kloster Lorsch durchgeführt wurde, ein Thema für ihre jeweilige Hausarbeit formulieren und eine zusammenhängende Unterrichtseinheit von ca. 6 bis 8 Stunden daraus erarbeiten. Die verschiedenen Themen, die in den drei Semestern ausformuliert wurden, zeigen das Themenspektrum, das sich eröffnet, wenn man sich auf das Frühmittelalter/Kloster Lorsch einlässt. Zunächst wird eine Seminararbeit vorgestellt, anschließend werden in Auswahl Themen genannt, die aus der Bemühung der Studierenden selbst erwachsen sind, mit Schülerinnen und Schülern am Thema zu arbeiten. In dieser Hinsicht hat das hochschuldidaktische Lehrprojekt auch seinen besonderen Sinn: Es hat gezeigt, was geschieht, wenn sich Lehrende der theologischen Aufgabe stellen, ein sperriges und fremdes Thema für Schülerinnen und Schüler vorzubereiten.

4.2 Die Seminararbeiten zum Lehrprojekt

Als Thema für eine Seminararbeit wurde gewählt: »Jesus Christus – das fleischgewordene Wort Gottes und die Heiligkeit von Texten«. Dabei versucht der Entwurf einen frömmigkeitsgeschichtlichen Zugang, um das Weltkulturerbe Lorsch im Zusammenhang einer Unterrichtsvorbereitung zu behandeln. Die *theologische Entfaltung* richtet sich dem Thema gemäß auf fünf Perspektiven:

1. auf die Durchdringung des Zusammenhangs von Bibel und Geschichtswissenschaft: der historische Jesus;
2. auf die kritische Explikation des Zusammenhangs von moderner Bibelauslegung und Verbalinspiration verbunden mit der Frage, »ob das historische Jesusbild überhaupt Gegenstand des christlichen Glaubens sein kann bzw. sein

darf«, wobei der Fokus der Reflexion immer auf die Frage nach der Bewertung der Heiligen Schrift gerichtet ist.

3. auf die Buchmalerei als Mittel der Würdigung heiliger Texte, mit dem Fazit: »Christliche Buchmalerei war also schon immer auch Wertschätzung des als heilig erachteten Textes.«

4. auf die Klöster als Produktionsstätten von Codices: wobei herausgestellt wird, dass die Klöster auch des Früh-Mittelalters als Stätten der Bildung und der Codexproduktion fungierten.

5. auf exegetische Überlegungen zu Johannes 1,1–14 als Bezugstext, an dem exemplarisch das Thema der Unterrichtseinheit entfaltet werden soll.

Im Abschnitt *didaktischer Übergang* markiert der Entwurf den Kontrast, dem die unterrichtliche Realisierung entsprechen soll:

- Jesus Christus – Jesus von Nazareth: Christologie und Historik
- Heilige Schrift – Lorscher Evangeliar: Verehrung der Bibel im Mittelalter und heute.

Diese beiden Phasen sollen die unterrichtliche Bearbeitung bestimmen. Zunächst sollen die »entzauberten Wahrheiten« der modernen exegetischen Forschung bearbeitet werden, was sich in das Niveau der Sekundarstufe II gut einfügt; anschließend dazu soll im kritischen Bezug auf die Frage nach der Heiligkeit von Texten einem biblischen Text nachgegangen werden. In diesem Diskursraum des Religionsunterrichts, der durch die Spannung der beiden Zugänge eröffnet wird, ist die Frage leitend: »Was bleibt dann noch vom christlichen Glauben und Religion überhaupt? Ist die Bibel überhaupt eine heilige Schrift? Wenn ja, warum? Und wie kann man ein solches Buch heute – in Zeiten von günstigen/billigen Taschenbüchern – wertschätzen?« (so der Verfasser des Entwurfs). Für den Entwurf einer Unterrichtseinheit wurden folgende Schritte ausgewählt:

- Erstellen einer Mind map zum Stichwort Jesu.
- Stilles Lesen von kurzen theologischen Texten in Auszügen zum Thema ›historischer Jesus‹ mit anschließender Diskussion.
- Laute Schriftlesung im Unterricht zu Joh 1,1–14, die eine Schülerin oder ein Schüler im Unterricht vorträgt.
- Diktieren und Kopieren von Joh 1,1–14: Die Arbeit im Skriptorium kennenlernen; Kopieren des Textes, indem er von den Schülern abgeschrieben und die Abschrift gegenseitig korrigiert wird; dazu erfolgt die Erklärung der Textkritik der Bibel und ihre Funktion für die Bedeutung des Textes und seiner Gestalt.
- Gestaltung einer Initiale gemeinsam mit dem Fach Kunst (fächerübergreifender Unterricht).

- Mediale Thematisierung der Heiligkeit des biblischen Textes mit dem Impuls durch den Film: Der Name der Rose.

In der Arbeit des Studierenden werden Methoden ausführlich beschrieben und alle nötigen Vorbereitungen für diese Unterrichtseinheit reflektiert. Ein Stoffverteilungsplan kennzeichnet den Ablauf der Erarbeitung des Themas im Unterricht. Der grobe Ablauf von drei Unterrichtsstunden wird dann strukturell erarbeitet. Durch den spannungsvollen Aufbau gelingt es diesem Entwurf, das Weltkulturerbe Kloster Lorsch für die Bearbeitung der Frage nach der Geltung und Würde/ Heiligkeit der Heiligen Schrift bis heute aufzunehmen und durch den Bezug auf die Arbeit im Skriptorium des Klosters Lorsch einen Zusammenhang zum Weltkulturerbe herzustellen. Dieses schrittweise Vorgehen ermöglicht es, die Schülerinnen und Schüler herauszufordern, nach ihrer Bewertung der Heiligen Schrift und also nach der Geltung der Heiligen Schrift zu fragen. Durch die theologische Beschäftigung mit der *Entzauberung der Bibel* durch die historisch-kritische Forschung gewinnen Schülerinnen und Schüler einen kritischen Blick auf die Bibel, wie sie aber zugleich durch das Kennenlernen der frühmittelalterlichen Buchmalerei einen eigenen neuen, vielleicht fremden, aber doch herausfordernden Umgang mit der Bibel und ihrer Heiligkeit kennenlernen.

Dieser von einem Teilnehmer des Lehrprojektes vorgelegte Unterrichtsentwurf versucht, folgenden religiösen Lernweg zu initiieren:

- Er führt einmal in die kritische Distanz gegenüber einer zu enggeführten fundamentalistischen Bewertung der Bibel (insbesondere durch die Textkritik und durch das Kennenlernen der exegetisch-kritischen Arbeit an biblischen Texten)
- Zugleich fordert er dazu heraus, der Hingabe an die Heilige Schrift, ihrer besonderen Bedeutung und Heiligkeit auf die Spur zu kommen, die die Lebensform derer ausmacht: Sie lassen ihr Leben und Handeln von der Heiligen Schrift her bestimmt sein und verleihen dieser Heiligkeit in der ästhetisch-künstlerischen Gestaltung (Lorscher Evangeliar) Ausdruck.

Der dadurch beabsichtigte kritische *Diskurs* um die Heiligkeit der Bibel fördert eine *hermeneutische Kompetenz* der Schülerinnen und Schüler und unterstützt so die Ausbildung *religiöser Kompetenz,* indem er in einen kritisch-diskursiven Umgang mit der Heiligen Schrift einführt.[1]

---

1 Vgl. Schoberth, Ingrid: Diskursive Religionspädagogik; Göttingen 2009 (bes. 46–56).

Einige weitere Themen seien genannt: Eine Hausarbeit wendet sich dem Thema Gebet zu, da das Erbe von Kloster Lorsch auf die Reichenauer Gebetsverbrüderung um 825 verweist,[2] zu der auch Kloster Lorsch gehörte. Eine Arbeit stellt ebenso heraus: »Die Fürbitte als historische Verpflichtung einer Gemeinschaft der Heiligen.« Das Erbe von Kloster Lorsch motiviert auch dazu, die monastische Lebensform genauer zu bearbeiten; darauf gehen auch einige Hausarbeiten zu, wie etwa: »Mönchtum – Mönchsorden und Bettelorden im Mittelalter.« »Klosterleben am Beispiel des Klosters Maulbronn« (ebenfalls ein UNESCO-Weltkulturerbe) und »Entwicklung der Orden«, »Kloster als kirchliche Lebensform«, »Frühchristliche Hausgemeinden – ein Modell kirchlichen Zusammenlebens«, »Christen im Wandel der Zeit – Das Kloster früher/heute.« Einige Hausarbeiten bearbeiten konkrete Kirchenräume als Ausdruck des theologischen Verständnisses von Kirche im Frühmittelalter. Der Bezug auf Kloster Lorsch hat auch einige Entwürfe dazu angeleitet, sich einer sehr komplexen Aufgabe religiöser Lernprozesse zu stellen, indem die Theologie des Frühmittelalters ganz explizit befragt wird. Andere nehmen Bezug auf die konkrete wie verborgene Kirche in Lorsch, die kaum mehr erhalten ist und von der die Quellen nur eine vorläufige Ahnung vermitteln: Kirchenarchitektur als Ausdruck des Glaubens. Kirche zwischen Imagination und konkreter Kirche. Schließlich wurde auch der Themenkomplex »Der Heilige, die Heiligen …« aufgenommen und ein genuines frühmittelalterliches, theologisches Thema für die Vorbereitung aufgenommen: »Kirche als Lebens- und Glaubensgemeinschaft.« »Kirche und monastische Lebensformen.« »Die Lebenswelt der Schülerinnen und Schüler und ihre Begegnung mit Kirche als Gemeinschaft des Heiligen Geistes.«

Die Themenauswahl lässt erkennen, dass die Studierenden durch die Auseinandersetzung mit dem Weltkulturerbe Kloster Lorsch bereit waren, eingefahrene und vertraute Lernwege bzw. Themen des Religionsunterrichts zu verlassen und mit Bezug auf das Frühmittelalter und den hier verorteten genuinen theologischen Themen nach neuen Möglichkeiten religiösen Lernens zu suchen.[3] Das Weltkulturerbe führte sie auf eine Spur, die ertragreich weitergegangen werden kann, um religiöse Themen im Rahmen auch der vorgegebenen Themenfelder des Bildungsplanes zu erarbeiten.

Freilich führt die Begegnung mit dem Weltkulturerbe auch dazu, in neue Perspektiven und Orientierungen einzusteigen und nach Themen zu suchen, ohne

---

2   Reichenauer Gebetsverbrüderung: Eine überregionale Gebetsgemeinschaft, zu der einige Klöster gehörten und die insbesondere die memoria der verstorbenen Mönche pflegte.

3   Eine weitere quantitative Evaluation fand zum dritten Seminar nicht statt.

dabei unmittelbar an das Weltkulturerbe anknüpfen zu müssen: Eine Hausarbeit im Rahmen des dritten Seminars hat sich darum, vom Seminarthema inspiriert, nicht unmittelbar auf Kloster Lorsch bezogen, sondern angeleitet durch die gemeinsame Arbeit zum Thema *Kirche als communio sanctorum* einen eigenen Ausgangspunkt gesucht hat: Der Studierende[4] wählte für seine Bearbeitung des Themas einen Bezugspunkt in der frühen Kirche, um dem Thema *die Lebensform der Christen* nachzugehen; angeregt durch die Begegnung mit Kloster Lorsch wird mit Bezug auf verschiedene biblische Texte ein differenziertes Bild zum Verständnis der Gemeinden der frühen Kirche erarbeitet: Es wird jeweils eine Hausgemeinde mit Hilfe des biblischen Texten in ihrer Struktur erfasst und reflektiert:

– »Hausgemeinde Nikomedia in Bithynien« liest Auszüge aus dem Briefverkehr Plinius des Jüngeren mit Traian (Auszüge aus Plinius Secundus: epistulae X 96 und 97) unter der Aufgabenstellung: »Arbeiten Sie heraus, welche Bedrohungen für Ihre Hausgemeinde bestehen. Erwägen Sie, was das für die Hausgemeinde bedeuten kann.«

– »Hausgemeinde Rom« liest Röm 16 unter der Aufgabenstellung »Erarbeiten Sie, was sich aus diesem Text über Hausgemeinden erschließen läßt.«

– »Hausgemeinde Korinth 1« liest 1Kor 11,17–34 unter der Aufgabenstellung »Versuchen Sie zu rekonstruieren, wie damals in Ihrer Hausgemeinde ein Abendmahl tatsächlich ablief und wie Paulus es sich eigentlich vorstellte.«

– »Hausgemeinde Korinth 2« liest 1Kor 10,14–33 unter der Aufgabenstellung »Arbeiten Sie heraus, inwiefern sich die frühen Christinnen und Christen von der Außenwelt abgrenzten.«

– »Hausgemeinde Korinth 3« liest 1Kor 8,4–13 unter derselben Aufgabenstellung wie »Hausgemeinde Korinth 2«.

Eine Seminararbeit[5] hat gezeigt, dass die Beschäftigung mit dem Weltkulturerbe zu einer kritisch konstruktiven Auseinandersetzung mit der Erinnerungskultur der Gegenwart veranlasst hat: Das Lehrprojekt, das den Weg der Sensibilisierung für Geschichte und den Umgang damit beschritten hat, führt dazu, das Thema des zweiten Seminars *Zeit, Erinnerung und Gedächtnis* unter folgender Schwerpunktsetzung auszuarbeiten: »*Erinnerung ist das Gegenteil von Gleichgültigkeit*« – Eine *Unterrichtsreihe für die Kursstufe im Fach ev. Religion zum Thema Erinnern und Gedenken.* Im Seminar war ausdrücklich Kloster Lorsch und mit ihm das Frühmittelalter Bezugspunkt der Auseinandersetzung zum Thema Zeit, Erinnerung

---

4   Seminararbeit von Philipp Pilhofer.
5   Seminararbeit von Frau Mareike Meiss.

und Gedächtnis. Die Seminararbeit greift in der Ausarbeitung des Unterrichts auch explizit auf Kloster Lorsch zurück. So formuliert die Studierende:

»Im Kontext ›Zeit, Erinnerung und Gedächtnis‹ sind drei Schriften unverzichtbar. Im **Lorscher Rotulus** aus dem 9. Jh. sind die Namen von 534 Heiligen kunstvoll aufgeschrieben. Dieser kunstvolle und arbeitsintensive Akt der Erinnerung würdigt die Heiligen: Ihre Namen sollen nicht vergessen werden. Übrigens ist der Lorscher Rotulus[6] die älteste erhaltene liturgische Buchrolle des Abendlandes. Vermutlich im 11. Jahrhundert wurden auf der Rückseite eine Votivmesse, Meßorationen, ein Schatz- und Bücherverzeichnis des Salvatorstifts sowie ein Officium stellae (ein liturgisches Drama) nachgetragen.

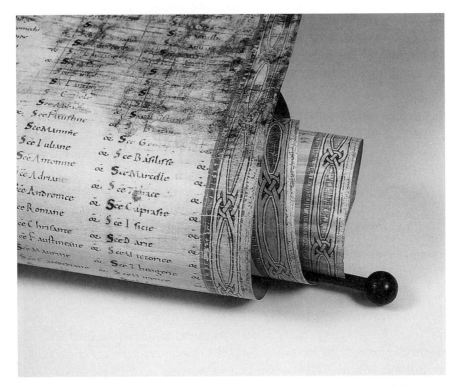

Abbildung 12: Lorscher Rotulus (Litanei) Frankfurt/M., Universitätsbibliothek, M.p.th.f. 132; Kloster Lorsch, vor 876, Ektachrom des Rotulus-Faksimiles

---

6 Vgl. ausführlich: Krüger, Astrid: Litanei Handschriften der Karolingerzeit, Hannover 2007.

![Abbildung 13]

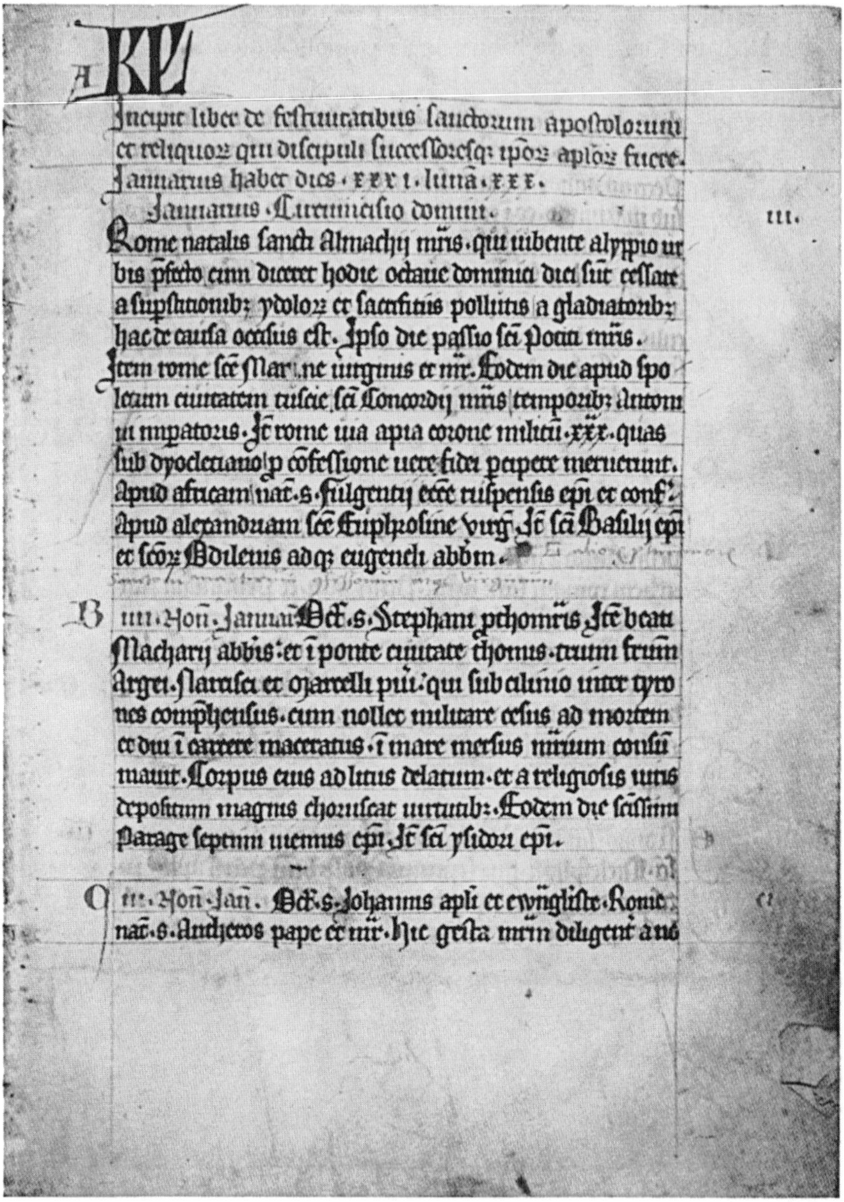

Abbildung 13: Lorscher Martyrologium Januarseite: Würzburg, Universitätsbibliothek, M.p.th.f. 132 fol. 7, Universitätsbibliothek Würzburg; Kloster Lorsch, ca. 1320)

Von besonderer Bedeutung ist in diesem Kontext auch das **Lorscher Martyrologium,** in dem alle Heiligen geographisch sortiert Tagen zugeordnet werden. Zu Beginn des Jahres stehen Heilige aus Rom aufgelistet, am Ende des Jahres diejenigen, die am weitesten entfernt von Rom stammen.

Auch das **Lorscher Necrolog-Anniversar** aus dem 14. Jahrhundert ist ein Zeichen der Erinnerung. Die Einträge beginnen beim 8. Jahrhundert und werden bis zum 16. Jahrhundert weitergeführt; sie umfassen damit die gesamte Breite Lorscher Geschichte.[7] Alle Tage sind aufgelistet und die Heiligen genannt, die an dem jeweiligen Sonntag gestorben sind. In Nachtragungen werden Stiftungen genannt, die in Verbindung mit dem Verstorbenen stehen. Ihre Namen werden immer wieder verlesen und sie bleiben auf diese Weise im Gedächtnis: die klösterliche Gemeinschaft erinnert sich an sie und geht ihrem Vermächtnis weiter nach.

Dieser kurze Blick auf die drei Schriften lässt erahnen, welch blühende Erinnerungskultur die klösterliche Gemeinschaft pflegte. Ihre Mitglieder waren mit dem Tod nicht einfach vergessen, vielmehr weist diese Tradition hin auf einen starken Glauben an die Gemeinschaft der Heiligen, die in der eschatologischen Hoffnung leben, dass sie eine Gemeinschaft in Jesus Christus sind, die durch Christi Tod und Auferstehung über die Grenze von Leben und Tod hinaus reicht – eine Gemeinschaft der Lebenden und der Toten.«

Den Fokus der Hausarbeit richtet die Studierende dann stärker auf die Gegenwart und betont ihr Anliegen, einen Unterricht vorzubereiten, der das Erinnern und Gedenken selbst zum Thema hat. Sie fragt danach, warum christliche Religion in die Erinnerung stellt und immer neu zum Gedenken auffordert. Kritisch wird die aktuelle Gestalt der Erinnerungskultur aufgenommen und für den Diskurs mit den Schülerinnen und Schülern aufbereitet. Diese Arbeit macht das Anliegen deutlich, das mit dem Weltkulturerbe und also mit dem Begriff des Erbes gegeben ist: Vergangene Geschichte, exemplarisch repräsentiert in Kloster Lorsch, kann für Lernprozesse nicht einfach übergangen werden, sondern hat ihren genuinen Ort in religiösen Bildungsprozessen; der Impuls durch Kloster Lorsch eröffnet ihr den unterrichtlichen Weg, nach der Gedächtniskultur heute zu fragen, um gelebte und also vergangene Geschichte in die Gegenwart gemeinsam mit den Schülerinnen und Schülern *einzuzeichnen* und in ihrer Geltung *im Heute* nachzugehen.

---

7 Vgl. Monika Schmatz: »Das Kloster Lorsch im Spiegel seines Totengedenkens.« <http://www.monika.seifert.name/lorsch.html; aufger. 20.11.2010>. Vgl. Hermann Schefers:, »Zur Geschichte des Klosters Lorsch.« <http://www.denkmalpflege-hessen.de/LFDH4_UNESCO/Lorsch/Geschichte/geschichte.html; aufger. 22.11.2010>.

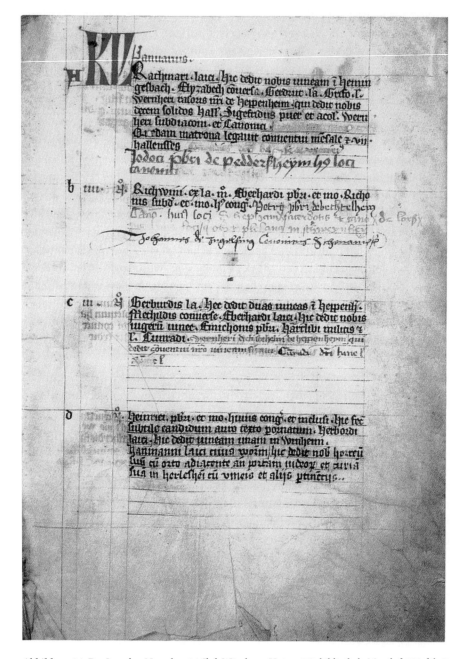

Abbildung 14: Das Lorscher Necrolog, 14. Jhd. Würzburg, Universitätsbibliothek, M.p.th.f. 132, fol. 61

4.3 Die Chancen didaktischer Schwierigkeiten

Das Schwierige, aber auch das Besondere der Beschäftigung mit Kloster Lorsch in religiösen Bildungsprozessen liegt darin, dass man mit Schülerinnen und Schülern einen Lebenskontext in der Geschichte aufsucht, der schwer zu durchschauen ist; Bildungsprozesse müssen hier auch viele Informationen bieten, um sich im Kontext des Klosters Lorsch zurecht zu finden, das nicht mehr bzw. kaum mehr existiert. Dieser Zugang ist aber nicht neu, sondern er ist zu vergleichen mit dem Lesen in der Bibel: Auch dabei gehen Bildungsprozesse in ferne Welten hinein, gleichsam zurück zu den Anfängen des Christentums (Neues Testament) und noch weiter zurück (Altes Testament). Insofern ist der Zugang, der mit diesem Lehrprojekt versucht wurde, innerhalb der Religionsdidaktik eigentlich nichts Neues: Religiöse Lernwege beziehen sich immer in besonderer Weise auf Geschichte, auf Lebensformen in der Geschichte und auf Ausdrucksformen des Glaubens usw. Darum ist genau zu reflektieren: Was heißt Geschichte, wenn wir uns auf Geschichte beziehen? Was passiert, wenn wir religiöse Bildungsprozesse so anlegen, dass dieser Bezug zur Vergangenheit konstitutiv ist?

Neben dieser grundsätzlichen Problematik, die das Lernen christlicher Religion immer bestimmt und herausfordert, ist im Zusammenhang des Themas Kirche als *communio sanctorum* besonders auffallend, dass es im Umgang mit Themen in der Religionsdidaktik scheinbar einen spezifischen Kanon gibt, der kaum unterlaufen wird: Der Bezug auf Kloster Lorsch und das Erbe von Lorsch kann insofern eine Lücke schließen, die sich exemplarisch im Schulbuch zeigt, die aber auch sonst im Blick auf die Bearbeitung des Themas Kirche im Frühmittelalter in der didaktischen Aufbereitung der Kirchengeschichte wahrgenommen werden kann. Betont wird das Thema Kirche von der Geschichte der Reformation ausgehend; undeutlich bleibt, was in der Zeit nach der Frühen/ Alten Kirche passiert. Dem kann mit einem Bezug auf Kloster Lorsch begegnet werden und exemplarisch am Weltkulturerbe Kloster Lorsch die Dimensionen einer Beschäftigung mit dem Frühmittelalter eröffnet werden. In dieser Hinsicht ist darum Kloster Lorsch eine *Memoria* selbst: Es erinnert an das Frühmittelalter und fordert zur Reflexion damit heraus.

Teil V

Übergänge – Von der didaktischen Reflexion zum Unterricht

5.1 WORT

Das Wort
der Heiligen Schrift,
der Bibel,
ist das Evangelium
von Jesus Christus:
Nicht einfach nur Wort
aber einfach Wort für

        Heil
        Heiligkeit
        Hoffnung
        Heiland …

Die folgenden Übergange **Ü 1 bis Ü 6** haben das *Wort* zum Thema, das durch Impulse der Beschäftigung mit Kloster Lorsch unterrichtlich aufgenommen und bearbeitet werden kann, ohne es freilich letztlich in die Verfügung nehmen zu können. Es ist gleichsam eine Leitperspektive der Beschäftigung mit dem Frühmittelalter, die sich mit der theologischen Reflexion dieser Zeit eröffnet. Die Aspekte, die sich hier zuordnen lassen, können freilich nur in ersten Spuren erfasst werden: Zentral bleibt, dass sich mit der Reflexion der frühmittelalterlichen Glaubenstradition, den theologischen Überlegungen zum Frühmittelalter und im Aufsuchen der Lebens- und Handlungsformen des Frühmittelalters immer neu und immer deutlicher das erschließt, was sich im Wort mitteilt – zu allen Zeiten und zu je bestimmter Zeit.

Ü 1: Wie mit dem Frühmittelalter beginnen?

Das UNESCO-Weltkulturerbe Kloster Lorsch, in der Nähe von Bensheim gelegen, fordert heraus: Es gibt nur noch die Torhalle und Überreste der einst monumentalen Kirche. Wie kann man diesem Erbe nahe kommen? Wie kann man damit umgehen? Macht das überhaupt einen Sinn, sich ins Frühmittelalter zu begeben?

Das Museum Kloster Lorsch und die museumspädagogische Arbeit an und mit Kloster Lorsch hat sich das zur Aufgabe gemacht: Das Kloster und seine Tradition, seine Erzählungen und Geschichten, seine Quellen nicht dem Vergessen zu überlassen, sondern damit zu arbeiten und zu entdecken, was dieses alte Erbe mir heute im 21. Jahrhundert aufschließen könnte. Leicht ist das alles nicht, da es ja nicht allein darum gehen kann zu wissen, was es da alles einmal gegeben hat. Sondern es geht um mehr. Ein Zitat aus der Benediktsregel soll veranschaulichen, was es mit Kloster Lorsch auf sich haben könnte – denn genau weiß man das auch nicht – einiges, zwar, man hat ein paar Quellen, aber wie es wohl gewesen sein muss, bleibt uns letztlich entzogen, ist Vergangenheit: Aber zumindest führt der Heilige Benedikt auf eine Spur … vielleicht mit einem Zitat?

> »Wir wollen also eine Schule für den Dienst des Herrn einrichten. Bei dieser Gründung hoffen wir, nichts Hartes und nichts Schweres festzulegen. Sollte es jedoch aus wohlüberlegtem Grund etwas strenger zugehen, um Fehler zu bessern und die Liebe zu bewahren. Dann lass dich nicht sofort von Angst verwirren und fliehe nicht vom Weg des Heils; er kann am Anfang nicht anders sein als eng. Wer aber im klösterlichen Leben und im Glauben fortschreitet, dem wird das Herz weit, und er läuft in unsagbarem Glück der Liebe den Weg der Gebote Gottes. Darum wollen wir uns seiner Unterweisung niemals entziehen und in seiner Lehre im Kloster ausharren bis zum Tod. Wenn wir so in Geduld an den Leiden Christi Anteil haben, dann werden wir gewürdigt, auch mit ihm sein Reich zu erben«.[1]

---

1 aus: Die Benediktsregel. Lateinisch/Deutsch, mit der Übersetzung der Salzburger Äbtekonferenz; hg. von P. Ulrich Faust OSB, Stuttgart 2009, Prolog, Zeile 45–50.

Reflexion der Lernaufgabe:

Erste Fragen zum Anfang:
- Was heißt Umgang mit Geschichte?
- Macht das Sinn für mich – heute?

Abbildung 15: Im Hintergrund der sichtbare Rest der Klosterkirche; im Vordergrund die karolingische Torhalle.
Foto: Roman von Götz, VSG

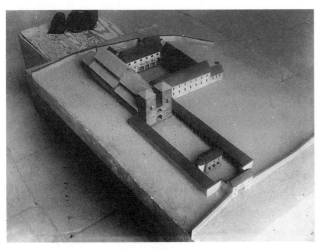

- Was bedeutet für uns das Frühmittelalter?
- Der heilige Benedikt – was für ein Text? Kryptisch oder verständlich? Überzeugend oder ganz weit weg von meinen Ideen zum Leben?

Abbildung 16: Rekonstruktion der Klosteranlage nach Behn; im Vordergrund die Torhalle. Bildnummer 7315 Landesamt für Denkmalpflege Hessen

21 9. Juni 2011   DIE ZEIT   N°2

Das Geheimnis von Lorsch

Eine faszinierende Ausstellung spürt einem
der ältesten Klöster Deutschlands nach:
Der hessischen Abtei Lorsch, die seit 1991
Unesco-Welterbe ist VON MANFRED SCHWARZ

- *Kloster Lorsch heute? Wen interessiert es? Was fasziniert? Notieren Sie nach der
  Lektüre des Textes aus der Wochenzeitung DIE ZEIT ein paar Gedanken dazu:*

»Eine faszinierende Ausstellung spürt einem der ältesten Klöster Deutschlands
nach: Der hessischen Abtei Lorsch, die seit 1991 Unesco-Welterbe ist. Ob ihm
ein bisschen schauderte? Schließlich war der Freiherr von Hausen inmitten einer
Gruft gelandet. Der kurmainzische Oberforstmeister suchte einen Schatz. Des-
wegen hatte er in den letzten Jahren des 18. Jahrhunderts das ganze weite und
ziemlich wüste Gelände in Lorsch, einem Städtchen zwischen Darmstadt und
Mannheim, gekauft – dort, wo sich einst das große und mächtige Kloster Lorsch
als Keimzelle und Mittelpunkt einer wahren Kulturlandschaft erhob. Im frühen
Mittelalter gegründet und im Dreißigjährigen Krieg von spanischen Truppen
verwüstet, war von der einst blühenden Abtei unweit der Bergstraße allerdings
nicht viel mehr übrig geblieben als Ruinen und zahllose Trümmersteine. Und
ein paar Legenden. Eine davon kreiste um einen sagenhaften Schatz: um den
goldenen Sarkophag des heiligen Nazarius, dessen Gebeine man 765 aus Rom
in das gerade erst gegründete karolingische Kloster transferiert hatte. Genau
danach suchte der umtriebige Freiherr, mit dessen Wühlarbeit im Jahr 1800
die Reihe der Ausgrabungen in Lorsch begann. Zu seiner großen Enttäuschung
jedoch fand er kein Gold, weder in der Gruft noch andernorts. Er stieß nur auf

ein paar Särge aus Stein. Der ernüchterte Schatzsucher verkaufte sie acht-
los; sie endeten als Schweinetröge auf den Bauernhöfen der Umgebung. Den
schönsten jedoch – er ist mit ionischen Pilastern kunstvoll verziert – stellte er
als Memento mori in seinen Garten, er hat, als einziger, bis heute überdauert.
Es handelt sich dabei wohl um den Sarkophag eines Karolingerherrschers, des
ostfränkischen Königs Ludwig des Deutschen. In seiner stummen Noblesse
steht er nun gleich am Eingang der faszinierenden Ausstellung im (leider etwas
beengten) Museumszentrum von Lorsch, die eine Bilanz der bisherigen Aus-
grabungskampagnen auf dem Klostergelände präsentiert: rund fünfhundert
Fundstücke, vom karolingischen Kapitell bis zu beinernen Spielwürfeln aus
gotischer Zeit.

Die Klosteranlage Lorsch gehört seit 1991 zum Unesco-Weltkulturerbe. Sie
ist einer der bedeutendsten Orte des frühen Mittelalters in Deutschland. 764
gegründet, hatte die Abtei in kürzester Zeit eine erstaunliche Machtfülle erlangt.
Zunächst als Eigenkloster einer örtlichen Grafenfamilie eingerichtet, die eng verbunden war mit der Herrscherschicht des jungen karolingischen Reiches, wurde
Lorsch schon 772 von Karl dem Großen zum Reichskloster erhoben. 774 wohnte
der soeben siegreich – cum magno triumpho, wie es in den Quellen heißt – von
seinem Italienfeldzug zurückgekehrte Frankenherrscher sogar persönlich mit
seiner Familie und seinem Hofstaat der Weihe der neuen Klosterkirche bei. In den
nächsten Jahrzehnten gab es eine wahre Flut von Schenkungen. Sie bezeugen
die herausragende Stellung Lorschs im Auf- und Ausbau der karolingischen
Herrschaft, die ja wesentlich verbunden war mit der wirtschaftlichen und ver-
waltungstechnischen Erschließung des Reichsterritoriums, mit der auch nach
innen gerichteten Missionierung, mit der »Bildungsreform«, mit der Wieder-
belebung des antiken Erbes in Kunst, Wissenschaft und Literatur. Bei diesem
welthistorischen Vorgang – jener, wie der belgische Historiker Henri Pirenne
schrieb, »Achsendrehung nach Norden« – spielte Lorsch eine bedeutende Rolle.
Aber leider: Viel geblieben ist aus jener Zeit nicht. Es stehen noch ein Rest der
ehemaligen Abteikirche und ein ziemlich großes Stück der Klostermauer, die
schon im 8. Jahrhundert angelegt wurde und noch heute die imposanten Aus-
maße der Anlage ahnen lässt.

Und natürlich diese geradezu irritierend, erregend exotische, im Gegensatz
zu den übrigen Gebäuden wundersamerweise so gut wie unversehrte »Torhalle«,
die niemals eine richtige Torhalle war, sondern sich frei stehend im Atrium des
Klosters erhob. Ein sonderbares Gebäude, eines der ältesten nachrömischen
Bauwerke in Deutschland überhaupt. Vielleicht war es eine karolingische Königs-
halle, wie man früher nicht ganz ohne Berechtigung meinte, vielleicht auch eine

Gerichtshalle, wie man heute eher vermutet. Für jenen Vorgang, den man als »karolingische Renaissance« beschreibt, ließe sich jedenfalls kaum eine trefflichere Verkörperung denken.

Als sich der Oberforstmeister auf Schatzsuche begab, war sie übrigens bereits zum Abbruch verkauft. Der bemerkenswerte hessische Großherzog Ludewig I. hat sie dann im letzten Augenblick gerettet, indem er sie den ignoranten Eigentümern wieder abkaufte. 1803 ereignete sich diese strahlende Tat aus der Frühgeschichte des Denkmalschutzes. Vor zwanzig Jahren dann wurde die »Torhalle« in die Liste des Weltkulturerbes aufgenommen, als ein besonders geschichtsmächtiger Ort und als ein in singulärer Vollständigkeit erhaltenes Profanbauwerk der Karolingerzeit. Im Obergeschoss sind sogar die – wohl einzigen in situ bewahrten – Reste karolingischer Wandmalerei freigelegt, die für eine Datierung des Bauwerks auf die Zeit um 830 sprechen sollen. Karl der Große selbst also mag die »Torhalle« nicht mehr gesehen haben. Dass sie eine postume Huldigung an den Herrscher sein könnte, geschaffen aus dem Geist der »karolingischen Renaissance«, möchte man indes, anders als die Ausstellungsmacher, durchaus für möglich halten. Was sonst noch blieb, liegt unter der Erde. Da das Gelände seither kaum überbaut wurde, gab und gibt es für die Archäologen einiges zu tun. Nicht in jedem Fall darf man die Ausgrabungen der verflossenen zweihundert Jahre als gelungen bezeichnen, doch just in den letzten zwei Jahrzehnten wurde großartige Arbeit geleistet – die Lorscher Schau belegt es.

Erstmals werden jetzt im Ausstellungszentrum vis-à-vis der »Torhalle« die Fundstücke der diversen Grabungskampagnen im Zusammenhang präsentiert. Vor allem sind dies Architekturfragmente und Bauskulpturen; in jüngster Zeit kamen viele Kleinfunde hinzu, für die sich die Ausgräber lange nicht interessiert hatten. Einzelne kapitale Stücke dieses wahren Klosterschatzes – viele von ihnen werden sonst im Hessischen Landesmuseum in Darmstadt aufbewahrt – sind zwar immer wieder auf kulturhistorischen Ausstellungen zu sehen gewesen. Niemals bisher aber waren die Baugeschichte von Lorsch und die Geschichte seiner archäologischen Erforschung selbst Gegenstand einer solchen wissenschaftlich fundierten Unternehmung. Manche Objekte sind gar »erdfrisch« ausgestellt. Sie stammen aus Grabungen, die seit 1998 von Archäologen der Universität Bamberg geleitet werden. Das Spektrum reicht vom silbernen Denar mit der Titulatur Karls des Großen bis zum Bronzegriffel aus dem Skriptorium des 9. Jahrhunderts. Vom Wandputz-Rest aus karolingischer Zeit, auf dem ein Auge gemalt ist, das uns aus einer versunkenen Welt anblickt, bis zur beinernen »Löffelsonde« aus der hochmittelalterlichen Krankenstation des Klosters, dem Infirmarium, auf das die Archäologen erst jüngst gestoßen sind. Von einer großen Menge verschiedenfarbiger »Formatsteine«, wie sie auch für die beiden Fassaden der »Torhalle« in antikischer Manier verwendet wurden – es muss also ein zweites Bauwerk in diesem Stil gegeben haben –, bis zu den Fragmenten gotischen Maßwerks. Zu den Höhepunkten in diesem hinreißenden Mosaik gehört die auf Glas ausgeführte Darstellung des »bärtigen Kopfs eines Heiligen«. Sie konnte aus den Scherben wieder zusammengesetzt werden, stammt aus dem frühen 9. Jahrhundert und ist wohl eines der ältesten Zeugnisse der Glasmalerei überhaupt. Und natürlich der berühmte »Kopf eines jungen Mannes«, der vielleicht um 800 in Lorsch entstand und der dann, wenn es denn stimmen sollte, eines der ganz, ganz wenigen aus der karolingischen Epoche überlieferten Steinbildwerke wäre.

Insbesondere zieht jedoch der Pilastersarkophag unsere Blicke an: Freiherr von Hausen war einst wohl auf die Karolingergruft gestoßen, die Kaiser Ludwig der Jüngere um 880 in Lorsch errichten ließ, nach dem Tod seines Vaters Ludwig des Deutschen, der diesen Ort vor allen anderen seines Reiches geliebt haben soll. Damals wurde Lorsch zur bevorzugten Grablege der ostfränkischen Herrscher; auch die unglückliche Königin Kunigunde fand 915 hier ihre letzte Ruhestatt. Einen Fund dieses Kalibers gab es lange nicht mehr. Aber wer weiß, was die Zukunft bringt. Schließlich soll ja hier, laut einer mittelalterlichen Handschrift der Nibelungensage, der ermordete Siegfried beigesetzt worden sein. Viel Gras ist im Lauf der Zeiten über Lorsch gewachsen, hat Viktor von Scheffel einmal geschrieben. Aber manches liegt bestimmt noch darunter.«

Ü 2: St. Galler Klosterplan und Kloster Lorsch
Ideal oder Wirklichkeit?

Was bildet sich ab?

Ist das mehr als nur ein Plan!?

Der St. Galler Klosterplan – Codex Sangallensis (1092) – ist ein Idealplan, eine Art Organigramm, nach der Benediktsregel gezeichnet, und letztlich als eine Visualisierung der Benediktsregel zu verstehen. Seit seiner Entstehung im Kloster Reichenau in den Jahren 819–826 ist er im Besitz der Stiftsbibliothek St. Gallen (Schweiz). Aufgrund seiner Einzigartigkeit und seiner Präsenz dort, wo mehr als 2000 spätantike und mittelalterliche Manuskripte aufbewahrt werden, wurde diese im Jahr 1983 von der UNESCO zum Weltkulturerbe ausgerufen.

Der St. Galler Klosterplan ist eine Art Idealplan für die Klöster des 8. bis 10. Jahrhunderts. Wie die Regel des Heiligen Benedikt auf eine Spur führt, Genaueres in Erfahrung zu bringen, was es mit dem Leben in Kloster Lorsch auf sich

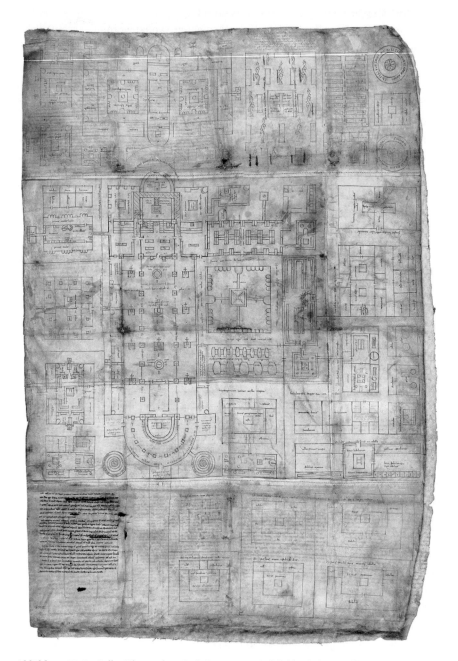

Abbildung 17: St. Galler Klosterplan, Cod. Sang. 1092; Stiftsbibliothek St. Gallen

hatte und welche Bedeutung dem Ausharren im Kloster zugekommen ist, so führt der Klosterplan in die Entdeckung des Alltags: so könnte es auch in Kloster Lorsch ausgesehen haben.

Aber auch in dieser Hinsicht bleibt Kloster Lorsch letztlich ein Geheimnis, weil nur wenig eindeutige archäologische Funde nachgewiesen sind. Man kann Vermutungen anstellen, das und das könnte es in Kloster Lorsch auch gegeben haben ...

Vermutlich gab es noch Folgendes: Krankenstation, Küche, Dormitorium, Latrinen, Klostergarten, landwirtschaftliche Gebäude und Wohngebäude um das Kloster herum; vermutlich wurde in der Form der Drei-Felder-Wirtschaft angebaut. Die Menschen lebten in kleinen, einräumigen Wohnhäusern, die die Großfamilie und das Kleinvieh beherbergten. Die wenigen erhaltenen Holzfunde zeigen einen erstaunlichen Reichtum an Ausstattung dieser Wohnhäuser.

- *Begeben Sie sich in der Umzeichnung des St. Galler Klosterplans (Abbildung 18, S. 136) auf die Suche!*

Ü 3: Frühmittelalterliche Christologie

Bis heute stellt sich die Frage: Wer ist Jesus Christus? Diese Frage wurde immer neu – durch die Jahrhunderte hindurch – zu beantworten versucht. Wichtigster Anhaltspunkt ist dabei die Heilige Schrift, die von Jesus Christus erzählt, in der von Jesus Christus berichtet wird und in der über Jesus Christus nachgedacht und reflektiert wird (bes. Paulus).

Die frühe Kirche (etwa vom 1. bis zum 3./4. Jhd. n. Chr.) war von den Auseinandersetzungen folgender Fragen geprägt: Wer war Jesus Christus? Wer war er im Gegenüber zu Gott etc.? Die *christologischen Streitigkeiten* der frühen Kirche sind das Zeugnis dafür, dass diese Frage immer wieder neu von Theologie und Kirche zu beantworten ist. Darum prägt sich auch im Frühmittelalter eine eigene Form des Redens von Christus aus. Sie baut auf den drei großen altkirchlichen Bekenntnissen (das Nicäno-Konstantinopolitanum, das Apostolikum und das im Frühmittelalter besonders bedeutsame Athanasianum) auf, die vorgeben, wie von Jesus Christus als Sohn Gottes im Verhältnis zu Gott Vater gesprochen werden kann. Grundlegend ist dabei das Bekenntnis von Nicaea (325):

»Wir glauben an unseren einen Herrn Jesus Christus, den Sohn Gottes, als Einziggeborener aus dem Vater geboren, das heißt aus der Substanz des Vaters,

Imagination

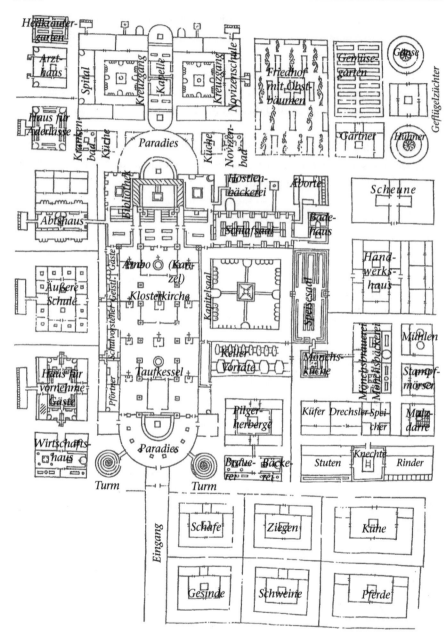

Abbildung 18: Umzeichnung St. Galler Klosterplan

Gott von Gott, Licht aus Licht, wahrer Gott aus wahrem Gott, geboren, nicht geschaffen, von einer Substanz mit dem Vater.«[2]

Im theologischen Denken erscheint Jesus Christus vorwiegend als der eschatologisch Beauftragte und Repräsentant Gottes: Jesus Christus ist als ein von einer Frau Geborener der Repräsentant der Menschen vor Gott im Himmel; er kann es sein, weil er von Gott her der Sohn des Vaters ist. Christus ist Erlöser *(redemptor)* und Heiland *(salvator)*. Der Inhalt seiner Botschaft ist die Verkündigung des Reiches Gottes: Es geht dabei etwa um die Frage nach der Gerechtigkeit (Mt 5,20) und um die Frage nach der Feindesliebe (Mt 5,1–7,29); bei dem Apostel Paulus kommt Christus im Brief an die Philipper als der erniedrigte und erhöhte Kyrios in den Blick (Phil 2, 5–11).

Die christologischen Fragestellungen der alten Kirche wirken bei der Wahrnehmung des Christus im Frühmittelalter nach: caput in coelis – pedes in terra. Die Ergebnisse der Streitigkeiten führten zu einer intellektuell und frömmigkeitlich ausbalancierten Antwort auf Fragen, die sich während der mehrere Jahrhunderte andauernden Auseinandersetzung herausgestellt haben.[3] Christus wird als der Pontifex verstanden, als der Hohepriester zwischen Himmel und Erde. Wesentlich wird dabei die Frage nach der Nachfolge Christi im Anschluss an Mt 28,19.[4]

- *Welche story von Christus erzählt der hintere Elfenbeindeckel des Lorscher Evangeliars um 810 n. Chr.?*[5]

Die Rückseite des Lorscher Diptychons zeigt den triumphierenden jugendlichen Christus, der im Zeichen des Kreuzes über Untiere siegt. Er wird flankiert von zwei Engeln und ist als Universalherrscher dargestellt. Auch die Fußleiste betont diesen Aspekt: Die drei Magier bei Herodes (links) und bei der Verehrung Christi (rechts) verdeutlichen den Unterschied zwischen falscher und wahrer Herrschaft. Für die Christusseite kommen auch wesentliche Anregungen aus dem 4. und 5. Jahrhundert in Frage.[6]

---

2 Enchiridion symbolorum, hg. von Denzinger-Hünermann; Nr. 125, 63.
3 Ritschl, Dietrich und Martin Hailer: Diesseits und Jenseits der Worte. Grundkurs christliche Theologie, Neukirchen-Vluyn 2006, 123–142.
4 Vgl. dazu auch: Angenendt, Arnold: Grundformen der Frömmigkeit im Mittelalter; Enzyklopädie Deutscher Geschichte Band 68, 2. durchgesehene Aufl. München 2004.
5 Città del Vaticano, Biblioteca Apostolica Vaticana, Museo Sacro.
6 Textauszug der Tafel in der Ausstellung im Museumszentrum Lorsch.

Abbildung 19: Rückseite Lorscher Evangeliar, Pal. Lat. 50; ©2012 Biblioteca Apostolica Vaticana

Abbildung 20: Vorderseite Lorscher Evangeliar, Museumsnummer: 138:1 to 6–1866
Victoria & Albert Museum, London

Die Mitte der Rückseite des Umschlags wird dominiert von einer Darstellung Christi in der Mandorla, der auf einem Tier steht (vgl. Offb). Er wird flankiert von Engeln mit Heroldstäben. Darüber findet sich eine Darstellung von Viktorien mit Schildern, auf denen ein Kreuz abgebildet ist. Im unteren Teil des Umschlags sind die drei Geschenke bringenden Magier zu sehen.

Information zum Lorscher Evangeliar:

Auf dem Lorscher Evangeliar sind Anfang und Ende des letzten Weltzeitalters dargestellt, das die einzige Epoche ist, in der der Mensch weiß, auf welcher Seite er zwischen dem Guten (civitas Dei) und dem Bösen (civitas diaboli) steht.

Das Lorscher Evangeliar ist eine der bedeutendsten Handschriften vor der Jahrtausendwende und weist ein hochtheologisches, christologisches Programm auf:

Der Mensch soll immer daran erinnert werden, dass er im letzten Zeitalter lebt. Dieses Bildprogramm wird selten variiert. Das Evangeliar wurde als verehrungswürdig erachtet, nicht allein als einfaches Buch oder Artefakt. Es stand vergleichbar dem Kreuzzeichen und dem Kirchenraum als Medium zwischen Gott und Mensch.

*   *Welche story von Christus erzählt der vordere Elfenbeindeckel des Lorscher Evangeliars um 810 n. Chr., der Maria in der Mitte präsentiert?*

Thema der Vorderseite des Evangeliars ist die Fleischwerdung, die Menschwerdung Christi. In der Mitte ist Maria mit Jesus dargestellt. Die darunterliegende Szene zeigt die Geburt Christi in einer Darstellung mit Ochs und Esel. Diese Ikonographie geht nicht auf die neutestamentlichen Schriften zurück, sondern zum einen auf Jesaja, zum anderen vor allem auf das Nikodemus-Evangelium, das gerade in karolingischer Zeit sehr beliebt war.

Über der Maria-Jesus-Gruppe sind Viktorien (aus der antiken Triumphalikonographie) erkennbar, die einen Schild halten, auf dem Christus dargestellt ist.

*   *Beide Tafeln nebeneinander:*
    Welche Gesamtstory kann erzählt werden?

Ü 4:   Das Skriptorium von Kloster Lorsch
und die Hingabe an die Heilige Schrift

Sicher ist, dass es im Kloster Lorsch eine Schreibwerkstatt (Skriptorium) gab.
Bei den Ausgrabungen seit 1998 wurden viele Bronzegriffel, auch schon aus dem
9. Jahrhundert gefunden. Es gibt auch einschlägige Quellen.

> »Abt Richbod richtete ... ein vorbildliches Skriptorium mit Klosterschule ein. ...
> Unter Abt Adalung (804–837) erreichte das Lorscher Skriptorium seinen Zenit.«[7]
> Richbod gehörte wohl zum Gelehrtenkreise um Karl den Großen und war also
> in die Bemühungen um die Bildungsreform im fränkischen Reich eingebunden.
> »Die vier überlieferten Lorscher Bibliothekskataloge aus dem 9. Jahrhundert
> lassen erkennen, welche bedeutende Rolle Lorsch bei der Produktion von Büchern
> und der damit verbundenen Kultivierung von Wissen und Wissensvermittlung
> spielte.«[8]

---

7   Seibert, Hubert: Art.: Lorsch (Lauresham); in: Lexikon des Mittelalters, Bd. 5, 1991, 2117 bis 2118,
    2118. Abkürzungen im Original dieses Zitats wurden für dieses Materialblatt ausgeschrieben.
8   Scholz, Sebastian: Lorsch. Historische Namensformen, politische und kirchliche Topographie,
    Patrone, geschichtlicher Überblick, wirtschaftliche, rechtliche und soziale Verhältnisse; in:
    Germania Benedictina VII: Hessen. Die benediktinischen Mönchs- und Nonnenklöster in
    Hessen; St. Ottilien 2004, 768–810, 773.

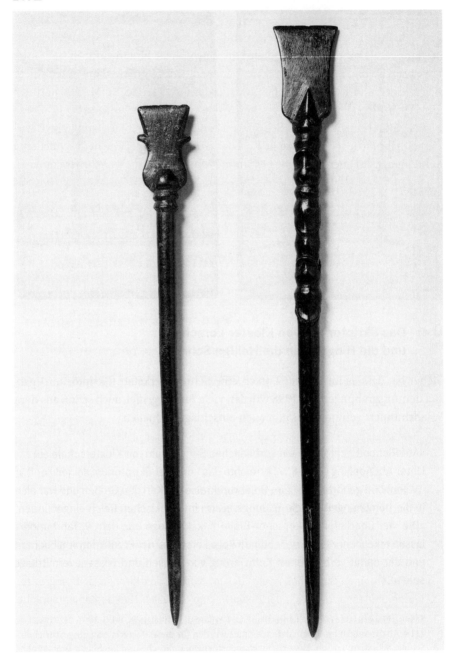

Abbildung 21: Bronzegriffel, Inv.nr. HLMD: Kg 59–54 + 55
Foto: Wolfgang Fuhrmanek, HLMD

Ein Schrifttypus prägt diese Zeit, nämlich die karolingische Minuskel (5. bis 10. Jahrhundert), die in die romanische Buchschrift hineinwirkt, in der Gotik abgelöst wird und in der Renaissance wieder entdeckt wird; sie kennt unterschiedliche Groß- und Kleinbuchstaben, was in der CAPITALIS ROMANA und den Unzialschriften, die der karolingischen Minuskel vorausgingen, nicht der Fall war.

Die Durchsetzung dieses Schrifttypus entspricht der Zielsetzung einer Vereinheitlichung des Reichs, wie sie Karl der Große verfolgte, und dem schnelleren Schreiben. Es ist aber auch eine bestimmte Mode, die zu dieser Schrift veranlasst.

Abbildung 22: Karolingische Unziale und Karolingische Minuskel, Faksimile Lorscher Evangeliar, Ausgabe 1999, © Faksimile Verlag/wissenmedia in der inmediaONE] GmbH Gütersloh/München Faksimile Seligenstädter Evangeliar, Ausgabe 2011; © Verlag Schnell und Steiner

- *Warum wird so geschrieben und nicht anders?*
- *Was ruft die jeweilige Schrift in mir hervor?*

»Der Standort der karolingischen Bibliothek lässt sich heute nicht mit Sicherheit rekonstruieren. Die archäologischen Befunde sowie die chronikalischen Belege schließen einen Bibliotheksraum, der im Norden ans Kirchenschiff angrenzen würde und damit der Lage der Bibliothek im St. Galler Klosterplan entspräche, nicht aus.«[9]

---

9 Aris, Marc-Aeilko: Lorsch. Bibliotheksgeschichte; in: Germania Benedictina VII: Hessen. Die benediktinischen Mönchs- und Nonnenklöster in Hessen; St. Ottilien 2004, 811–821, 813.

Kloster Lorsch war eine Bildungseinrichtung/Schule. Das Epitaph eines Lorscher Klosterlehrers hält das fest

»Neben der Buchproduktion dürfte es in Lorsch sehr bald einen Schulbetrieb zur weiteren Wissensvermittlung gegeben haben, dessen Existenz sich für die zweite Hälfte des 9. Jahrhunderts durch das Epitaph eines Klosterlehrers belegen lässt.«[10]

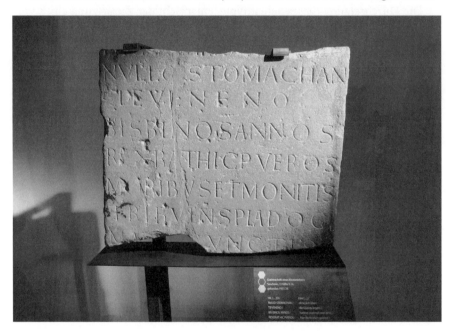

Abbildung 23: Epitaph des Klosterlehrers, Foto: Ingrid Schoberth

Das in der zweiten Hälfte des 9. Jahrhunderts entstandene Epitaph ist ein inschriftliches Zeugnis; es verweist explizit auf den Beruf eines Klosterlehrers:

»Ohne sich über die Qual zu ärgern, hatte er zweimal zwei Jahre hier die Knaben geleitet und vermittelte allen durch seinen Lebenswandel und seine Ermahnungen die frommen Lehren.«

---

10 Scholz, Sebastian: Lorsch, 773.

Ü 5: Meditation und Kontemplation im Werkprozess
Eine Schmuckseite des Lorscher Evangeliars und die künstlerische Gestaltung einer Initiale

»Das Lorscher Evangeliar ist eine prachtvoll ausgestattete, ganz in Goldtinte geschriebene Evangelienhandschrift, die nach derzeitigem Forschungsstand als jüngste einer bedeutsamen Reihe von Prachthandschriften aus dem Hofskriptorium Karls des Großen gilt und allgemein um das Jahr 810 datiert wird. ... Vermutlich kam die kostbare Handschrift unter Abt Adalung (804–837) vom Hof des Kaisers nach Lorsch, wo sie erstmals in einem Katalog der Klosterbibliothek des 9. Jahrhunderts erwähnt wird. In Lorsch, der großen Königs- und Reichsabtei, hat dann die Handschrift die Jahrhunderte überstanden – auch den schrecklichen Klosterbrand von 1090. Im Jahre 1479 wurde sie neu gebunden und wohl schon damals in zwei Teile geteilt.«[11]

Abbildung 24: Lorscher Evangeliar (Hofskriptorium Karls des Großen, ca. 810?)
Faksimile Lorscher Evangeliar, Ausgabe 1999
© Faksimile Verlag/wissenmedia in der inmediaONE] GmbH Gütersloh/München

---

11 Hermann Schefers: http://www.denkmalpflege-hessen.de/lfdh4_unesco/Lorsch/Lorscher_Evangeliar/lorscher_evangeliar.html

Das Gestalten einer Initiale war ein mehrdimensionaler Prozess, an dem eine Gemeinschaft gearbeitet hat: Im Nachgehen der Herstellung einer Initiale teilt sich das mit, was auch frühmittelalterlich zur Erfahrung gekommen ist: Wertschätzung der Heiligen Schrift.

1. Lesung eines Evangeliumstextes
2. Überlegung: Zu welcher Initiale, die ich ausgestalten will, führt mich das Gehörte?
3. Aufmerksamkeit: Was teilt sich mir in der Produktion mit? Teilt sich Heiligkeit, Hingabe oder Ehrfurcht mit?
4. Was geschieht mit mir, mit uns in der Begegnung mit dem Text der Heiligen Schrift im Modus der Gestaltung des Buchstabens?

Die Materialien

- *Pergament aus Tierhäuten* besteht z. B. aus Rinderhaut, im Mittelalter bevorzugt von Jungtieren, aber auch aus Ziegen- oder Schafhäuten. Ziel bei der Herstellung von Pergament war es, eine helle Schreibfläche zu erhalten. Dafür wurden die Häute zur Entfettung in Kalkwasser eingelegt, um anschließend die Haare abschaben zu können. Daraufhin wurde das Pergament stark gespannt. Pergament ist aber auch dazu genutzt worden, um Leim zu produzieren.
- *Die Farben:* Diese setzten sich aus (Stein-)Pulver, gemahlenem Gummiarabikum oder Fischleim als Klebstoff und Zucker für die Elastizität zusammen. Dazu hat man Kreide für die Politur der verwendeten Farben mit Hilfe eines kleinen Steines und ein bis zwei Farbstoffe verwendet. Die frühmittelalterlichen Schreiber haben aber meist das genützt, was für sie verfügbar gewesen ist. Wegen der Vergänglichkeit der Materialien ist eine adäquate Aufbewahrung sehr notwendig gewesen. Die Farbepalette ist beschränkt: Verfügbar sind vor allem die Farben Blau, Grün, Gold, Weiß und Purpur.

Der Werkprozess:

- Entwürfe werden auf Pergament übertragen.
- Herstellung des Goldgrunds (Gesso). Dieser besteht aus Fischleim, Kreide, Zucker als Weichmacher und den Farbstoffen Titandioxyd (Weiß) und Bolus (Rot). Diese Mischung wird in Wasser aufgelöst, so dass sich alle Stoffe gut vermengen können. Die entstandene Flüssigkeit muss auf den dafür vorgesehenen Flächen sehr dick in mehreren gegenläufigen Schichten aufgetragen werden. Falls der Goldgrund noch nicht klebrig genug ist, muss (mit Puderzucker) nachgezuckert werden.

- Die grüne (Malachit) und blaue (Lapislazuli) Unterfarbe wird aufgemalt. Diese Grundschicht soll stumpf wirken, d. h. ohne erkennbaren Pinselstrich und Muster. Dann werden mit Pflanzenfarben Muster und Ornamente ergänzt.
- Blattgold wird auf die vorbereiteten Initialen appliziert. Dazu muss zuvor der Goldgrund, der schon aufgetragen wurde und Zucker enthält, angefeuchtet werden. Hierfür ist die Kondensation durch den Atem wichtig. Durch das Anhauchen des Goldgrundes wird dieser wieder klebrig, so dass das Blattgold darauf haften bleibt, nachdem es auf den klebrigen Goldgrund gedrückt wurde.
- Nach einer zweiten Schicht des Blattgoldes kann die vergoldete Fläche mit einem kleinen Stein poliert werden. Dies erfolgt zunächst mit einer Zwischenlage aus Pergaminpapier, in einem zweiten Durchgang ohne das Papier.
- In einem nächsten Schritt werden mit einem Pinsel die überstehenden Ränder des aufgetragenen Blattgoldes auf die eigentliche Goldfläche umgefaltet und nochmals darauf festgedrückt. Dies ergibt die dritte Schicht.
- Weitere Farben werden aufgetragen.
- Die Lichteffekte, die mit Weiß und Gelb auf die Initialen gemalt werden, und die Schattierungen, die mit einem dunkleren Grün und Rot ergänzt werden, werden jetzt auf die Initiale aufgetragen. Die Farben für die Höhungen wurden auch im Mittelalter aus chemischen Verbindungen hergestellt, heute verwendet man dafür Titanweiß.

Ü 6: Kommentierte Inszenierung eines mittelalterlichen Gottesdienstes
Performative Übung in einem Gottesdienstraum

Der Bereich Gottesdienst/Liturgie stellt einen zentralen Zugang zu Kloster Lorsch dar: Eine kommentierte Inszenierung eines frühmittelalterlichen Gottesdienstes soll einen Zugang für die Schülerinnen und Schüler (szenisch) eröffnen.

1. *Im Unterricht müssen die Rollen, die die jeweiligen Schüler übernehmen, gut vorbereitet werden. Jedem Schüler wird eine besondere Rolle anvertraut.*
Im Unterricht wird das Thema vorbereitet und eine erste Vorstellung zu erzeugen versucht von der Gestalt der Gottesdienste im Frühmittelalter.[12] Der Text von Pierre Riché eignet sich zur Vorbereitung ebenso wie eine Recherche der Schüler im Internet.

---

12 Riché, Pierre: Die Ausgestaltung der Liturgie, in: ders.: Die Welt der Karolinger, Frankfurt/Main 2009, 274–291.

2. *Umgestaltung des Raums, der zur Verfügung steht*

Was macht den Raum (Klassenzimmer oder Andachtsraum an der Schule oder in der Kirche vor Ort) zu einer frühmittelalterlichen Kirche? Das Raumprogramm kommt aus der römischen Basilika, die wiederum aus dem Griechischen entlehnt hat: Im Mittelalter ist der Raum erst Kirchenraum, wenn er geweiht ist.

Das gehört zur Ausstattung des Raumes:

- Das *Kreuz* auf dem Altar (entweder war das Kreuz fest mit dem Altar verbunden, oder es konnte im Zusammenhang mit dem Introitus/Einzug hereingetragen werden). In einer frühmittelalterlichen Kirche gab es zahlreiche Kreuze, das wichtigste befand sich auf dem Altar. Im Mittelalter hatte in jeder Kirche der Kreuzaltar als Ort der Memoria in der Mitte des Langhauses und damit mitten unter den Laien seinen Ort.
- Die *Bibel* (auf dem Ambo (Lesepult), Kanzel).
- *Kerzen,* die den *Ambo* flankieren: Der Ambo stand im Norden und wurde von den Messgehilfen, die Kerzen zur Beleuchtung hielten, flankiert.
- *Keine Stühle* oder *Bänke* (in einer frühmittelalterlichen Kirche fehlten Stühle und Sitzbänke; die Laien mussten stehen und knien).
- *Chorschranke:* Die Chorschranke wies den Bereich der Geistlichen und Mönche aus und konnte durch eine Tür in der Mitte durchschritten werden.
- *Glocken* rufen die Gemeinschaft der Gläubigen zusammen.
- *Reliquien* (hatten verschiedene Positionen im Raum und waren überall zu finden).
- *Tabernakel* (auf dem Altar im Osten oder auch seitlich).
- *Fenster* (v. a. im Osten, da dies der Ort der Auferstehung, der Parusie, des Sonnenaufgangs, des Guten war).
- Das *Evangeliar* lag auf dem Ambo. Die Bibel kam im frühmittelalterlichen Gottesdienst nur in Form von Lektionaren (Sakramentaren, Evangeliaren etc.) vor.
- *Altar* vor dem Fenster im Osten (mit besonderer Ausstattung) und in der Regel umschreitbar.
- Die *Kanzel* ist zunächst *nur* eine Schrank; später entsteht die Vorstellung von einer Schranke, die den Altar umgibt und diesen als Bereich ausweist, der nicht jedem offensteht. Dieser Bereich wurde mit Tüchern verhängt bzw. abgeschirmt, hinter denen sich der Priester befand. Der Ausdruck *ad cancellos* bedeutet, dass der Priester an die Schranke trat und dort das Evangelium verkündigte.
- *Pallium* (Altartuch): Es hüllte den Altar vollständig ein (das sog. Antependium). In der christlichen Vorstellung gebührt der Ort des Altars allein dem Rex Christus; allein das Kreuz sollte hier stehen.

– Vor der Kirche befand sich das *Atrium*. Hier mussten sich die Menschen aufhalten, die nicht berechtigt waren, die Kirche zu betreten (beispielsweise im Fall von bestimmten Strafen oder Nicht-Getauften). Das Atrium war auch eine Art psychologischer Schranke, aufgrund derer es einem nicht erlaubt gewesen wäre, in den Osten der Kirche zu gehen. Zu diesem Bereich hatten allein der Priester und der zum Altardienst berechtigte Kleriker Zutritt. Der frühmittelalterliche Mensch fühlte sich hier ausgeschlossen und war sich stets bewusst, dass er der Vermittlung durch die Heiligen bedurfte. Diese Eindrücke teilten sich dem frühmittelalterlichen Menschen beim Besuch der Kirche auf jedem Schritt und Tritt mit.

3. *Den Gottesdienst inszenieren durch eine Kommentierung begleitet*
– Das Atrium im Westen: Vom Atrium aus zog man in die Kirche ein.
– *Einzug* in einen frühmittelalterlichen Kirchenraum: Der Einzug wird von den Kreuzträgern, die die Kreuze *(vexilla)* tragen, angeführt.
– Es folgen die Kerzenträger und der Diakon, der das Evangeliar in Kopfhöhe trägt. Dabei sind seine Hände mit kostbaren Stoffen verhüllt.
– Es schließen sich der Priester, die Konzelebranten und die Rauchfassträger an.
– Nun wird das *Evangeliar auf den Altar* gelegt, nachdem der Altar um halb umrundet worden ist. Der Altar wird mit dem Weihrauchfass drei Mal umrundet.
– Der Priester tritt hinzu und küsst in der Regel das Evangeliar. Der Priester wird von den beiden Kerzenträgern abgeholt und von den Rauchträgern angeräuchert.
– Nun tritt der Diakon mit dem Evangeliar vor den Priester und alle zusammen gehen zur Kanzel, wobei der Diakon vorausgeht, der sich, bevor er sich entfernt, vor dem Priester verbeugt.
– Die Kerzenträger bleiben zur Beleuchtung.
– Lesung eines biblischen Textes aus der Bibel/Evangeliar, wenn möglich in lateinischer Sprache.
– Auszug …

4. *Diskurs mit Schülerinnen und Schülern zum Thema: Kirche und Gottesdienst im Frühmittelalter und heute?*
– Kirche im Frühmittelalter: Ein heiliger Raum!
– Im Unterschied dazu: Für Martin Luther war nicht der Raum als solcher wesentlich, sondern das, was in diesem Raum geschieht: Gottesdienst im Sinne Luthers ist Ort der Begegnung mit Gott.

- Wie ist das heute? Einerseits suchen Menschen Kirchen als Orte der Ruhe, der Meditation und als Orte der Abgrenzung vom Alltäglichen auf. Andererseits praktizierten Gläubige Religion im Privaten, sozusagen im ›stillen Kämmerlein‹.
- Bedarf es in der Gegenwartskultur solcher abgegrenzten Räume und des Gottesdienstes?
- Kirche erfährt sich heute in einem Spannungsfeld: Einmal sind viele Menschen auf der Suche nach Orten, wo sich den Menschen das Transzendente/ Gottes Gegenwart eröffnet.
- Zum anderen: Kirche ist auch dort zu finden, wo nur wenige sich zusammenfinden ganz im Sinne von Mt 18,20: »Denn wo zwei oder drei versammelt sind in meinem Namen, da bin ich mitten unter ihnen.«

5.2 ZEIT

Zeit
zieht vorbei, entzieht sich und
ist aber doch spürbar,
erlebt in vielen Facetten:
Lebenszeit
Zeit im Sekundentakt.
          Zeit heute …

und dann wird keine Zeit mehr sein.
Zeit in Ewigkeit – Amen.

Die folgenden Übergänge von der didaktischen Reflexion in die Ausgestaltung des Unterrichts **Ü 7 bis Ü 17** führen wiederum auf Spuren ins Frühmittelalter. Aber nicht nur das, sondern sie versuchen den Zusammenhang in den Blick zu bekommen, der im religiösen Lernen immer neu aufmerksam wahrgenommen werden muss: Es ist nicht nur vergangene Geschichte, um die es hierbei geht, sondern auch Geschichte, die heute Geltung hat und immer neu Geltung gewinnt, provoziert, herausfordert, erinnert wird etc. Dieser Spannung gehen die folgenden Übergänge zum zweiten Thema *Zeit* nach, das ebenfalls eine Leitperspektive ist, mit dem Frühmittelalter umgehen zu lernen. Dabei erschließt sich Zeit als Zeit, die nicht ohne Ewigkeit gedacht werden kann.

Ü 7: Gottesdienst, Liturgie und Alltagsrituale …
Kloster Lorsch im 8/9. Jhd. – und die ritualisierte Lebenswelt heute

Gottesdienst und Liturgie spielten in Kloster Lorsch eine wesentliche Rolle: Vielleicht ist auch die Monumentalität der Kirche dafür ein Hinweis – das wird vermutet und der Grundriss, der sich bis heute auf dem Areal des Klosters in Umrissen abzeichnet, lässt das auch erkennen.

Abbildung 25: Kloster Lorsch auf dem Merianstich vor 1621, Verwaltung der Staatlichen Schlösser und Gärten Hessen

Der Historiker Arnold Angenendt hält dazu fest:

> »Wie er auf Erden (Kultus/Gottesdienst, I. Sch.) gefeiert wird, so auch im Himmel; oder richtiger: aller irdischer Kult ist nur Abbild des himmlischen. Er vergegenwärtigt das Jenseits im Diesseits, die Ewigkeit in der Zeit. Auf Erden gibt es nur eine Antwort: einzustimmen in das Tun des Himmlischen. … Liturgie musste stets zur Hand sein. Sie konkretisiert Gottes Heilshandeln in Wort, Zeichen und Materie. Als Quelle des Heils und als Schutz vor Unheil wirkte sie lebensfördernd im umfassenden Sinn: gut für den Leib wie die Seele. Entsprechend hoch waren die rituell-liturgischen Erwartungen. … Rituell-liturgische Handlungen leiteten und begleiteten das ganze Leben. Infolge dessen war es nur natürlich, daß Ritualität überall angewandt wurde. … Aber auch die Laien in der Welt kannten eine Alltagsliturgie, eingewoben in ihre Lebens- und Arbeitswelt. Stets wollte man sich der überirdischen Mächte, die alles Geschehen prägten, heilsam vergewissern.

Jedermann verfügt über mindestens zwei Riten: die Segnung mit Weihwasser und die Bezeichnung mit dem Kreuzeszeichen. Des weiteren sollten alle das Vaterunser und das Glaubensbekenntnis kennen. Selbstverständlich hatten die großen Zeiten im Jahresablauf, die Kirchen- und Heiligenfeste, wie ebenso die eines einzelnen Menschenlebens, zumal Geburt und Tod, Hochzeit und Taufe, ihr liturgisches Gepräge. Persönliche Feiertage wie allgemeine Feste gewährten eine überirdische Schutzhülle, geleiteten durch die Fährnisse der Zeit und führten hinüber ins Heil. In diesem Sinne demonstriert gerade die Liturgie jene allgegenwärtige Religiosität, die am Mittelalter so kennzeichnend hervorsticht.«[13]

- *Versuchen Sie, frühmittelalterliche Ritualisierungen der Lebensformen nachzuvollziehen.*
- *Ist das alles fremd, ist es vertraut oder sagen Sie: ›Ich weiß nicht‹?*
- *Rituale in meiner Lebenswelt – eigene und fremde?*
- *Was könnte für Sie eine »überirdische Schutzhülle« bedeuten?*

Ü 8: »Zeit, die sich uns beständig entzieht«
Ein ästhetischer Zugang mit dem Komponisten Wolfgang Rihm – Zeit, Gesang und Violine

Auf dem Cover zur CD ist Folgendes zur Komposition zu lesen:

»Gesungen, also nicht *gespielt*. Instrumentale Virtuosität ist mir eine gesteigerte Qualität gesanglicher Fähigkeiten. Besonders auf Streichinstrumenten liebe ich den gezogen-vokalen Klang, das Vibrieren des Zeitstrahls, Energie, die sich im Ton sammelt, um den nächsten Ton zu generieren. Zwischen den Tönen scheint – unvorstellbar – auf, was wir ›Musik‹ nennen können. Ein Ton also: die Erwartung von Musik; ein anderer Ton also: die Erinnerung von Musik. ... In einer ›gesungenen‹ Zeit finde ich den unabänderlichen Fortgang der Zeit und den absurden Kommentar dessen, der, ihr Angehöriger, sie anhalten möchte, sie im Augenblick beschließen, einschließen dort, wie in ein Gestein – aber als Bewegung, als Energie, atemlos, nicht todesstarr ... – dazu bedarf es eines Mediums, das über jene Virtuosität verfügt, Nervenstränge, Gedankenzüge hervorhörbar zu machen, sie als sinnliche Gestalten aus der materiallosen Konfiguration aufleuchten zu lassen. ... Das Orchester ist klein, doppelgängerisch geführt. Die

---

13 Angenendt, Arnold: Geschichte der Religiosität im Mittelalter, Darmstadt 1997, 352 ff.

Violine spricht ihre Nervenlinie in den Klangraum – schreibt sie dort ein. Eigentlich ist dies einstimmige Musik. Und immer Gesang, auch dort, wo Schlag und Puls den Atem kurz fassen, ihn bedrängen.

Die Linie selbst, ist sie ein Ganzes? Alles ist nur Teil, Segment, Bruchstelle; beginn- und beschlußlos ist es unserer Beobachtung anheimgegeben – wir entwerfen hörend auf ein Ganzes hin, das es nicht gibt. Aber dort muß es sein ...«[14]

Das Thema *Zeit* braucht Aufmerksamkeit: Hier führt die Violine in die Wahrnehmung der Zeit – so inszeniert das der Komponist Wolfgang Rihm.

- *Was haben sie erfahren im Hören des Musikstückes von Anne-Sophie Mutter?*
- *Beschreiben sie diese Wahrnehmung genauer!*
- *Ist diese Wahrnehmung von Zeit dem Komponisten gelungen?*

Ü 9: Philosophische Reflexionen zur Zeit
Der Kirchenvater Augustinus, der Philosoph Aristoteles und der Soziologe Norbert Elias

Der Philosoph Aristoteles und der Kirchenvater Augustinus haben eine je eigene Positionen vertreten zum Verständnis von Zeit, deren Überlegungen sich bis heute im aktuellen Nachdenken der Zeit immer wieder zeigen. Diese beiden Positionen sind nicht wirklich vereinbar; es sind zwei divergierende Zeitbegriffe. Der neuzeitliche Konflikt, die Aporie zwischen individuellem Zeiterleben und öffentlich-geschichtlichem Zeiterleben scheint bei den beiden schon angelegt:

Der *Kirchenvater* Augustinus setzt bei dem inneren Zeiterleben der Seele des Menschen an. Seine Zeitreflexionen steht in den Confessiones Kap. 11: Das Nachdenken über Zeit ist für ihn untrennbar mit der Ergründung der Seele und damit Gottes verbunden. Im Zentrum steht bei Augustinus die Erkenntnis, dass die Zeit mit reflexiv-spekulativen Mitteln nicht erfasst werden kann. Dennoch wissen die Menschen, was die Zeit ist, weil sie darin stehen; Problematik und Aporie liegen im Erklären dieser ontologischen Konstante des In-Der-Zeit-Stehens.

---

14 Wolfgang Rihm: 14. Mai 1992, CD Cover Deutsche Grammophon zu: Berg *Violinkonzert*/Rihm *Gesungene Zeit,* Anne-Sophie Mutter, Chicago Symphony Orchestra, James Levin; Hamburg 1992, 5–6.

»Was ist denn also Zeit? … Wer kann das leicht und schnell erklären? … Wir wissen sogar, wenn wir das Wort aussprechen, was das ist; wir wissen es auch, wenn ein anderer darüber zu uns spricht. Was also ist die Zeit? Wenn niemand mich danach fragt, weiß ich es; wenn ich es jemandem auf seine Frage hin erklären soll, weiß ich es nicht.«[15]

Diese Meditation des Augustinus ist eine skizzenhafte Reflexion der Zeit; Zeit ist im Bewusstsein des Menschen angesiedelt und somit dem Subjekt intuitiv verständlich (als eine Art Ausdehnung der Geist-Seele = *distentio animi*). Thomas von Aquin und Albertus Magnus schließen sich an Augustins Zeitreflexionen an, ergänzt durch die Unterscheidung von *tempus continuum* und *tempus discretum*.

Aristoteles reflektiert auf *das äußere Zeiterleben*: kosmologisch-physikalische Außerzeitlichkeit; Zeit ist also über die Bewegung der Gestirne physikalisch messbar; es ist aber nicht die Bewegung der Gestirne an sich, sondern, wie Paul Ricoeur herausstellt, »etwas an dieser Bewegung«. Zeit wird von außen an das menschliche Dasein herangetragen, ordnet und gliedert es extern; subjektive Faktoren spielen dabei keine Rolle.[16]

• *Vergleichen Sie dieses Zeiterleben mit den Überlegungen des Soziologen Norbert Elias:*

»Nicht ›Mensch‹ und ›Natur‹ als zwei getrennte Gegebenheiten, sondern ›Menschen in der Natur‹ ist die Grundvorstellung, deren man bedarf, um ›Zeit‹ zu verstehen. So erleichtert das Bemühen darum herauszufinden, was es mit der Zeit auf sich hat, auch das Verständnis dafür, daß die Zweiteilung der Welt in die ›Natur‹, das Forschungsgebiet der Naturwissenschaften, und die menschlichen Gesellschaften, das Forschungsgebiet der Sozial- und Menschenwissenschaften, eine Spaltung der Welt vortäuscht, die das Kunstprodukt einer wissenschaftlichen Fehlentwicklung ist.« – »Auf der gegenwärtigen Entwicklungsstufe ist die Zeit … zum Symbol für ein recht weitgespanntes Beziehungsgeflecht geworden, in dem Abläufe auf den individuellen, den sozialen und den nicht-menschlich naturalen Ebenen miteinander verbunden sind.«[17]

---

15 Vgl. Augustinus: Bekenntnisse; hg. und übersetzt von Kurt Flasch und Burkhard Mojsisch, Stuttgart 1989, 314.

16 Vgl. dazu insgesamt: Pöltner, Günther: Art.: Zeit und Ewigkeit. 1. Philosophisch, EKL³ Bd. 4, Sp. 1363–1367.

17 Vgl. Elias, Norbert: Über die Zeit; <Arbeiten zur Wissenssoziologie II> 1. Aufl. Frankfurt/Main 1984, Vorwort XV. XXIII.

Ü 10: Phänomenologie der Zeit – Zeit und das Altwerden

Eine Auseinandersetzung mit einem Ausschnitt aus dem Film *Giulias Verschwinden,* der ironisch mit dem Alter umgeht und gerade darum zur Auseinandersetzung mit der Zeit des Altwerdens dient:

»*John überlegt.*

John: Kennen sie den von der Frau, die ihren eigenen Geburtstag schwänzt?

Giulia: Oh, ich dachte, sie kommen nie drauf.

John: Na ja, ich ahne das schon eine ganze Weile. Weil Sie das Alter so beschäftigt.

Giulia: Nein, das tut es nicht. Ich habe noch nie einem Fremden so viel aus meiner Jugend erzählt.

John: Ja, das tun nur Leute, die sich mit dem Alter beschäftigen.

Giulia schweigt betroffen. Dann: Giulia: Und sie? Beschäftigt es sie nicht?

John (bestimmt): Nein.

Giulia: Weshalb nicht?

John: Ich nehme es nicht zur Kenntnis.

Giulia: Sie haben aus Ihrem Haus alle Spiegel verbannt, ja?

John: Nein, im Gegenteil. Mein Haus hängt voller Spiegel. Je öfter sie in den Spiegel schauen, desto weniger bemerken sie den Alterungsprozess. Nur Leute, die selten in den Spiegel schauen, erschrecken über ihr Aussehen.

Giulia (kopfschüttelnd): Sie ignorieren das Alter?

John: Solange es mich ignoriert.«[18]

---

18 Copyright: T&C Film. Aus dem Drehbuch von Martin Suter zu Giulias Verschwinden. Ein Film von Christoph Schaub.

Ü 11: Schabbat

(ausgearbeitet gemeinsam mit Johanna Körner)

Im Alten Testament	Die Ruhe des Schabbat ist Ausgangspunkt für die alttestamentliche Wahrnehmung von Zeit. In den Zehn Geboten im Alten Testament lautet das dritte Gebot: »Den Sabbattag sollst du halten, dass du ihn heiligest.« (Dtn 5,12; vgl. Ex 20,8) Der Sabbat ist der wöchentliche Ruhetag des Judentums analog zum Sonntag im Christentum. Bitte schlagen Sie zu diesem Tag einmal folgende Stellen in der Bibel nach: 1.Mose 2,1–3; 2.Mose 20,8–11; 5.Mose 5,12–15; 2.Mose 31,14 f.; 35,2; 32–36; Nehemia 13, 15–22.
Im Neuen Testament	Etliche Streitgespräche Jesu mit Pharisäern sind um den Schabbat konzentriert. Ährenraufen der Jünger am Schabbat: Mk 2, 23–28. Jesus ging am Schabbat zum Lehren in die Synagoge – Jesus der Jude (Mk 1,21; Lk 4, 16 u. a.)
In der frühen Kirche	Ablösung des Schabbats durch den ersten Tag der Woche: Herrentag (Arbeitsruhe und Zeit für den Gottesdienst). – 321 Kaiser Konstantin erhebt Sonntag zum Tag allgemeiner Arbeitsruhe (röm. Reich – für alle Regionen des Reiches ein einheitlicher Feiertag)
Im Mittelalter	Arbeitsverbot und Gottesdienstbesuch als verbindliches Gebot
Reformation	Konzentration auf das Hören des Wortes Gottes. Martin Luther übersetzt in seinem Kleinen Katechismus: »Du sollst den Feiertag heiligen. – Was ist das? Wir sollen Gott fürchten und lieben, dass wir die Predigt und sein Wort nicht verachten, sondern dasselbe heilig halten, gerne hören und lernen.«

Im 19. Jahrhundert bis heute	Sonntag wird als Schutz der Arbeitenden verstanden und in die staatliche Gesetzgebung aufgenommen: 1919 – Sonntag steht unter dem Schutz der Verfassung. Und heute: Verkaufsoffener Sonntag? Sonntagsruhe? Was passiert, wenn wir nur noch Werktage haben?

• *Vgl. dazu die Bewertung der Schabbatruhe im Judentum: Lesen Sie die Ausschnitte aus der Liturgie für die häusliche Sabbatfeier:*

»Ruhe und Freude, Licht den Juden,
Ruhetag, ein köstlicher Tag.
Die ihn hüten, die seiner gedenken, bezeugen damit,
dass alles in sechs Tagen geschaffen und bereit war.«

»Den Schabbat soll man nicht vergessen,
seiner gedenken ist wie ein angenehmer Duft.
Die Taube fand an ihm Ruhe,
dann ruhen sich die Erschöpften aus.«

»Heute ist der Ruhetag des Ewigen,
frohlockt und jubelt sehr mit meinen Gesängen,
häuft gutes Essen an,
hütet ihn (den Schabbat) wie der Ewige befohlen.«[19]

• *Welche Bedeutung des Sabbats für das Judentum wird hinter diesen Texten für Sie erkennbar? Was für Gemeinsamkeiten und Unterschiede zum Sonntag können Sie wahrnehmen? Überlegen Sie auch, warum wohl der Sabbat im Judentum ein »Palast in der Zeit«[20] genannt wird!*

---

19 Zitiert nach: Semirot Michal. Tischgebet, Schabbatgesänge und alle Kidduschim, Basel 1993.
20 Heschel, Abraham Joshua: Sabbat, Neukirchen-Vluyn 1990, 11 f.

Ü 12: Ostertafeln und die Berechnung des Ostertermins

Das Besondere des christlichen Kalenders/Zeiterfahrung: Jesu Leben und Handeln wird in den Jahreszyklus/Kirchenjahr eingearbeitet: Jahreszyklische Wiederholung der Geburt Christi, seines Todes und seiner Auferstehung.[21]

Ostern: das Osterfest ist das älteste christliche Jahresfest; eindeutige Zeugnisse finden sich erst im 2. Jhd. In den ersten drei Jahrhunderten kannten die Christen außer dem Osterfest keine Jahresfeste; erst im 4. Jhd. begann man in Rom den 25. Dezember (Termin der Wintersonnwende) als Geburtstag Christi zu feiern. Der Weihnachtstermin wurde auf ein Datum festgelegt, der Ostertermin je neu berechnet: Das Konzil von Nicäa 325 entschied den Streit um den Ostertermin endgültig: Ostern wird seitdem immer am Sonntag nach dem ersten Vollmond im Frühling gefeiert.

»In diesem Sinne wird mit dem christlichen Festjahr der Versuch unternommen, auf der Ebene und mit den Mitteln des chronos den göttlichen kairos zu kennzeichnen und abzubilden. Das ist eigentlich problematisch, denn das Christusereignis entzieht sich aller chronologischen Einordnung, weil es sich nicht in die eherne Abfolge von Vergangenheit, Gegenwart und Zukunft fügt; im Kirchenjahr aber wird es gleichsam auf die Zeitstrecke des Jahres verteilt. Jedoch führen auch Christen ihr Leben in der Zeit, und zwar in der als Zeitraum, als chronos, erfahrenen Zeit. Das Kirchenjahr ist eine nötige, zutiefst menschliche Weise, die Christusgeschichte zu vergegenwärtigen und an ihr teilhaben zu lassen.«[22]

Zur Berechnung des Osterfesttermins:

»Zentrale Bedeutung für die ma. (mittelalterliche) Zeitrechnung hat die Berechnung des Osterfestes. Hier knüpft der christl.(christliche) Kalender unmittelbar an die jüd.(jüdische) Kalenderberechnungen des Pessah-Festes an. Die Unsicherheit und die Verschiedenheit der Osterberechnung führten bereits im 3. Jh. zur Aufstellung von Ostertafeln (tabulae, cydi, canones paschali), aus denen der Ostersonntag für eine Reihe von Jahren vorweg zu entnehmen war. Die Tafeln enthielten nicht nur für jedes Jahr das Datum des sog. Ostervollmondes und des Ostertages, sondern zusätzlich eine Anzahl von Zeitcharakteren, deren man sich zur Berechnung des Osterfestes und zur Kontrolle dieser Berechnung bediente. Die Ostertafeln zer-

---

21 Vgl. dazu Angenendt, Arnold: Geschichte der Religiosität im Mittelalter, Darmstadt 1997 (422–439).

22 Bieritz, Karl-Heinrich: Das Kirchenjahr. Feste, Gedenk- und Feiertage in Geschichte und Gegenwart, München 1998, 27.

fallen in zwei Gruppen, in die alexandrin. (alexandrinische) und in die occidental. (occidentalische). Völlige Einigkeit in der Berechnung des Osterfestes erreicht die abendländ. Kirche erst durch Dionysius Exiguus, dessen Osterregel durch Cassiodor und bes. durch Beda verbreitet und allgemein angenommen wurde. ... Nach der dionysischen Ostertafel, die auf der alexandrin. aufbaut, werden die Vollmonde mittels eines 19jährigen Zyklus berechnet und das Frühjahrsäquinoktium mit dem 21. März als ein festes Datum angenommen. Ostern ist am ersten Sonntag nach dem Vollmond, der auf das Frühjahrsäquinoktium folgt, zu feiern. Wenn aber Frühjahrsvollmond und der Sonntag zusammenfallen, wird Ostern um eine Woche verschoben.«[23]

Die Lorscher Ostertafel aus dem 10. Jhd.[24] enthält neben den Berechnungen auch eine nekrologische Notiz: *In den Ostertafeln und ihren Notizen bildet sich das Nachdenken über die je eigene Endlichkeit ab;* sie wird hier anschaubar; die je eigene Lebensgeschichte findet ihr Ende und ist gerade so festgehalten und nicht bedeutungslos; sie wird erinnert:

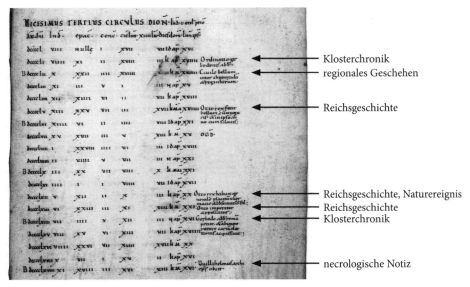

Abbildung 26: Lorscher Ostertafel aus dem 10. Jhd. Pal. Lat. 495, fol. 280
©2012 Biblioteca Apostolica Vaticana

---

23 Schuler, P.-J.: Art.: C. Historische Chronologie: Westliches Abendland; in: Lexikon des Mittelalters, hg. von Bautier, Robert-Henri u. a. München 1983, 2037–2040, 2040. (Abkürzungen im Zitat sind in Klammern ausgeführt).

24 Citta del Vaticano, Bibiotheca Apostolica Pal.lat. 495, Fol. 280.

Ü 13: Monastische Zeiterfahrung und Kloster Lorsch im Frühmittelalter

> SIEBENMAL AM TAG SINGE ICH DEIN LOB.
>
> Ps 119, 164
>
> VON DEN NÄCHTLICHEN VIGILIEN SAGT DERSELBE PROPHET:
> **UM MITTERNACHT STEHE ICH AUF,**
> **UM DICH ZU PREISEN.**
> ZU DIESEN ZEITEN LASST UNS ALSO UNSEREM SCHÖPFER DEN
> LOBPREIS DAFÜR DARBRINGEN
> WEGEN SEINER GERECHTEN ENTSCHEIDE.
>
> REGULA BENEDICTI 16,3 F. MIT BEZUG AUF PS 119,62

Um Mitternacht aufstehen? Das Lob Gottes anstimmen? Das erfährt man aus der Regel des Heiligen Benedikt. Das Leben der Mönche ist ausgerichtet auf dieses Lob Gottes und das nicht nur dann, wenn man wach ist, sondern dieses Lob wird immer neu angestimmt. Es geschieht wegen Gottes gerechter ›Entscheide‹, d. h. er weiß wohl, was das Gute für das Leben ist, er weiß wohl, was das Gerechte ist … im Lob erkennen Menschen Gott an … das ist aber nicht gesetzlicher Zwang, sondern Freiheit, die erwächst aus Gottes Zuwendung zum Menschen.

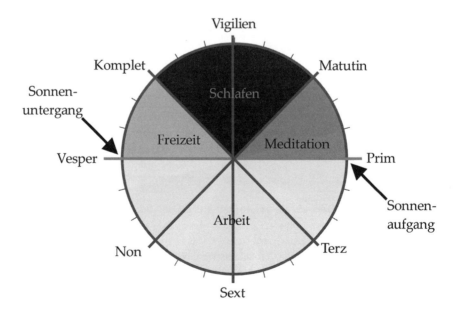

Aufgang und Untergang der Sonne sind entscheidend für die frühmittelalterliche Wahrnehmung der Zeit. Zeit wird gemessen nach dem Sonnenstand. Im Winter konnte man länger schlafen; die Nacht wird im Sommer kürzer und damit verlängert sich die Zeit fürs Arbeiten. – Haben Sie sich schon einmal die Zeit im 24-Stundenkreis vorgestellt? Lassen sie sich im Rhythmus Ihrer Zeit irritieren!

Ü 14: Zeitreflexion und Zeiterfahrung im Alten Testament

Um dem Thema nachzugehen wird in Auszügen ein Text des Alttestamentlers Bernd Janowski aufgenommen: Janowski, Bernd: Unterscheiden – Überschreiten – Entgrenzen. Zum Umgang mit Grenzen im Alten Testament, 35–37:[25] Zwei Aspekte sind in diesem Zusammenhang herauszustellen:

Gott handelt an der Welt erschaffend, indem er

» … das Licht als erstes Element der kosmischen Ordnung in das vorweltliche Chaos hineinträgt. … wobei der Ordnungskategorie der Zeit eine fundamentale Bedeutung zukommt. Diese äußert sich nicht nur in der Scheidung von Licht und Finsternis als des von Gott gesetzten Wechsels der Zeitgrößen Tag und Nacht (1,3–5) sowie in der Erschaffung der beiden Leuchtkörper Sonne und Mond (1,14–19), sondern auch in der Abfolge von sechs Arbeitstagen und einem abschließenden siebten Ruhetag. Die gesamte Schöpfung ist damit als Sieben-Tage-Werk gestaltet, innerhalb dessen die Tage I-IV (1,3–19) einen thematisch selbständigen Textabschnitt bilden, von dem die Tage V-VI (1,20–31) als ein zweiter, durch eine Reihe von Besonderheiten … ausgezeichneter Abschnitt abgesetzt sind. Den Abschluss des Ganzen bildet die Schilderung des Endes des göttlichen Schöpfungshandelns mit dem Motiv der Segnung und Heiligung des 7. Tages durch Gott (2,3a) und dem Ruhen Gottes an eben diesem Tag (2,2b.3b).«

Folgende Übersicht von Bernd Janowski soll noch einmal verdeutlichen, dass der erste Schöpfungsbericht in Genesis 1,1 ff. das schöpferische Handeln Gottes als »Akt des Unterscheidens« darstellt:

25 Janowski, Bernd: Unterscheiden – Überschreiten – Entgrenzen. Zum Umgang mit Grenzen im Alten Testament, 35–37; in: Kommunikation über Grenzen. Kongressband des XIII. Europäischen Kongresses für Theologie/Wien; hg. von Friedrich Schweitzer; <Veröffentlichung der Wissenschaftlichen Gesellschaft für Theologie 33> Gütersloh 2009, 32–54.

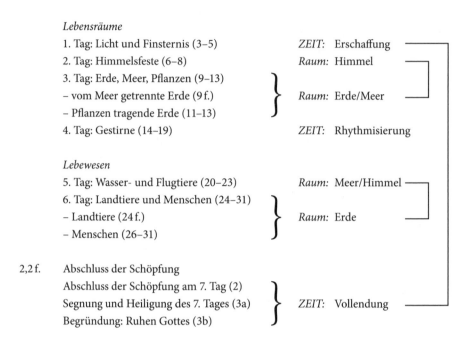

1,1 f.   Anfang der Schöpfung

1,3–31   Schöpfungswerke und Schöpfungstage

Lebensräume

1. Tag: Licht und Finsternis (3–5)   *ZEIT:* Erschaffung
2. Tag: Himmelsfeste (6–8)   *Raum:* Himmel
3. Tag: Erde, Meer, Pflanzen (9–13)
– vom Meer getrennte Erde (9 f.)   *Raum:* Erde/Meer
– Pflanzen tragende Erde (11–13)
4. Tag: Gestirne (14–19)   *ZEIT:* Rhythmisierung

Lebewesen

5. Tag: Wasser- und Flugtiere (20–23)   *Raum:* Meer/Himmel
6. Tag: Landtiere und Menschen (24–31)
– Landtiere (24 f.)   *Raum:* Erde
– Menschen (26–31)

2,2 f.   Abschluss der Schöpfung
Abschluss der Schöpfung am 7. Tag (2)
Segnung und Heiligung des 7. Tages (3a)   *ZEIT:* Vollendung
Begründung: Ruhen Gottes (3b)

Abbildung 27: Zur Komposition von Gen 1,1–2,3

Gottes Schöpferhandeln ist als ein Unterscheiden zu verstehen:

»Gott schied ..., wie es heißt, zwischen dem Licht und der Finsternis (1,4), sodann zwischen den Wassern unterhalb der Feste und den Wassern oberhalb der Feste (1,6.7), und schließlich mittels der Leuchtkörper an der Feste des Himmels zwischen dem Tag und der Nacht (1,14) bzw. zwischen dem Licht und der Finsternis (1,18). ... In dieses Gefüge voneinander abgegrenzter und aufeinander bezogener Lebensräume samt der ihnen zugeordneten Lebewesen wird der Mensch am 6. Tag ... eingebunden ... und doch unübersehbar herausgehoben durch seine Bestimmung zum Bild Gottes und zur Herrschaft über die Tiere.« ... Der Mensch wird so »in ein Verhältnis zur Welt gesetzt, ... die er gestalten soll – und zwar innerhalb der Grenzen der Schöpfung. Diese Grenzen sind keine Barrieren oder Mauern, sondern Grundbestimmungen des Lebens, gleichsam natural vorgegeben und nach Sicht unseres Textes vom Schöpfergott inauguriert sind: Oben – Unten (Himmel/Erde, Gott/Mensch), Innen – Außen (Erde/Meer, Bereich des Menschen/Bereich der Tiere) und, wenn man Gen 2,4b–4,26 hinzunimmt, Früher – Später (Eltern/Kinder, Generationenfolge). Zu dieser differenziert gegliederten und darum wohlgeordneten Welt … kann sich der Mensch in ein Verhältnis setzen und sie als Welt ausdrücklich ergreifen.«

Ü 15: Komputistik des Frühmittelalters
Die Entdeckung der Zeit und der Umgang mit Zeit

Bereits in den mittelalterlichen Klöstern kam es zu einer Nutzung

> »der von Gott anvertrauten Zeit und der damit zusammenhängenden rationellen und ›stündlichen‹ Zeitplanung«.[26] In den Klöstern gab es genaue Zeiteinteilungen für Gebete, Mahlzeiten und Arbeiten. Eine wesentliche Rolle spielte dabei die von Benedict von Nursia (540) verfaßte Mönchsregel, die »die Entwicklung der Mönchsorden tiefgreifend beeinflußte.«[27] In der Regel des heiligen Benedict heißt es dazu: »Der Abt sorge dafür, daß die Zeit für den Gottesdienst bei Tag und Nacht angezeigt wird; das tue er entweder selbst oder übertrage die Sorge dafür einem pünktlichen Bruder, damit alles zur richtigen Zeit geschehen kann.«[28]

Die *kirchliche Lehre von der Zeit* wurde als *chronaca* bezeichnet. Die Dimensionen der Zeit wurde bereits im Frühmittelalter gegliedert: Minute, Stunde, Tag, Monat, Jahr, Fünfjahresabschnitt, Jahrhundert, Zeitalter. Schon Moses Maimonides formulierte eine Zeiteinteilung aus: »… eine Stunde beispielsweise läßt sich in sechzig Minuten unterteilen, eine Sekunde wird ebenfalls in sechzig Teile gegliedert und so weiter …«[29] Die *Zeiterfassung* erfolgte mit Sonnenuhren, Wasseruhren (bes. Wasseruhr von Villers von 1267) und Öluhren. Ab dem 16. Jhd. kommt es zu einem tiefgreifenden Wandel des Zeitbewusstseins; es entwickelt sich ein abstraktes Zeitdenken, das bis heute vorherrscht. Mit der Herausbildung einer abstrakten Zeitberechnung, veranlasst durch die »Verbreitung der Lohnarbeit bzw. der grundsätzlichen Tendenz zur exakten Leistungsbemessung … kam die Abstraktzeit in der spätmittelalterlichen Arbeitswelt des 14. Jahrhunderts in Gebrauch.«[30] Einflussreich waren das Leben in den Städten, die Arbeitswelt und auch die Bildungsinstitutionen (Schule/Universität).

---

26 Sulzgruber, Werner: Zeiterfahrung und Zeitordnung, 9.
27 Ebd., 45.
28 Steidle, Basilius: Die Regel des Heiligen Benedikt; 14. Aufl. Beuron 1988, 84.
29 Zitat nach: Goetz, Hans-Werner: Leben im Mittelalter vom 7. bis zum 13. Jahrhundert; 3. Aufl. München 1987, 25.
30 Sulzgruber, Rudolf: Zeiterfahrung und Zeitordnung, 189.

Die komputistische Wissenschaft versteht sich umfassend als »Lehre von der Nutzung, Gliederung und Deutung der auf Widerruf gestundeten Lebenszeit inmitten der natürlichen Weltzeit.«[31] Sie ist aber kein Exklusivmerkmal der christlich-abendländischen Kultur.

Für die illiteraten Laien hatten die komputistischen Zeitberechnungen nur Bedeutung in Hinsicht der kirchlichen Feste, die Hochfeste, Tagesheiligen, Beachtung der Fastenzeiten und der Zinstermine. Zeitparameter sollten also vor allem religiösen Zwecken dienen. Als Grundhaltung war bestimmend, dass Zeit dem Menschen nur zugewiesen ist, also nicht frei verfügbar. »Transzendentes Welterleben spiegelt sich in der elementaren Gleichsetzung von Zeit mit Schicksal bzw. Schickung, die der Zeit keine Absolutheit zugesteht. So übersetzte noch Luther Ps 31,15 (In manibus tuis sortes meae) mit: ›Meine Zeit steht in Deinen Händen.‹«[32]

Ü 16: Dietrich Bonhoeffer: *Gemeinsames Leben*

Das Buch *Gemeinsames Leben* von Dietrich Bonhoeffer ist die Niederschrift der Erfahrungen mit Theologen im Vikariat (= Referendariat) in Finkenwalde im Zeitraum von 1935 bis 1937: Das Predigerseminar wurde 1937 von der Gestapo aufgelöst.[33]

»Wie wird nun der rechte brüderliche Dienst in der christlichen Gemeinschaft getan? Wir sind heute leicht geneigt, hier schnell zu antworten, daß der einzig wirkliche Dienst am Nächsten der Dienst mit dem Worte Gottes sei. Es ist wahr, daß kein Dienst diesem gleich kommt, daß vielmehr jeder andere Dienst auf ihn ausgerichtet ist. Dennoch besteht eine christliche Gemeinschaft nicht nur aus Predigern des Wortes. Der Mißbrauch könnte ungeheuerlich werden, wenn hier einige andere Dinge übersehen würden.

Der *erste* Dienst, den einer dem andern in der Gemeinschaft schuldet, besteht darin, daß er ihn anhört. Wie die Liebe zu Gott damit beginnt, daß wir sein Wort hören, so ist es der Anfang der Liebe zum Bruder, daß wir lernen, auf ihn zu hören. Es ist Gottes Liebe zu uns, daß er uns nicht nur sein Wort gibt, sondern uns auch sein Ohr leiht. So ist es sein Werk, daß wir an unserem Bruder tun,

31 Huth, Volkhard: Art.: Zeit und Zeitberechnung; in: Enzyklopädie des Mittelalters, hg. von Gert Meville und Martial Staub, Bd. 1, Darmstadt 2008, 384–388, 387.
32 Huth, Volkhard: Zeit und Zeitberechnung, 388.
33 Nachwort von Eberhard Bethge; in: Dietrich Bonhoeffers: Gemeinsames Leben; mit einem Nachwort von Eberhard Bethge, München 1979, 106–113.

wenn wir lernen, ihm zuzuhören. ... Wer meint, seine Zeit sei zu kostbar, als daß er sie mit Zuhören verbringen dürfte, der wird nie wirklich Zeit haben für Gott und den Bruder, sondern nur immer für sich selbst, für seine eigenen Worte und Pläne. ...

Der *zweite* Dienst, den in einer christlichen Gemeinschaft einer dem andern tun soll, ist die tätige Hilfsbereitschaft. Dabei ist zunächst an die schlichte Hilfe in kleinen und äußeren Dingen gedacht. Es gibt deren eine große Zahl in jedem Gemeinschaftsleben. Keiner ist für den geringsten Dienst zu gut. Die Sorge um den Zeitverlust, den eine so geringe und äußerliche Hilfeleistung mit sich bringt, nimmt meist die eigene Arbeit zu wichtig. Wir müssen bereit werden, uns von Gott unterbrechen zu lassen. Gott wird unsere Wege und Pläne immer wieder, ja täglich durchkreuzen, indem er uns Menschen mit ihren Ansprüchen und Bitten über den Weg schickt. Wir können dann an ihnen vorübergehen, beschäftigt mit den Wichtigkeiten unseres Tages, wie der Priester an dem unter die Räuber Gefallenen vorüberging, vielleicht – in der Bibel lesend. ... Im Kloster nimmt das Gehorsamsgelübde gegen den Abt dem Mönch das Verfügungsrecht über seine Zeit. Im evangelischen Gemeinschaftsleben tritt der freie Dienst am Bruder an die Stelle des Gelübdes. Nur wo die Hände sich für das Werk der Liebe und der Barmherzigkeit in täglicher Hilfsbereitschaft nicht zu gut sind, kann der Mund das Wort von der Liebe und der Barmherzigkeit Gottes freudig und glaubwürdig verkündigen.

Wir sprechen *drittens* von dem Dienst, der im Tragen des Anderen besteht. *Einer trage des andern Last, so werdet ihr das Gesetz Christi erfüllen* (Gal 6,2). So ist das Gesetz Christi ein Gesetz des Tragens. Tragen ist ein Erleiden. ... Nur als Last ist der Andere wirklich Bruder und nicht beherrschtes Objekt. ... Auffallend oft spricht die Schrift vom Tragen. Sie vermag mit diesem Wort das ganze Werk Jesu Christi auszudrücken. *Fürwahr er trug unsere Krankheit und lud auf sich unsere Schmerzen, die Strafe liegt auf ihm, auf daß wir Frieden hätten* (Jes 53,4). Sie kann darum auch das ganze Leben der Christen als Tragen des Kreuzes bezeichnen. Es ist die Gemeinschaft des Leibes Christi, die sich hier ver- wirklicht. Es ist die Gemeinschaft des Kreuzes, in der einer die Last des Anderen erfahren muß. Erführe er sie nicht, so wäre es keine christliche Gemeinschaft. Weigerte er sich, sie zu tragen, so verleugnete er das Gesetz Christi. ... Die Last des Andern tragen heißt hier, die geschöpfliche Wirklichkeit des Andern ertragen, sie bejahen und in ihrem Erleiden zur Freude an ihr durchdringen.«[34]

---

34 Auszug aus Bonhoeffer, Dietrich: Gemeinsames Leben, 83–87.

Wie sich gemeinschaftliches Leben in einer dichten Erfahrung etwa im Kloster oder aber im Predigerseminar in Finkenwalde vollzieht, wird von Dietrich Bonhoeffer reflektiert:

- *Ist das eine Lebensform, die ihnen zusagt?*
- *Wäre das eine Lebensform des 20. Jahrhunderts?*
- *Wie verbindet sich diese Vorstellung des Dienstes am Bruder mit dem Frühmittelalter?*

Dazu muss man Folgendes wissen:

In Kloster Lorsch gab es wohl keine Hierarchien nach unserem Verständnis: Entsprechend seinem Eintritt ins Kloster trat der Mönch in eine bestimmt Rangfolge ein. Damit bestimmte das Datum des Eintritts ins Kloster den Rang, den jeweils der einzelne Mönch hatte; das war die Grundidee für die Lebensstruktur im Kloster nach der Regel des Benedikt (Kapitel 63), wobei also alle den Platz einnehmen, der ihrem Eintritt entspricht. Innerhalb des Klosters konnte der Abt manche Mönche für bestimmte Angelegenheiten voranstellen oder aber einen anderen auch zurückstellen; grundlegend aber sollte gelten, dass alle bisher geläufigen Rangordnungen, die vor dem Eintritt ins Kloster galten, aufgehoben werden. Man kann und muss also warten, bis man irgendwann der Erste ist: Man kann es nicht beschleunigen, aber man kann auch nicht zurückfallen. Keiner wird übergangen.

Ü 17: Zum Verhältnis von Zeit und Ewigkeit

Auszug aus einem Aufsatz von Christian Link: Gott und die Zeit:[35]

Weltzeit und Gotteszeit: »Aller Zeit geht ein Tun Gottes voraus. Einbrüche Gottes in der Zeit werden erfahren; allerdings auf der Ebene der Weltzeit. Dadurch bleiben alle Erfahrungen zweideutig; solche Erfahrungen sind allenfalls Hinweise auf eine andere Gestalt der Zeit, auf die „uns durchaus *un*vertraute Gotteszeit« (97). Aber eine bloße Erfahrung reicht nicht aus, denn sie kann auch zu Verwechslungen führen. »Der Gott, der sich jedem Bildnis verweigert, kann nicht in den Zeithorizont des Bewußtseins einrücken und in ihm wie ein Phänomen der Historie vergegenwärtigt werden.« (97)

Zeit jenseits des Bewußtseins: »Levinas ist der Philosoph, der die Differenz zwischen Weltzeit und Gotteszeit markant herausgestellt hat: Gott ist das absolut

---

35 Link, Christian: Gott und die Zeit; in: ders.: Die Spur des Namens. Wege zur Erkenntnis Gottes und zur Erfahrung der Schöpfung. Theologische Studien, Neukirchen-Vluyn 1997, 91–119.

Andere, »von dem ich getrennt bin, das mir unbegreifbar gegenübersteht, ohne daß dieses Außerhalb sich meinem Bewußtsein integrieren ließe. Er ist der Gott, dessen Antlitz Mose nicht zu sehen bekommt (Ex 33,20) ... (98) – Der Philosoph Emmanuel Levinas spricht von ›Vergangenheit vor der Zeit‹, Vergangenheit, die niemals Gegenwart war. Vergangenheit ist kein Modus der Kalenderzeit. „Sie ist eine Gestalt der Zeit, die uns berührt, wenn wir auf der *Suche des Unendlichen* ... in eine Beziehung zu Gott geraten. Auch dann würden wir ... eine Erfahrung machen, eine Erfahrung nämlich, die uns aus uns selbst heraussetzt, indem sie unsere vertrauten Kategorien in Frage stellt und aufs Spiel setzt.« (99) Levinas steht in der Tradition eines Denkens, das keine in sich abgeschlossene Zeit kennt, sondern nur Augenblicke, die sich für die Ewigkeit öffnen.« (99) – Gott wird bei Levinas konsequent jedem Zugriff des Denkens entzogen. – »Wer sich der unausdenkbaren Zukunft Gottes entgegenstreckt, muß den Blick auf die erfüllten Verheißungen der ältesten Vergangenheit richten. Denn kommen wird der, der da war (Offb 1,4).« (103)

Die Fülle der Zeit: »Gottes Zeit ist Zeit, ... die ganz macht, was uns ins Fragmentarische zerfällt, die unser irdisches Lebenswerk in einer Klarheit ans Licht bringt, in der es nur vor Gott da ist, für uns aber gänzlich zukünftig, und die insofern zur Erfüllung bringt, was wir erst bruchstückhaft zu sehen bekommen. Sie lässt sich von dem Inhalt des in ihr gelebten Lebens, von dem, was sie füllt, in keiner Weise trennen, weshalb sie im Neuen Testament als *Fülle der Zeit* beschrieben wird. Sie ist von anderer Struktur als die Weltzeit, die wir kennen. In ihr wird die unaufhebbare Folge von Vergangenheit, Gegenwart und Zukunft hinfällig. ... Paulus sieht diese Fülle zeichenhaft in der *Sendung des Sohnes* aufleuchten (Gal 4,4). Er interpretiert dessen Auferweckung als das Jetzt eines neuen Kairos, als den Tag des definitiven Heils (2 Kor 6,2), weil er im Wortsinne heil macht, nämlich rettet und wiederbringt, was unsere Zeit verloren geben muß: die Toten, die zum Leben bestimmt waren, ihre Hoffnung auf ein besseres Morgen, die an das Gestern verfiel.« (103)

Gleichnisse stellen darum eine Neubeschreibung der Welt dar: Sie sind theologische Erkundungen; in ihnen überschreitet die Welt die Dimensionen ihrer Wirklichkeit auf eine Möglichkeit hin. »Im Gleichnis schafft sich die unausdenkbare Zukunft Gottes ein Modell des Kommenden.« (108)

Zeitoffenheit Gottes: Die kommende Zeit Gottes zerbricht den »Bann der Weltzeit«. (118) Gottes Kommen hat das Ziel, die gesamte Schöpfung zu befähigen, »in ihrem zeitlichen Vollzug das zu werden, was zu sein sie *im Anfang* bestimmt war. Um dieses Ziel zu erreichen, macht er sich abhängig von den Wegen und Wandlungen seines Volkes, von den Hoffnungen und Erfüllungen Jesu. So wenig aber deren Geschichte schon an dem Ziel ihrer Vollendung angekommen ist, so wenig ist es auch seine Geschichte. Was wir als Ewigkeit in der Zeit gleichnishaft … aufleuchten sehen, ist noch nicht vollendet, Gottes Zeit ist in der Weltzeit noch nicht zu sich selbst gebracht. … Es ist nicht so, als ob die Ewigkeit ab aeterno gleichsam fix-fertig bereitstünde … (Joh 14,2 f.).« (117)

- *Vgl. dazu Joh 14,2 f.: »In meines Vaters Hause sind viele Wohnungen. Wenn's nicht so wäre, hätte ich dann zu euch gesagt: Ich gehe hin, euch die Stätte zu bereiten? Und wenn ich hingehe, euch die Stätte zu bereiten, will ich wiederkommen und euch zu mir nehmen, damit ihr seid, wo ich bin.«*

5.3 KIRCHE

Kirche
Lebensform
mit eigenen Formen.
Sie formt das Leben der Heiligen, ist Lebensform selbst.
Form, Stil, Haltung derer, die kritisch sind, nachfragen,
die sich nicht so schnell überzeugen lassen, die langmütig sind und barmherzig –
vielleicht; die sich einlassen auf Neues, Fremdes und das Alte,
vielfach Bewährte
auch einmal verlassen, also Sicherheiten verlassen und aufbrechen. Kirche ist Raum zum Leben und zugleich Leben derer, die sich Gottes Nähe gefallen lassen.

Die folgenden Übergänge **Ü 18 bis Ü 24** nehmen das Thema Kirche auf: Kirche ist communio sanctorum. Es ist die dritte Leitperspektive, die den Umgang mit dem Frühmittelalter eröffnet. Auch hier geht es um die Suche nach diskursiven Lernwegen, Wegen ins Frühmittelalter, die im Hin- und Hergehen zwischen damals und heute Orientierungen und Perspektiven zuspielen, kritisch herausfordern oder auch manchmal bloß irgendwie berühren. Mit dem Frühmittelalter geht es um das Aufsuchen von Kirche, die durch das Wort geformt ist, Kirche in Zeit und Ewigkeit, Kirche als der Gemeinschaft der Heiligen.

Ü 18: *communio sanctorum* der Lebenden und der Toten
Ein Epitaph der Heidelberger Peterskirche

Es gibt Gottesdiensträume, in denen Epitaphien an den Wänden eingelassen sind: Sie erzählen je ihre besondere Geschichte und zumeist sind es Stifterfamilien, denen dieses Epitaph als Erinnerung an die Verstorbenen gesetzt ist. Sie sind bisweilen sehr aufwendig künstlerisch gestaltet. Neben dem kunsthistorischen Interesse hat das Epitaph aber auch noch eine besondere andere Bedeutung für den Gottesdienst und diejenigen, die ihn hier feiern: denn ein Epitaph im Gottesdienstraum hält den Zusammenhang der communio sanctorum fest: diejenigen, die hier Gottesdienst feiern sind auch mit denjenigen verbunden, die bereits verstorben sind: Der Gottesdienstraum bildet also Zeit und Ewigkeit ab. Der Raum kennzeichnet das, was Kirche ihrem Selbstverständnis nach ist: Kirche der Lebenden und der Toten und gerade so Kirche als communio sanctorum. Kirche ist also nicht nur gegenwärtige Kirche; es gibt sie nicht nur hier und heute, sondern sie ist Kirche der Ewigkeit, nämlich von Gottes Zeit her bestimmt und auf Gottes Zeit bezogen. Die geschichtliche Zeit, Zeit der Gegenwart, Zeit der Zukunft und vergangene Zeit ist verbunden mit der Zukunft, derer Christen warten: Sie wird theologisch eschatologische Zeit, Zeit bei Gott, genannt. Es ist eine Zeit, die anders ist als die Zeit, die wir erspüren und erahnen und die uns im Takt der Uhren bestimmt: Darum heißt es auch in der Bibel, daß diese Zeit in der Ewigkeit nicht mehr sein wird, sondern allein Gottes Zeit besteht. Die Bibel beschreibt diese Zeit etwa in Offenbarung 21,3–4: »Siehe, da, die Hütte Gottes bei den Menschen! Und er wird bei ihnen wohnen, und sie werden sein Volk sein und er selbst, Gott mit ihnen, wird ihr Gott sein; und Gott wird abwischen alle Tränen von ihren Augen, und der Tod wird nicht mehr sein, noch Leid noch Geschrei noch Schmerz wird mehr sein; denn das Erste ist vergangen.« Als Beispiel eine Inschrift: Es ist das älteste Epitaph in der Heidelberger Peterskirche, das Epitaph des Alexander Bellendörfer:

Anno dni 1512 uf fritag den xxiii
tag julij ist verscheydē der achtbar und furnem Alexander Bellēdörfer
der pfaltz]prothonotarius des liep hye rüget an d'stat die er im userwelt hat
des selen got genade.

Im Jahr des Herrn 1512 am Freitag, den 23.
Tag des Juli ist verstorben der ehrbare und vornehme Alexander Bellendörfer,
der Kanzleivorstand der Pfalz, dessen Leib hier ruht an der Stätte, die er ihm
auserwählt hat, auf dass Gott seiner Seele gnädig sei.

Über das Geschlecht der Bellendörffer ist allgemein wenig bekannt. Sie stammten aus Heidelberg und besaßen bis ins Jahr 1580 ein Haus am Karlsplatz,[36] zudem gehörten sie dem kurpfälzischen Lehensverband an. Das Geburtsdatum von Alexander Bellendörffer oder auch Pellendörffer ist nicht bekannt. Bekannt ist, dass er sich am 8. Januar 1450 mit seinen Brüdern Johannes und Andreas an der Universität Heidelberg immatrikulierte.[37] An dieser Stelle wird auf die Herkunft aus Heidelberg hingewiesen. 1462 nahm er unter Kurfürst Friedrich I. dem Siegreichen (1425–1476) als Burgmann von Odernheim an der Schlacht von Seckenheim im badisch-pfälzischen Krieg teil. Unter Kurfürst Philipp dem Aufrichtigen (1448–1508) fungierte er als Leiter der kurfürstlichen Kanzlei, Kanzleisekretär. Aufgaben waren der gesamte Briefwechsel, politischer Schriftwechsel im Fürstentum und Führung der Protokolle in Sitzungen des Oberen und Geheimen Rats der Kurpfalz. Das Amt des Protonators wurde meistens mit Juristen besetzt, das einen Rückschluss aus das Studium Alexander Bellendörffers zulässt. Bellendörffer legte stellvertretend am 16. März 1485 den Grundstein für den Neubau der Peterskirche.[38] Aus diesem Grund bekam er einen ehrenhaften Platz im Langhaus der Kirche, als er am 23. Juli 1512 verstarb. Auf dem Grabmonument ist ein kniender Alexander Bellendörffer mit Rosenkranz in den Händen abgebildet. Das lässt vermuten, dass Alexander Bellendörffer Katholik war. Ein Beleg dafür ist wohl auch, dass in der Inschrift neben dem Namen und dem Titel auch der Todestag erkennbar ist.

---

36 Drös, Harald: Heidelberger Wappenbuch. Wappen an Gebäuden und Grabmälern auf dem Heidelberger Schloß, in der Altstadt und in Handschuhsheim; Heidelberg 1991, 77; und: Kommission für die Geschichte der Stadt (Urh.): Neues Archiv für die Geschichte der Stadt Heidelberg und der Kurpfalz. Einwohnerverzeichniß des vierten Quartiers der Stadt Heidelberg/1600 (Band II), Heidelberg 1893, 79–80.

37 Toepke, Die Matrikel der Universität Heidelberg von 1386–1662, 263 Die Matrikel der Universität Heidelberg von 1386–1553; nebst einem Anhang (Band I); hg. von Gustav Toepke; Heidelberg 1884, 263.

38 Winkelmann, Urkundenbuch der Universität Heidelberg, 1. Band, 77; Urkundenbuch der Universität Heidelberg. Urkunden (Band I); hg. von Eduard Winkelmann; Heidelberg 1886, 7.

Ü 19: Materialisierung des Leibes
Märtyrer – Heilige – Reliquien und religiöse Präsenzphänomene heute

Mit einem Text eines evangelischen Theologen soll die Heiligenverehrung in den Blick kommen, an der sich die Frömmigkeit des Frühmittelalters ablesen lässt. Sie ist eine der wesentlichen Signaturen dieser Zeit und prägt und gestaltet bis heute religiöse Perspektiven in der Gegenwart in unterschiedlicher Manier:
Der Theologe Wolfgang Schoberth schreibt:[39]

Gedenken der Märtyrer: »Das Gedenken ihrer Märtyrer ist für die christliche Kirche, die immer wieder der Bedrohung durch staatliche und nichtstaatliche Verfolgung ausgesetzt war, seit frühester Zeit von großem Gewicht. Die Erzählung von der Predigt und der Steinigung des Stephanus (Apg 7) ist in ihren Inhalten und ihrer literarischen Gestalt der frühe und zugleich exemplarische Beleg. Die christliche Gemeinde kann damit an frühjüdische Traditionen anknüpfen, in der seit den Makkabäerkriegen die Erinnerung an die Märtyrer zunehmend an Bedeutung gewann; mit der Zerstörung des Tempels 70 n. Chr. und damit dem Verlust des religiösen Zentrums verstärkte sich die Ausrichtung des religiösen Lebens auf exemplarische Gläubige, die die Gegenwart Gottes in besonderer Weise repräsentieren. Dabei ist festzustellen, dass die frühe Kirche auch an den Gräbern der Märtyrer wenig Interesse zeigt; es geht nicht um eine materielle, sondern um die spirituelle Kontinuität: Die Märtyrer sind das sprechende Beispiel der Standhaftigkeit und damit Vorbild im Glauben für die angefochtene und bedrohte Gemeinde.«

»Seit dem dritten Jahrhundert ist dabei eine deutliche Verschiebung festzustellen, indem sich die an altorientalischen und vor allem auch römischen Vorbildern gebildete Vorstellung verbreitet, dass an den Grabstätten der Märtyrer Anteil an der unmittelbaren Nähe Gottes gewonnen werden kann; die rituelle Verehrung des heiligen Grabortes steht in deutlicher Analogie zur verbreiteten religiösen Praxis am Mausoleum des vergöttlichten Cäsar. Die religiösen Implikationen dieser frömmigkeitsgeschichtlichen Entwicklung sind ambivalent: Einerseits manifestiert sich darin die religiöse wie politische Delegitimierung der Ansprüche der Macht des Imperiums; andererseits zeigt sich darin auch eine

---

39 Die Schülerinnen und Schüler bearbeiten das Thema an einem Auszug aus: »Mitten im Leben …« Systematisch-theologische Bemerkungen zur Wahrnehmung des Todes im Mittelalter; in: Gott und Tod. Tod und Sterben in der höfischen Kultur des Mittelalters; hg. von Susanne Knaeble, Silvan Wagner und Viola Wittmann, <bayreuther forum Transit 10> Münster u. a. 2011, 291–308, 296–299. Die folgenden Abschnitte stammen aus dem Aufsatz von Wolfgang Schoberth.

Übernahme paganer religiöser Muster, die sich in der Folge weiter fortsetzt, als die christliche Gemeinde von einer Minderheit und Gegengesellschaft zur Institution wird, die die Kulturen des Imperiums durchdringt und diese zugleich verändert als auch sich ihnen angleicht.«

Die vorbildliche Lebensführung der Heiligen: Zwei Momente sind bedeutsam, »die mit dieser Entwicklung verbunden sind. Zum einen wird die religiöse Bedeutung der Märtyrer nach dem Ende der Verfolgungszeit zunehmend ersetzt durch die der Heiligen; hier ist es nicht das Leidenszeugnis, das diese religiöse Bedeutung bestimmt, sondern die vorbildliche Lebensführung, mithin also kein passives Leiden mit Christus, sondern die Aktivität und moralische Leistung. Auch das hat antike Vorbilder, war doch in (populär-) philosophischen Schulen als Wahrheitserweis angeführt worden, dass ihre Anhänger exemplarisch die erkannten Maximen leben. … Das Beispiel der Heiligen führte aber auch den übrigen Gläubigen und erst recht denen, die nicht vorrangig aus eigener Überzeugung, sondern im Zuge der historischen Wende zur Kirche kamen, zugleich die eigene Unvollkommenheit vor Augen; die Heiligen erscheinen als Auserwählte Gottes, die dann auch als Fürsprecher vor Gott angerufen werden können. Zum anderen wird mit der Verbreitung der Auffassung, dass die Heiligen als Vermittler vor Gott fungieren, zunehmend die Überzeugung verbunden, dass den Gräbern der Märtyrer und Heiligen als Orte ihrer Gegenwart über den Tod hinaus und damit als Orte der Präsenz des Göttlichen selbst besondere religiöse Bedeutung zukomme. … Die Errichtung von Kirchen über den Heiligengräbern macht das manifest. … Die über den Gräbern errichteten Kirchen dokumentieren einen folgenreichen Wandel in Theologie und Frömmigkeit. Aus der Erinnerung an die Überwindung des Todes am Kreuz und Auferstehung Christi wird die Verehrung der Märtyrer und Heiligen, die in ihrer Materialität deutliche Anklänge an pagane Totenverehrung aufweist. Auch wenn in dieser Verehrung der innere Zusammenhang zwischen der Kirche der Heiligen und der noch nicht vollendeten Kirche der Irdischen unterstrichen werden soll, beginnt hier doch ein dingliches Verständnis von göttlicher Kraft, das in seiner Massivität im Mittelalter deutlichen Ausdruck gefunden hat. …«

Moralisierung und Verdinglichung: »Summarisch kann gesagt werden, dass diese Entwicklung eine Moralisierung des christlichen Glaubens einerseits, eine zunehmende Verdinglichung im Verständnis der Gegenwart Gottes andererseits mit sich bringt; die theologischen und frömmigkeitlichen Grundlagen für die mittelalterliche Wahrnehmung von Tod und Sterben sind hier gelegt.«

Reliquienverehrung: »Die Konzentration der Religiosität auf die Moralität einerseits, auf bestimmte ausgrenzbare heilige Dinge, Orte und Personen andererseits wird in besonderer Weise manifest in der Reliquienfrömmigkeit, die zunächst mit der Praxis eng verbunden ist, Kirchen auf den Gräbern der Märtyrer und Heiligen zu errichten. Weil das aber bei der Ausbreitung der Christenheit in der Fläche und auf dem Land kaum mehr möglich war, wurden die Gebeine auch an andere Orte überführt, um auch da einen materiellen Gedächtnisort zu schaffen. Freilich blieben auch auf diese Weise die Reliquien buchstäblich eine Mangelware, so dass sich die Praxis einbürgerte, diese aufzuteilen und an verschiedenen Orten in Altären aufzubewahren. Später kamen dann auch *Berührungsreliquien* in Gebrauch, also solche Gegenstände, die die Heiligen getragen oder eben auch nur berührt hatten; die bekanntesten Beispiele sind wohl die Schweißtücher oder Kleidungsstücke der Heiligen und dann auch von biblischen Personen.«

Reformatorische Kritik – ein Denkanstoß: Arnold Angenend hält dazu fest: »Luther, der die Vorbildhaftigkeit von Glaubenszeugen pries, aber die Heiligenfürbitte ablehnte, akzeptierte noch Bilder, aber keine Reliquien mehr. Sie waren ihm ›alles tot Ding‹ (Deutscher Catechismus 1529, WA 30, 123–238, 145, Z.19). Die Calviner triumphierten damit, daß sich die Heiligen weder bei der Zerschlagung ihrer Bilder noch der Verbrennung ihrer Reliquien gewehrt hätten. Katholischerseits bestätigte das Trienter Konzil die Möglichkeit einer Verehrung sowohl der Heiligen wie der Reliquien, wollte aber Mißbräuche ausschließen. Stimulierend wirkte die Wiederentdeckung der römischen Katakomben, einmal für die christliche Archäologie, aber mehr noch für Reliquientranslationen: die Katakombenheiligen, die als *ganze Körper* in den schweizerisch-süddeutsch-österreichischen Raum, aber auch bis ins Kölnische gelangten und, angetan bereits mit dem himmlischen Schmuck der weißen Gewänder und Perlen, auf die Altäre gestellt und zur Schau dargeboten wurden.«[40]

Zusammenfassung und kritische Würdigung: Die Reliquienverehrung ist Ausdruck einer Materialisierung des Leibes. Sie ist bedingt durch den Versuch, den Glauben greifbar zu machen. Aber diese Tradition kann nur in kritischem Bezug von Seiten protestantischer Theologie wahrgenommen werden. Es ist eine *doppelte Brechung* notwendig: Die Reliquienverehrung ist Teil unserer Glaubenstradition. Wir können sie aber nicht teilen. – Die evangelische Tradition betont: Die Sehnsucht nach Materialität im Hinblick auf die je eigene Frömmigkeit ist ernst zu nehmen; sie darf nicht als ein Verbot deklariert werden. Das wäre Ausdruck von Gesetzlichkeit.

---

40 Aus: Angenendt, Arnold: Die Reliquien und ihre Verehrung im Mittelalter, in: Dombau und Theologie im mittelalterlichen Köln, hg. von Ludger Honnefelder, Köln 1998, 309–322, 321.

- *Ist diese Materialisierung etwa eine Materialisierung von Sehnsucht: Wie ist das mit dem ›Schweißtuch‹ des Tennisspielers Nadal, das er in die Menge der Zuschauer wirft?*

Es stellt sich also die Frage nach der Sakralität bzw. den Phänomenen des Heiligen in der Lebenswelt. Dabei ist festzuhalten, dass den Gegenständen, den Materialisierungen des Heiligen, etwas Auratisches anhaftet. Man könnte sie als Präsenzphänomene des Heiligen bezeichnen. Vgl. auch der Weg nach Santiago de Compostella und das Grab der Prinzessin Diana als Pilgerstätte u. a. …

- *Reflektieren Sie das Thema der Heiligen, der Reliquien etc.:*
- *Was überzeugt Sie an dieser Tradition, die bis heute lebendig ist: Noch heute werden Menschen heilig/selig gesprochen! Können Sie die reformatorische Kritik teilen?*
- *Was bedeutet Materialisierung des Leibes? Steckt darin eine Form von magischer Erfassung von Wirklichkeit?*
- *Was bewirkt dieser Aspekt der Materialisierung bei Ihnen im Nachdenken? Erschrecken oder Befreiung? Ist das überzeugend, abstoßend, unverständlich?*

Ü 20: Wer ist ein Heiliger?[41]
Unterrichtsweg mit dem Apostel Paulus

Die Bewohner des Klosters Lorsch sind uns namentlich zumeist nicht bekannt. Bei Ausgrabungen wurden Glasfragmente gefunden, die vermutlich aus einem Portrait eines Heiligen stammen; die Darstellung zeigt einen Rekonstruktionsversuch. Der unbekannte Mönch führt zur Frage: Was macht einen Heiligen aus? Was macht einen Menschen dazu, ein Auserwählter Gottes zu sein?

An der Lebensgeschichte des Apostels Paulus lassen sich diese Fragen exemplarisch erkennen und erörtern.

- Paulus kennenlernen: Darstellung auf einem sehr alten Mosaik
- Perspektivenwechsel bei Paulus wahrnehmen – Was ist bestimmend im Leben des Paulus? Worauf richtet er sich aus durch die Begegnung mit Christus?

---

41 Rekonstruktion eines Kopfes eines Mönches aus Kloster Lorsch: vgl. dazu Foerster, Thomas: »Hunderte von Bruchstücken bemalter Glasfenster.« Die Glasmalereien in Kloster Lorsch; in: Kloster Lorsch. Vom Reichskloster Karl des Großen zum Weltkulturerbe der Menschheit; Ausstellungskatalog; hg. von Hessisches Landesmuseum Darmstadt und Verwaltung der Staatlichen Schlösser und Gärten Hessen, Petersberg 2011, 292–311, 293.

Abbildung 28: Bärtiger Heiliger Bildfenster, Inv.nr. HLMD: KG 35:28a;
Foto: Wolfgang Fuhrmanek, HLMD

- Problem: »Vom Saulus zum Paulus« – darf nicht in die Abwertung des Judentums führen – vielmehr: Für Paulus wird aus der Erfahrung mit Christus etwas
  anderes bestimmend – eine neue Perspektive, die er mit der Erfahrung von
  Damaskus gewinnt (Gal 1,11–24; Apg 9,1–22)
- Wie lässt sich die Lebensform beschreiben, wenn Paulus betont: »Ich lebe,
  doch nun nicht ich, sondern Christus lebt in mir.« (Gal 2,20) Auf welche
  Lebensform macht christliche Religion aufmerksam?

1. Paulus: Seiner Biographie nachgehen
   – Wer war Paulus?
   – Was erlebte er vor Damaskus?
   – Wie ging die story des Paulus weiter?

2. Paulus: Wohin wendet sich sein Blick durch die Erfahrung von Damaskus?

   Vgl. Gal 2, 20: »Ich lebe, doch nun nicht ich, sondern Christus lebt in mir. Denn was ich jetzt lebe im Fleisch, das lebe ich im Glauben an den Sohn Gottes, der mich geliebt hat und sich selbst für mich dahingegeben.«

3. Paulus mit Gloriole – so bleibt Paulus in Erinnerung – als Heiliger – eine Gloriole

4. Paulus – ein Heiliger: Wer ist das noch?
   – Heilige im Frühmittelalter und ihre Bedeutung für den Glauben
   – Heilige heute
   – die unbekannten Heiligen
   – das Priestertum aller Gläubigen
   – Sind wir Heilige?

Ü 21: Dogmatische Ansätze zum Reden von Kirche

Die folgenden sieben ekklesiologischen Perspektiven können im Unterricht bearbeitet werden. Jede für sich macht einen besonderen Aspekt des Redens von der Kirche deutlich:

1. *Kirche in der Welt – Kirche in der Erfahrung des Heiligen*
Christof Gestrich fragt nach der Bedeutung des Heiligen in der modernen wissenschaftlich-technisch angeleiteten Zivilisation.

> »Heiliges begegnet in dieser Situation eher nicht wie ›vom Himmel herab‹ oder wie ›von außen her‹, sondern aus zunächst verdeckt gewesenen Tiefen der Existenz, also eher ›von unten‹ und ›von innen‹. … Am frühesten wird es oft dort spürbar, wo auch tiefe Verwundungen gefühlt werden. Es lassen sich fünf Wege benennen,

auf denen sich in unserer Zeit das Heilige häufiger zur Geltung bringt. Mit einigem Zögern wird man vielleicht noch einen sechsten Weg hinzustellen.«[42]

Er entfaltet dazu fünf Wege in der Erfahrung (71–73): Erlebnis der menschlichen Geburt; Miterleben, wie ein Mensch stirbt; im Angesicht der von Menschen noch unberührten Natur; Begegnung mit herausragenden Kunstwerken; geglückte Texte und autoritative Sprachüberlieferungen; dazu wären auch Gottesdienste zu nennen (sechster Weg).

»Gerade die reformatorischen Kirchen, die so lange als besonders zeitgemäß galten, müssen heute ›gründlich umlernen‹. Vielleicht befinden gerade sie sich gegenwärtig im kritischsten Stadium ihrer geschichtlichen Entwicklung. Was sie in theologischer Hinsicht lernen müssen, ist, die Rechtfertigungslehre von der Annahme des Sünders allein aus Gnaden und nicht aus Werken nicht fallen zu lassen und dennoch die Gnade auch als eine Kraft zur Selbstverwirklichung (was nicht automatisch schon Egoismus oder gar Selbstvergötzung bedeutet!) zu begreifen. Lernen müssen sie auch, am reformatorischen *solo verbo* und *sola scriptura* festzuhalten, ohne jedoch eine intellektualistisch verengte ›Wortkirche‹ zu sein, die aus der Bibel einen ›papierenen Papst‹ macht und die über ihre *Predigt* alle anderen Erscheinungsweisen des Selbstwortes Gottes vernachlässigt. Nur so werden die evangelischen Kirchen neue Vollmacht gewinnen, das im Leben der Menschen nach wie vor sich meldende Heilige hilfreich aufzunehmen.«[43]

2. *Kirche als Lebensform – Kirche als Einstimmung in Gottes Handeln*

Bernd Wannenwetsch geht der Bedeutung des Gottesdienstes als Lebensform nach:

»Dabei ist die ethische Dimension des Gottesdienstes erst dann voll erfaßt, wenn das Einstimmen in Gottes Handeln nicht nur als ethische Formierung der einzelnen Gläubigen erkannt wird, sondern auch und primär als Formierung der gottesdienstlichen Gemeinde. Es ist das gemeinsame Einstimmen in das Lob Gottes, das Übereinstimmen … im Bekenntnis des Glaubens, und das Einstimmen in das Handeln Gottes ›für andere‹, welches die Ethik aus dem Gottesdienst kennzeichnet. … Jenes (über-)einstimmende Urteilen und Handeln mit Gott und mit den anderen Gläubigen … bildet … einen spezifischen sozialen Lebenszusammenhang aus, eine ›communio‹, in der die Gläubigen gewissermaßen ihre

· 42 Gestrich, Christof: Christentum und Stellvertretung, Tübingen 2001, 70–74, 71.
43 A. a. O., 74.

politische Basisexistenz finden. ... Politik wird hier ... in einem weiteren Sinn verstanden ...

Politisch wäre der Gottesdienst demnach darin, daß Gottes Handeln das Initium bildet, ein Handeln, in das die Menschen in der Taufe, im Lob, Gebet, im Hören des Wortes, im Bekenntnis und im Herrenmahl einstimmen.« ...

Politisch wäre der Gottesdienst dann auch darin, daß er »die Christenbürger instand setzt, in den anderen Öffentlichkeiten, in denen sie sich bewegen – der Öffentlichkeit des Staates und der Gesellschaft – , politisch zu handeln und zu wirken.«[44]

3. *Gottes story mit den Menschen und der story-Strom – die Gemeinschaft der Lebenden und der Toten, verbunden durch die gemeinsame story*

Dietrich Ritschl zeigt die Logik auf, die zu einem Verstehen der story Gottes und des Menschen in ihrer Vielfältigkeit führt:

»Die Perspektiven, in der die Gläubigen die Story von Abraham über die Geschichte Israels, zu Jesus und der Geschichte der Kirche sowie ihres eigenen Lebens sehen, führt zum Staunen über die Kontinuität der Identität der Rede von Gott.«[45]

»Die früheren und heutigen Träger biblischer Perspektiven und Lebensgestaltung sind, bei allen Unterschieden in ihren Reihen, ganz entscheidend und unverzichtbar durch Erinnerung und Hoffnung geprägt und prägen ihre Lebenswelten durch die erinnerten und erhofften Inhalte von Vergangenheit und Zukunft.«[46]

4. *Kirche aus der Freiheit des Geistes*

Aus einer Pfingstpredigt von Gerhard Sauter, die von der Gestalt der Kirche berichtet, erzählt und diese mitteilt: Von dieser Predigt her eröffnet sich, was Kirche ausmacht und woraus sie lebt: Kirche aus der Gemeinschaft des Geistes:

»Der Heilige Geist zieht Menschen in die Wirklichkeit des lebendigen Gottes hinein und weist sie damit in die Grenzen ihrer Menschlichkeit ein. Die ›geistlich Armen‹ und um den Geist Bittenden lernen Leiden und Geduld, Vorfreude und Standhaftigkeit, Bewährung und hoffnungsvolles Sich-Ausspannen und in alledem

---

44 Wannenwetsch, Bernd: Gottesdienst als Lebensform – Ethik für Christenbürger, Stuttgart/Berlin/Köln 1997, 14–19.

45 Ritschl, Dietrich: Zur Logik der Theologie, 2. Aufl. München 1988, 178.

46 A. a. O., 83.

die Liebe Gottes kennen, die ›ausgegossen ist in unser Herz durch den Heiligen Geist, welcher uns gegeben ist.‹ (Röm 5,5).«[47]

5. *Die differenzierte Wirklichkeit der Kirche*

Der Theologe Michael Welker erinnert an Dietrich Bonhoeffers Nachdenken über die Kirche:

> »Die Wirklichkeit der Kirche ist eine Offenbarungswirklichkeit.« Darum unterscheidet Bonhoeffer die realisierte Kirche und die aktualisierte Kirche: »Die realisierte Kirche existiert bereits in Christus, der als der Auferstandene und Erhöhte nicht ohne die Seinen, nicht ohne seine Zeuginnen und Zeugen ist.«[48] »Die aktualisierte Kirche hingegen bedarf zu ihrer Aktualisierung auch der Wirksamkeit des Heiligen Geistes.«[49]

6. *Kirche in ihren verschiedenen Gestalten*

Wolfgang Huber erinnert an These 3 der Barmer Theologischen Erklärung:

> *»Die christliche Kirche ist die Gemeinde von Brüdern, in der Jesus Christus in Wort und Sakrament durch den heiligen Geist als der Herr gegenwärtig handelt. Sie hat mit ihrem Glauben wie mit ihrem Gehorsam, mit ihrer Botschaft wie mit ihrer Ordnung mitten in der Welt der Sünde zu bezeugen, daß sie allein sein Eigentum ist, allein von seinem Trost und von seiner Weisung in Erwartung seiner Erscheinung lebt und leben möchte.«*[50]
>
> *Kirche als Ort des brüderlichen und schwesterlichen Zusammenlebens:* »Durch wechselseitige Zuwendung und Stärkung wird in der christlichen Gemeinde *Gleichheit* verwirklicht. … eine Gleichheit, in der die besonderen Gaben des einzelnen sich im Dienst der anderen entfalten können. … In der christlichen Gemeinde verwirklicht sich schwesterliches und brüderliches Zusammenleben in *exemplarischer* Weise.«[51]

---

47 Sauter, Gerhard: Zur Theologie des Heiligen Geistes im Blick auf die Pfingstpredigt; in: ders.: In der Freiheit des Geistes. Theologische Studien, Göttingen 1988, 95–116, 111.

48 Welker, Michael: Bonhoeffers wegweisende frühe Ekklesiologie; in: ders.: Theologische Profile. Schleiermacher, Barth, Bonhoeffer, Moltmann, Frankfurt/Main 2009, 83–119, 94–95.

49 Welker, Michael: Bonhoeffers wegweisende frühe Ekklesiologie, 95. Vgl. dazu: Bonhoeffer, Dietrich: Textzusammenfassung zu sanctorum communio: Bonhoeffer-Auswahl, Bd. 1 Anfänge 1927–1933; hg. von Otto Dudzus, 2. Aufl. München 1977, 19–38.

50 Huber, Wolfgang: Kirche. 2. Aufl. München 1988, 44–58 und 118–129 (Gemeinde von Schwestern und Brüdern), 119.

51 A. a. O., 125.

Kirche zeigt sich als Kirche für andere: »*Die Kirche ist nur Kirche, wenn sie für andere da ist. Um einen Anfang zu machen, muß sie alles Eigentum den Notleidenden schenken. Die Pfarrer müssen ausschließlich von den freiwilligen Gaben der Gemeinde leben, evtl. einen weltlichen Beruf ausüben. Sie muß an den weltlichen Aufgaben des weltlichen Gemeinschaftslebens teilnehmen, nicht herrschend, sondern helfend und dienend. Sie muß den Menschen aller Berufe sagen, was ein Leben mit Christus ist, was es heißt, ›für andere dazusein‹ … nicht durch Begriffe, sondern durch ›Vorbild‹ bekommt ihr Wort Nachdruck und Kraft.*«[52]

7. Kirche von der Reformation her verstanden – »Ein feste Burg ist unser Gott …«

Der Theologe Eberhard Jüngel benennt die zentrale Erfahrung der Reformation:

»Liebe macht weder sicher noch unsicher, sondern ganz einfach gewiß. Wo Sicherheit und Unsicherheit gegenüber Gott enden, da fängt die Glaubensgewißheit an. Und diese Glaubensgewißheit, das ist der einzige Schutz, den wir haben. Kurz und bündig: allein der Glaube kann und soll uns schützen.

Es ist, wie gesagt, nicht der Schutz einer Mauer. *Mit* Gott kann man sich ebensowenig einmauern wie vor Gott. Dieser Schutz bewährt sich allein auf freiem Feld – also da, wo ich mich nicht mehr vor mir selber schütze. Unter Gottes Schutz kann man es wagen, frei zu sein. Frei also auch gegenüber sich selbst! Man kann es dann wagen, sich selbst zu entdecken. Auch und gerade das in uns, wovor wir uns fürchten. Die Gewißheit, Gott dabei zu haben, hilft uns, auch das Unheimliche in uns, das Verworrene und Undurchsichtige, die Abgründe und die versteckten Wüsten in uns mutig zu entdecken und so gut es geht zu verarbeiten. Wer das einmal versucht hat, weiß, wie gefährlich das ist. Aber er weiß auch, wie notwendig das ist. Und wer das zusammen mit Gott versucht, der wird erfahren, wie hilfreich das ist. Es gibt in der Tat keine bessere Hilfe im freien Feld, als zu glauben.«[53]

Zum Umgang mit den sieben dogmatischen Perspektiven:

Aus dieser Zusammenstellung verschiedener Zugänge zur Ekklesiologie können nun einzelne Aspekte aufgegriffen werden und mit Schülerinnen und Schülern bearbeitet werden. Mit den Überschriften zu den einzelnen ekklesiologischen

---

52 A. a. O., 126 (mit Bezug auf D. Bonhoeffer, Widerstand und Ergebung).

53 Jüngel, Eberhard: Reformationsfest – Freiheit unter Gottes Schutz; in: ders.: Von Zeit zu Zeit. Betrachtungen zu den Festzeiten im Kirchenjahr, 2. Aufl. Bovenden 1996, 87–94, 93 f.

Überlegungen ist das Thema gegeben, dem sich dann auch die jeweils ausgewählten Zitate zuordnen.

Im folgenden Abschnitt ist exemplarisch an Gerhard Sauters Aspekt der *Kirche aus der Freiheit des Geistes* ein Unterrichtsweg entfaltet, der mit den Schülerinnen und Schülern begangen werden kann.

Ü 22: Kirche aus der Freiheit des Geistes (Apg 2)

Gerhard Sauter erinnert das Nachdenken über die Kirche an die Pfingstpredigt berichtet des Petrus (Apg 2):[54] Von hier aus eröffnet sich, was Kirche ausmacht und woraus sie lebt. Kirche lebt aus der Gemeinschaft des Heiligen Geistes:

> »Der Heilige Geist zieht Menschen in die Wirklichkeit des lebendigen Gottes hinein und weist sie damit in die Grenzen ihrer Menschlichkeit ein. Die ›geistlich Armen‹ und um den Geist Bittenden lernen Leiden und Geduld, Vorfreude und Standhaftigkeit, Bewährung und hoffnungsvolles Sich-Ausspannen und in alledem die Liebe Gottes kennen, die ausgegossen ist in unser Herz durch den Heiligen Geist, welcher uns gegeben ist. (Röm 5,5).«[55]

- *Eröffnet das Zitat ein Verständnis von Pfingsten?*
- *Provoziert mich das vorliegende Zitat? Kann ich es verstehen?*
- *Wie kommt mit diesem Text Kirche in den Blick?*

Folgender Lernweg könnte sich anschließen:

- Apg 2 gemeinsam mit den Schülerinnen und Schülern lesen. Dabei sollten intensive Leseerfahrungen ermöglicht werden:
  - laut lesen
  - leise lesen
  - schnell lesen
  - langsam lesen …
- Die Schülerinnen und Schüler können den Text allein für sich lesen oder aber gemeinsam in der Gruppe … oder: Einer der Schüler trägt den Text vor.
- Aspekte aus dem Gehörten zusammentragen und den Beiträgen der Schüler nachgehen.

---

54 Sauter, Gerhard: Zur Theologie des Heiligen Geistes im Blick auf die Pfingstpredigt; in: ders.: In der Freiheit des Geistes. Theologische Studien, Göttingen 1988, 95–116.

55 A. a. O., 111.

- Ergibt sich aus dem Gehörten eine erste Vorstellung von Kirche? Was heißt Kirche, was heißt Gemeinschaft? Was heißt: Kirche als Institution wahrnehmen? – in der Perspektive von Apostelgeschichte 2!
- Die Auseinandersetzung um das, was Kirche beschreibt und bestimmt, wird fortgesetzt durch den Bezug auf das Abendmahl: ein Auszug aus der Abendmahlsagende wird als Grundlage für die Reflexion auf Kirche aufgenommen: Es sollte ein solcher Teil der Agende gewählt werden, der das Thema communio sanctorum in den Blick rückt.
- In gleicher Weise könnte das Thema Taufe und ihre Bedeutung für die Zugehörigkeit zur Kirche bearbeitet werden. Damit erschließt sich Kirche als Kirche, die sich in und mit diesem sakramentalen Handeln öffentlich zu erkennen gibt.
- Der Heilige Geist weist die Menschen in die Grenzen ihrer Menschlichkeit ein: Was heißt das? Beschreiben Sie die Grenzen der Menschlichkeit mit und anhand des obigen Zitates von Gerhard Sauter.
- Passt ein so verstandenes Menschsein zu mir als Schüler, als Schülerin? Im Vergleich dazu werden biographische Texten zum Menschsein unter dem Evangelium, zum Menschsein unter dem Geist Gottes stehend gelesen.
- Genauer nach der Gegenwart Gottes in der Welt und unter den Menschen fragen mit folgendem Textauszug: An Pfingsten wird die Gegenwart Gottes unter den Menschen gefeiert und festgehalten:

»Die Gegenwart Gottes ist verborgen bei den Leidenden … bei denen also, deren Ohnmacht sie ohne Umschweife an Gottes Macht verweist, deren Hilflosigkeit sie jede echte Hilfe wahrnehmen und sie nicht verleugnen läßt. Die offenbare Gegenwart des Geistes, seine Versöhnungsmacht, ist bei den Friedensstiftern, die Barrieren durchbrechen und die getrennte Menschengruppen zusammenführen, indem sie ihnen eine Wirklichkeit eröffnen, in der alte Gegensätze nicht verschwiegen und verdrängt, sondern überwunden werden. Die Gegenwart des Schöpfer aber ist bei denen, die die Welt so gestalten, daß sie der Lebensraum aller Kreatur bleiben oder besser: wieder werden kann.«[56]

---

56 A. a. O., 112.

Ü 23: Frühmittelalterliche Kirchenarchitektur
Am Beispiel der Basilika in Seligenstadt

Die Kirchenarchitektur bildet ihre Zeit und also auch ihre je bestimmende Theologie ab: Das lässt sich an der Seligenstädter Basilika wahrnehmen und reflektieren – eines der wichtigen frühmittelalterlichen Bauwerke und insofern auch sehr wahrscheinlich vergleichbar der Klosterkirche in Lorsch, von der heute nur noch ein Rest existiert.

Abbildung 29: Basilika in Seligenstadt,
Foto: Ingrid Schoberth

Abbildung 30: Rest der Klosterkirche Lorsch,
Foto: Ingrid Schoberth

Die Altäre und Kirchen galten als heilige Orte. Einmal bedingt durch die Reliquien in einem Altargrab, »wodurch jede Kirche ihren besonderen Patron erhielt.«[57] ... »Der Altar zumal garantierte die Gottespräsenz, mindestens in dem Sinne, daß Gott hier mit den Menschen in besonderer Weise verkehrte. Dem römischen Hochgebet zufolge trug ein Engel die Gabe vom irdischen empor zum himmlischen

---

57 Angenendt, Arnold: Geschichte der Religiosität im Mittelalter, 435.

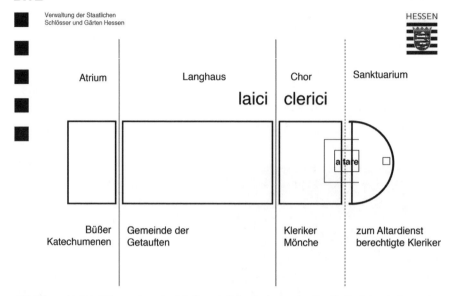

Abbildung 31: Die Skizze zeigt, wie sich die geistliche Ordnung der Gesellschaft des Frühmittelalters im Kirchenbau niederschlägt. Grafik: Dr. Hermann Schefers, VSG

Altar vor das Angesicht Gottes. Die himmlische Präsenz wurde noch vervielfältigt durch die Heiligen, deren Reliquien im Altargrab ruhten.«[58]

»Der Innenraum der Klosterkirche von Lorsch muss einst prächtig ausgestattet gewesen sein. Davon legen nicht nur die Schriftquellen, sondern auch die überlieferten Architekturteile Zeugnis ab. Die rund 450 Fragmente der Lorscher Bauskulptur stellen … nur einen sehr kleinen Anteil des ursprünglichen Bestandes dar.«[59]

Die Chorschranke ist ein besonders signifikanter Aspekt der frühmittelalterlichen Basilika: »Der Zutritt zu diesem speziellen Bereich der Kirche war lediglich den Priestern und Brüdern der Klerikergemeinschaft gestattet, den Laien blieb er verwehrt. Sie versammelten sich zum Gebet im westlichen Teil der Kirche. Das älteste Zeugnis dieser Funktionsbestimmung ist bereits von Eusebius von Caesarea für die Einweihung der von Bischof Paulinus neu errichteten Basilika von Tyrus im Jahr 314 n. Chr. überliefert (historia ecclesiastica 10,4,44): … Damit

---

58 A. a. O., 435.
59 Schiavone, Romina: Auf der Suche nach der verlorenen Chorschranke; in: Kloster Lorsch. Vom Reichskloster Karl des Großen zum Weltkulturerbe der Menschheit; Ausstellungskatalog; hg. von Hessisches Landesmuseum Darmstadt und Verwaltung der Staatlichen Schlösser und Gärten Hessen, Petersberg 2011, 268–281, 268.

aber die Menge den Altarraum nicht betrat, schloss er (Paulinus) ihn mit hölzernen Schranken ab, die bis ins Kleinste sehr kunstvoll ausgeführt waren und den Beschauern ein wunderbares Schauspiel boten.«[60]

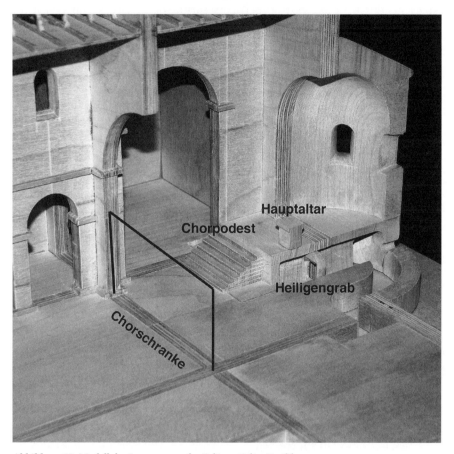

Abbildung 32: Modell des Innenraums der Seligenstädter Basilika
Foto und Grafik: Dr. Hermann Schefers, VSG

60 Schiavone, Romina: Auf der Suche nach der verlorenen Chorschranke, 268.

Ü 24: Kirche, die unmögliche Institution – *communio sanctorum* heute?

Angeleitet durch die folgenden Unterrichtsschritte soll ein Diskurs mit den Schülerinnen und Schülern zum Thema *communio sanctorum* eröffnet werden: Dabei steht *die* Kirche auf dem Spiel.

Ein-Blick: Kirche in der Gegenwartskultur – im Leben der Schülerinnen und Schüler

- Kirche zeigt sich heute als Ortsgemeinde.
- Sie wird als Dienstleister geschätzt und in Anspruch genommen (Kindergarten, Diakoniestationen, Hospizarbeit etc.)
- Das Engagement der Kirche für Bedürftige ist anerkannt und gefragt.
- Steht Kirche noch für den Erhalt von Werten?
- Christsein und Teilnahme am kirchlichen Leben sind für die meisten Menschen nicht unmittelbar verbunden.

Ein-Blick: Das Verständnis von Kirche im Neuen Testament

- Das Neue Testament kennt keine einheitliche Vorstellung von der Kirche. Die verschiedenen Gemeinden organisieren sich in jeweils unterschiedlicher Weise. Sie bilden unterschiedliche Strukturen aus. Gemeinsam ist ihnen die Ausrichtung am Evangelium von Jesus Christus.

Ein-Blick: Kirche in der Zeit der Reformation

- Die Reformation ist in ihrem Kern ein Streit um die Kirche. Weil Glaube konsequent vom Hören des Evangeliums her verstanden wird, ist er ohne Kirche nicht denkbar. So ist die Predigt ein Moment dieses Hörens; das gemeinsame Lesen der Bibel ein anderes; etc.
- Daraus bestimmt sich die Lebensform der Christen. Kirche ist also keine selbständige Größe gegenüber dem Glauben, sondern Kirche muss konsequent als Versammlung der Gemeinde verstanden werden. Luther spricht vom Priestertum aller Gläubigen: Sie machen gemeinsam Kirche aus; sind Gemeinde, in der Christus gegenwärtig ist (Dietrich Bonhoeffer).

Ein-Blick heute: Steht Kirche auf dem Spiel?

- Manchmal zeigt sich Kirche zentralistisch, obrigkeitlich, funktionärsorientiert.
- Ist Kirche und der Papst gleichzusetzen?

– Ist das Evangelium das Produkt von Kirche. Kirche als Unternehmen? Oder was hat es damit auf sich?

Aus-Blick: …

– Kirche ist gedacht als Gemeinde, als Gemeinschaft der Heiligen, Priestertum aller Gläubigen. Was hier vor Ort geschieht, das kann man als gelebte Kirche, gelebte Gemeinde verstehen. Kindergottesdienst, Gottesdienst, Kinder- und Jugendarbeit, Erwachsenenbildung, Seniorenarbeit, Arbeit mit Konfirmanden, Abendmahl, Taufe, Hochzeit, Beerdigung …

– Wohin führen Sie diese Ein-Blicke? Das Augsburger Bekenntnis, Artikel 7 ist ein sehr wichtiges Formular, das zum Ausdruck bringt, wie sich Kirche selbst versteht. Es gibt einen Aus-Blick auf die Zukunft der Kirche. Dort heißt es, dass die Kirche *sein und bleiben muss* … Lesen sie selbst im Zusammenhang:

– Augsburger Bekenntnis, Artikel 7: »Es wird auch gelehrt, daß allezeit eine heilige, christliche Kirche sein und bleiben muß, die die Versammlung aller Gläubigen ist, bei denen das Evangelium rein gepredigt und die heiligen Sakramente laut dem Evangelium gereicht werden. Denn das genügt zur wahren Einheit der christlichen Kirche, daß das Evangelium einträchtig im reinen Verständnis gepredigt und die Sakramente dem göttlichen Wort gemäß gereicht werden. Und es ist nicht nur zur wahren Einheit der christlichen Kirche nötig, daß überall die gleichen, von den Menschen eingesetzten Zeremonien eingehalten werden, wie Paulus sagt: „Ein Leib und ein Geist, wie ihr berufen seid zu einer Hoffnung eurer Berufung: ein Herr, ein Glaube, eine Taufe.« (Eph 4,4.5).

Nachwort von Adolf Martin Ritter

Als kirchenhistorischer »Fachwissenschaftler« um ein kurzes Nachwort gebeten, kann ich dem gründlich recherchierten und in der befruchtenden Gemeinschaft von Museumsfachleuten, Dozierenden und Studierenden erarbeiteten Buch »Religiöses Lernen mit dem Frühmittelalter« von Frau Kollegin Prof. Dr. Ingrid Schoberth nur bescheinigen, dass es eine integrale Sicht auf den Gegenstand vermittelt und Lust machen kann, sich als Lehrender und Lernender auf eben diesen Gegenstand einzulassen und das Lesen literarischer wie nichtliterarischer Quellen (von Denkmälern beispielsweise) einzuüben.

Das Mittelalter zählt bekanntlich i.a. nicht zu den beliebtesten Studienobjekten, gerade bei *protestantischen* Theologiestudierenden, aber keineswegs nur dort. Doch bedarf sehr wohl auch ein über sich selbst aufgeklärter Protestantismus der Verwurzelung in der *vor*reformatorischen Tradition.

Davon hängt nämlich nicht allein seine Dialogfähigkeit im Verhältnis zu den anderen, insbesondere den »katholischen« Kirchen (der römisch-katholischen, der orthodoxen und der anglikanischen) ab.[1]

Es hängt davon auch seine Dialogfähigkeit im Verhältnis zu anderen Religionen ab, zumal zu Judentum und Islam. Sind doch Altertum und Frühmittelalter nicht allein die »formative Periode« des Christentums und des Islam, sondern auch des »klassischen Judentums« gewesen. Dieses ist, kann man sagen, gleich alt wie das Christentum; und weil beide wohl allezeit füreinander das »nächste Fremde« sein und bleiben werden, ist es wichtig und richtig, beider Geschichte immer zusammen in den Blick zu nehmen. Und was den Islam anlangt, so würde er in noch ganz anderer Weise als heute zumeist gedacht in der Tat »von Anfang an zur Geschichte Europas« gehören, wenn nämlich dem Frankenheer unter Karl Martell 732 bei Tours das »Schlachtenglück« verwehrt geblieben wäre! Auch daran sollte man gelegentlich denken.

Endlich ist ein Studium gerade auch des Mittelalters, nicht zuletzt des Frühmittelalters, im Sinne einer *kulturellen Kompetenz* (zur Deutung unserer europäischen Identität nämlich) im Grunde nur allen gebildeten Europäern unbedingt anzuempfehlen; warum nicht auch künftigen protestantischen Religionslehrerinnen und Religionslehren samt ihrer (hoffentlich interessierten) Schülerschaft?

---

1 Vgl. zur näheren Begründung meinen Beitrag, »Protestantisches Geschichtsbewusstsein und vorreformatorische Tradition«; in: Hortus Litterarum Antiquarum (Festschft für Hans Armin Gärtner); hg. von Andreas Haltenhoff u. a., Heidelberg 2000, 465–475; wieder abgedruckt in: Ritter, Adolf Martin: Vom Glauben der Christen und seiner Bewährung in Denken und Handeln (Ges. Aufs. z. Kirchengeschichte), Mandelbachtal-Cambridge 2003,17–24.

In diesem Sinne wünsche ich dem wohlgelungenen und auch ästhetisch reizvollen Büchlein viele dankbare Leserinnen und Leser.

Heidelberg, im Juli 2012
Adolf Martin Ritter

Bildnachweise

Seite	Gegenstand	Quellenangabe + Bildnachweis
100	Michelsberger Necrolog, 12. Jhd.	Msc. Lit. 144, fol. 96v; Staatsbibliothek Bamberg
104	Lorscher Sakramentar	Pal. Lat. 495, fol. 6v; © 2012 Biblioteca Apostolica Vaticana
		Pal. Lat. 495, fol. 7; © 2012 Biblioteca Apostolica Vaticana
119	Lorscher Rotulus	Ektachrom des Rotulus-Faksimiles
120	Lorscher Martyrologium	M.p.th.f. 132, fol. 7 Universitätsbibliothek Würzburg
122	Lorscher Necrolog	M.p.th.f. 132, fol. 61 Universitätsbibliothek Würzburg
129	Torhalle Lorsch (2)	Foto: Roman von Götz, VSG
129	Rekonstruktion Klosteranlage nach Behn	Bildnummer 7315 Landesamt für Denkmalpflege Hessen
134	St. Galler Klosterplan	Cod. Sang. 1092; Stiftsbibliothek St. Gallen
136	Umzeichnung St. Galler Klosterplan	Imhof Verlagsarchiv
138	Rückseite Lorscher Evangeliar	Pal. Lat. 50; © 2012 Biblioteca Apostolica Vaticana
139	Vorderseite Lorscher Evangeliar	Museumsnummer: 138:1 to 6-1866 Victoria & Albert Museum, London
142	Bronzegriffel	Inv.nr. HLMD: Kg 59-54 + 55 Foto: Wolfgang Fuhrmanek, HLMD
143	Karolingische Unziale Karolingische und Minuskel	Faksimile Lorscher Evangeliar, Ausgabe 1999 © Faksimile Verlag/wissenmedia in der inmediaONE] GmbH Gütersloh/München Faksimile Seligenstädter Evangeliar, Ausgabe 2011; © Verlag Schnell und Steiner
145	Lorscher Evangeliar Matthäus	Faksimile Lorscher Evangeliar, Ausgabe 1999 © Faksimile Verlag/wissenmedia in der inmediaONE] GmbH Gütersloh/München
151	Merianstich Kloster Lorsch	Verwaltung der Staatlichen Schlösser und Gärten Hessen
159	Lorscher Ostertafel aus dem 10. Jhd.	Pal. Lat. 495, fol. 280 © 2012 Biblioteca Apostolica Vaticana
175	Bärtiger Heiliger Bildfenster	Inv.nr. HLMD: KG 35:28a; Foto: Wolfgang Fuhrmanek, HLMD
184	Kirchenbau frühes Mittelalter	Grafik: Dr. Hermann Schefers, VSG
185	Modell Innenraum Seligenstädter Basilika	Foto und Grafik: Dr. Hermann Schefers, VSG
	Alle anderen Fotos	Ingrid Schoberth